मोक्षदायिनी गंगा

जी के संतोष

डायमंड बुक्स

www.diamondbook.in

प्रकाशकः डायमंड पॉकेट बुक्स (प्रा.) लि.
X-30, ओखला इंडस्ट्रियल एरिया, फेज-II
नई दिल्ली-110020
फोन : 011-40712200
ई-मेल : sales@dpb.in
वेबसाइट : www.diamondbook.in

Mokshadayini Ganga
By : G K Santosh

"गंगा का संबंध महाकाव्य से भी है, जिसके कारण वह धरती पर आई और अनेकों का उद्धार किया। यही कारण है कि गंगा को मोक्षदायिनी कहा जाता है।"

लेखक परिचय

संतोष कुमार मूलत: एक पत्रकार हैं। उन्होंने तीन दशक तक श्रमजीवी पत्रकार के रूप में देश के शीर्ष मीडिया संस्थानों को अपनी सेवाएं दी हैं। पत्रकारिता जगत में जी के संतोष उपनाम से विख्यात लेखक ने देश के विभिन्न पत्र-पत्रकाओं में 3000 से अधिक समाचार और लेख लिखे हैं जो उनके नाम से प्रकाशित हुए। काशी हिन्दू विश्वविद्यालय से विज्ञान में स्नातक करने वाले लेखक ने अंग्रेजी दैनिक 'नार्दर्न इंडिया पत्रिका' से अपने कॅरियर की शुरुआत की। उसके बाद 'आज', 'दैनिक जागरण', 'द पायनियर', 'राष्ट्रीय सहारा', 'जेवीजी टाइम्स', 'आल इंडिया रेडियो', 'दिल्ली दूरदर्शन' जैसे प्रिंट, रेडियो और इलेक्ट्रानिक मीडिया के साथ लंबे समय तक जुड़े रहे। रिपोर्टिंग के क्रम में आपने बांग्लादेश, नेपाल और पाकिस्तान की यात्रा भी की। इन्होंने काशी विद्यापीठ और इंद्रप्रस्थ विश्वविद्यालय में मास कम्यूनिकेशन में कैजुअल लेक्चरर का दायित्व निभाया। वर्तमान में इंद्रप्रस्थ यूनिवर्सिटी में एक्सटरनल एक्जामिनर के रूप में अपनी सेवाएं दे रहें हैं। इन्होंने दो पुस्तकें भी लिखीं हैं जिनमें से 'इक्कीसवीं सदी की पत्रकारिता' (सामयिक प्रकाशन, दिल्ली) नामक पुस्तक वर्ष 2000 से सागर विश्वविद्यालय के मास कम्यूनिकेशन पाठ्यक्रम में शामिल है।

आमुख

गंगा त्रिपथगा नाम दिव्या भागीरथी च।
तीन पथो भाष्यन्तीन तस्मात् त्रिपथगा समृता।।

गंगा, त्रिपथगा और भागीरथी, तीनों पथों (लोकों) को अपनी पुण्य सलिल धारा से पावन करने वाली नदी को त्रिपथगा रूप में स्मरण किया जाता है, किंतु गंगा के असंख्य नाम हैं। हर स्थान, हर प्रसंग, हर घटना और हर संदर्भ के साथ गंगा का नाम बदल जाता है, किंतु उसका ध्येय, उद्देश्य और लक्ष्य वही रहता है। इसलिए वह युगों से पापहरण कर पुण्य प्रदान करती आई है। प्राणियों के उद्धार हेतु स्वर्ग का सुखमय जीवन त्याग कर गंगा ने अवतरण किया है। विश्व में केवल गंगा का ही अवतरण हुआ है। गंगोत्री से लेकर विभिन्न भूभागों से बहती हुई गंगा गंगासागर में जाकर सागर की अथाह संपदा में विसर्जित होती है। गंगा के पावन जल के संपर्क में आने वाला हर तत्त्व पावन हो जाता है, गंगामय हो जाता है। इस दृष्टि से समग्र सागरीय संसार भी गंगा से है।

भारतीय संदर्भ में गंगा केवल नदी नहीं है, वह भारत में युगों से प्रवाहित होती धर्म, दर्शन, संस्कृति, सभ्यता, अध्यात्म एवं मोक्षाकांक्षी जीवन की प्राणधारा है जिसके निर्मल प्रवाह ने भारतभूमि के हरेक पक्ष को आत्मसात् किया है। गंगा चिरन्तन सनातन संस्कृति का अविरल, निर्बाध प्रवाह है, भारतीय परंपरा है और उसके तटों किनारे फली-फूली सभ्यता का प्रमाण है। कंकड़-कंकड़ में शंकर की अनादि सत्ता को स्वीकारने वाली भारतीयता गंगा से जुड़ी है, उसमें समन्वित है। हिमालय रूपी शिव के जटाजूट रूपी हिमशिखरों से निकलती असंख्य दिव्य धाराएं, दिव्य प्रसाद रूपी अमृत है, जो गंगा प्रदान करती है। गंगा उस प्रेरणा का स्त्रोत है, जो सनातन काल से लोक कल्याण का भाव जगाती है।

विश्व का विविधता में एकता का दर्शन कराती भारतीय संस्कृति गंगा की ऋणी है। गंगा हर किसी को बिना किसी भेदभाव के अपना अनमोल जल प्रदान करती है। विश्व में भारत की गंगा, गो, गायत्री, गीता, गौरव, आदि सनातन तत्त्वों का बोध कराती है। वह मातृ स्वरूपा है तभी मां कहलाती है, जिसने मातृभाव से अपने तटवर्ती भूभागों का पालन-पोषण किया, उन्हें तीर्थ बना दिया, जहां देश-विदेश के श्रद्धालु अपनी-अपनी कामना लिए आते हैं और गंगा को अपने अनुसार संबोधन दे जाते हैं।

गंगा सदियों से भारत का गौरव रही है, पोषक रही है, इसलिए धर्मग्रंथ एवं साहित्य गंगा के माहात्म्य से भरे हैं। महाभारत में त्रिपथगामिनी, वाल्मीकि रामायण में त्रिपथा, कालिदास कृत नाटकों में त्रिस्रोता कही गई गंगा पुराणों की लोकमाता है, तो कहीं त्रैलोक्य व्यापिनी, जो अपने विभिन्न उद्देश्यार्थ धरती पर अवतरित हुई। विन्ध्यागिरी के उत्तर में भागीरथी कहलाई, तो दक्षिण में गोमती। सामाजिक, आर्थिक, आध्यात्मिक, सांस्कृतिक उन्नति का आधार रही।

गंगा की महिमा के संबंध में कहा गया माहात्म्य यथार्थपरक और प्रेरक है। हर नदी सागर में मिलती है और गंगामय हो जाती है। वर्षों से बहती गंगा ने आज तक बहुत कुछ सहा है। श्रीराम, अर्जुन, गौतम ऋषि जैसे महापुरुषों के आह्वान पर प्रकट हुई।

प्रस्तुत पुस्तक गंगा की गौरवगाथा के कुछ ऐसे ही भक्तिमय, मर्मस्पर्शी पहलुओं का विस्तारपूर्वक उल्लेख करती है। यह गंगा की भागीरथ उद्देश्य को दीपक दिखाता एक साधारण प्रयास है, जो उसके महिमामयी पहलुओं का चिंतन करता है। आज गंगा राष्ट्रीय नदी घोषित हो चुकी है, राष्ट्र प्रगति में योगदान करती है, किंतु कहीं-कहीं ममहित है। उसकी धारा अस्तित्त्व के लिए जूझ रही है। कहते हैं कि धर्मग्रंथों के अनुसार उसके प्रस्थान का समय शुरू हो चुका है, किंतु इसके लिए मानवजाति उत्तरदायी है, जिसकी गलतियों का परिणाम मां गंगा को सहन करना पड़ रहा है। पापकर्मों का प्रक्षालन करने वाली गंगा को बचाना सभी का परम कर्त्तव्य है, क्योंकि गंगा ही भगवान के परम चरणों तक पहुंचाती है, परम तत्त्व का बोध कराती है, मोक्ष दिलाती है। गंगा न होगी तो क्या होगा?

—संतोष कुमार @जी के संतोष
gksantosh.kumar@gmail.com

अनुक्रम

1. गंगा का महत्त्व.................................9

2. उद्भव और इतिहास.................................15

3. राष्ट्र की पहचान: गंगा की पवित्रता.................31

4. राष्ट्रीय नदी.................................40

5. हिमालय से सुंदरवन तक की यात्रा.................44

6. बिहार में गंगा.................................64

7. गंगा : तेरे कितने नाम.................................73

8. गंगा : एक धारा में अनेक धाराएं.................80

9. गोमुख और गंगोत्री.................................89

10. हरिद्वार.................................97

11. प्रयाग.................................104

12. विंध्याचल.................................115

13. काशी.................................117

14. गंगासागर.................................130

15. सभ्यता एवं संस्कृति 133

16. हिंदू धर्म की प्रतीक 143

17. धार्मिक महत्त्व 153

18. सामाजिक महत्त्व 163

19. आर्थिक महत्त्व 168

20. साहित्य में लोहित 178

21. गंगा एक्शन प्लान : एक समीक्षा 189

22. गंगा से जुड़े पर्व, उत्सव, व्रत एवं त्योहार..... 200

23. मोक्ष चाहिए तो प्रदूषण रोकें...................... 211

24. उपसंहार 219

25. संदर्भ स्रोत 223

1. गंगा का महत्त्व

भारत और दुनिया में गंगा को सर्वोच्च महत्त्व दिया गया है। इतना महत्त्व विश्व में शायद किसी नदी को नहीं मिला। भारत की इस परम पावन नदी का उल्लेख धर्म ग्रंथों में वृहद रूप में मिलता है। उसके माहात्म्य की महिमा का गुणगान प्राचीन और वैदिक युग के अग्रणीय महात्माओं ने भी किया है। समय, सभ्यता और संस्कृति के विकास के साथ-साथ गंगा का माहात्म्य निरंतर बढ़ता रहा है। इतिहास में यह एकमात्र अवतरित नदी है। इसके जल के बिना कोई भी धार्मिक संस्कार, कर्म-कांड पूरा नहीं होता। गंगाजल की कुछ बूंदें किसी स्थान को पवित्र और कीटाणुरहित करने के लिए पर्याप्त मानी जाती है। गंगाजल प्रत्येक धार्मिक गतिविधि का अभिन्न हिस्सा रहता है। अपने प्रवाहमार्ग में पड़ने वाले औषधीय पेड़-पौधों, चमत्कारी जड़ी-बूटियों और पर्वत शिलाओं में उपस्थित खनिज लवणों के गुण के साथ-साथ गंगाजल में वातावरण की ऑक्सीजन को आत्मसात् करने का अभिन्न गुण है, जो इसे रोगनाशक, अद्भुत बनाता है। प्राचीनकाल से ही गंगाजल अद्भुत औषधि समकक्ष माना जाता है, इसलिए ऋषि, मुनि, संत-महात्मा गंगाजल का ही सेवन करते थे। राजा-महाराजा आदि भी दूर-दूर से गंगाजल मंगाकर पीते थे।

वास्तव में गंगा एक संपूर्ण संस्कृति की वाहक रही है, जिसने विभिन्न साम्राज्यों का उत्थान-पतन देखा, किंतु गंगा का महत्त्व कम न हुआ। आधुनिक शोधों से भी प्रमाणित हो चुका है कि गंगा की तलहटी में ही उसके जल के अद्भुत और चमत्कारी होने के कारण मौजूद है। यद्यपि औद्योगिक विकास ने गंगा की गुणवत्ता को प्रभावित किया है, किंतु उसका महत्त्व यथावत् है। उसका माहात्म्य आज भी सर्वोपरि है। गंगा स्वयं गें संपूर्ण संस्कृति है, संपूर्ण तीर्थ है, जिसका एक गौरवशाली इतिहास रहा है। गंगा ने अपनी विभिन्न धाराओं से, विभिन्न स्रोतों से भारतीय सभ्यता को समृद्ध किया।

गंगा विश्व में भारत की पहचान है। वह मां है, देवी है, प्रेरणा है, शक्ति है, महाशक्ति है, परम शक्ति है, सर्वव्यापी है, उत्सवों की वाहक है। एक महान तीर्थ है। पुराण कहते हैं कि पृथ्वी, स्वर्ग, आकाश के सभी तीन करोड़ तीर्थ गंगा में उपस्थित रहते हैं। गंगाजल का स्पर्श इन तीन करोड़ तीर्थों का पुण्य उपलब्ध कराता है। श्रीहरि के चरणों से उत्पन्न धर्ममय विष्णुपदी गंगा 'वैष्णवी' भी कही जाती है। जिसे विष्णु ने अपने जल की प्रतिमूर्ति बताया है। जिसे विष्णु अपनी ही लीला से धारण करते हैं।

विष्णु ने गंगा के सम्मान में कहा कि यह गंगा मेरी ही जल के स्वरूप वाली दूसरी मूर्ति है। यह शिवात्मिका है। यह अनेक ब्रह्मांडों का आधार एवं परा-प्रकृति है।

गंगा ब्रह्मांड के हर कण में विद्यमान रहती है और समस्त धर्म, वेद, देव, तप, शक्तियां गंगा के ही सूक्ष्म अंश हैं। इसलिए गंगाजल का सेवन करने वाला समस्त योग नियमों को पा लेता है। दोनों का प्रदाता और तपस्वी समान होता है। कहते हैं कि कई योनियों में जन्म के पश्चात् दुर्लभ मनुष्य योनि में जन्म मिलता है और गंगाजल का सान्निध्य पाने वाला परमधर्म को पाता है। भगवान महादेव ने विश्व कल्याण के लिए समुद्र मंथन से निकले हलाहल को धारणकर सभी की रक्षा की थी। इस महापरोपकार के प्रतिफल स्वरूप उन्हें गंगा को धारण करने का अवसर मिला। शिव के प्रताप से ही गंगा के माध्यम से स्वर्ग जाने का मार्ग प्रशस्त हुआ।

कलियुग के तीर्थों में गंगा जी सर्वोत्तम तीर्थ है, इसलिए भारतभूमि अति सौभाग्यशाली, अति श्रेष्ठ व पावन है, जिसे शिव की जटाजूट से निकली एक लहर ने ही पुण्य पावन किया है। गंगा का जल समस्त मानसिक एवं तामसिक दोषों को दूर करता है। उसमें मौजूद शिव का तेजस समस्त पाप कर्मों का नाश कर देता है। कहते हैं निरंतर रूप से एक मास तक किया गया गंगास्नान इन्द्रलोक में स्थान दिलाता है, तो एक वर्ष तक निरन्तर स्नान करने से विष्णुलोक की प्राप्ति होती है और जीवनकाल में नित्य गंगास्नान करने वाला जन्म-मरण के बंधन से मुक्ति पाता है। गंगा का दर्शन मात्र ही समस्त पापों का विनाश करना है। कोई भी यज्ञ, तप, जप, नियम, यम, दान, योग आदि गंगा से बड़ा नहीं है। गंगा प्राप्ति से बड़ा कोई लाभ नहीं। गंगाजल से विलग मनुष्य का हर कर्म व्यर्थ रहता है।

अवतरित नदी

विश्व में अनेक नदियों का प्रवाह सिंचित एवं समृद्ध करता है। नदियां किसी भी देश की जीवन रेखा, प्राण रेखा होती हैं। प्राचीन समय में

सभी नदी-सभ्यताओं का विकास नदी किनारे हुआ। नदी किनारे ही नगर विकसित हुए, व्यापारिक उद्देश्य पूरे किए गए। हर नदी किसी-न-किसी स्रोत से उत्पन्न हुई, लेकिन विश्व में अकेली गंगा का अवतरण हुआ। वह विभिन्न अवसरों पर किए आह्वान पर धरती पर उत्पन्न हुई। गंगा आवरण का सशक्त प्रमाण 'भगीरथ कथा' से मिलता है। जब देवलोक की सुरसरि को भागीरथ का तप धरती पर ले आया और उसने मृत्युलोक के जीवों के उद्धार के लिए आना स्वीकार किया। धरती पर आकर राजा सागर के साठ हजार पुत्रों को मोक्ष प्रदान किया। गंगा की जीवनदायी धारा आज भी धरती को मोक्ष दिला रही है। लोक मोक्ष पाने के लिए विपरीत भाव से गंगास्नान करते हैं। क्योंकि गंगा धरती पर केवल सागर पुत्रों का उद्धार करने नहीं आई थी, अपितु उसका लक्ष्य नश्वर मानव जाति को पुण्य एवं मोक्ष प्रदान करना था।

देवी और मां

सृष्टि की रचना करने वाली शक्ति भगवान विष्णु द्वारा ही मां गंगा को धरती पर भेजा गया है। वह धात्री है, जननी है, देवी और मां है। वह एक पुण्यसलिला देवी की तरह अपनी कृपा बरसाती है। प्राणों के जन्म से लेकर मरण तक मातृतुल्य कर्त्तव्य का निर्वाह करती है। वह कहती है - ''हे मनुष्य! मैं तुझे मोक्ष प्रदान करने के लिए अभी तक धरती पर विराजमान हूं।''

मां गंगा ने पृथ्वीवासियों के कल्याण हेतु यहीं अवतरण लिया और समस्त मानव जाति को धन्य किया। अपनी पूजा-अर्चना का प्रतिफल उन्होंने यहां आकर दिया। उन्होंने अपने उद्देश्य हेतु दिव्य विष्णु धाम को भी छोड़ दिया।

वह कार्तिकेय और भीष्म की मां ही नहीं है, समूची मानवजाति की मां है, जो कलयुग में भी धरती का उद्धार कर रही है।

पावन जल का अद्भुत स्रोत

गंगाजल विश्व में अद्वितीय है। उसके जल समान चमत्कारी जल दुनिया में दुर्लभ है। यह जल परम पवित्र एवं स्वास्थ्यवर्धक है, जिसमें रोगवाहक कीटाणुओं को भक्षण करने की क्षमता है। यह कृमिनाशी है, क्योंकि गंगा की धारा अपने प्रवाहमार्ग से विभिन्न जड़ी-बूटियों, खनिज लवणों के अद्भुत गुण लेकर चलती है, जो उसके जल में विलय होकर उसे चमत्कारी गुण प्रदान करते हैं। इसलिए यह जल वर्षों तक खराब नहीं होता है। यह तथ्य वैज्ञानिक आधार पर भी प्रमाणित हो चुका है।

जल की पवित्रता, शुद्धता ही गंगा से सटे वनप्रदेश, तटीय कृषि क्षेत्रों आदि को प्रदूषण मुक्त करती है। वातावरण एवं पर्यावरण को स्वच्छ एवं प्रदूषण मुक्त बनाती है।

ब्रह्मांड की महाशक्ति

गंगा पुराकाल से ही मोक्षदायी शक्ति रही है, जिसमें केवल स्नान करने मात्र से ही ज्ञानीजन मोक्ष पा लेते हैं। कहते हैं सृष्टि के आरंभ से पहले सर्वत्र जल विद्यमान था। उसी में महाशक्ति गंगा विद्यमान थी। जब ब्रह्मा, मधुकैटभ दैत्यों से भयभीत हुए, तब इसी महाशक्ति ने निद्रालीन श्रीहरि को जाग्रत कर ब्रह्मा को बचाया था। महाशक्ति का अलौकिक प्रभाव जानकर ही ब्रह्मा ने उसे अपने कमंडल में रख लिया था, जो धर्मद्रव्या कहलाई और धर्म द्वारा कर्म के विश्लेषण के पश्चात् ही सृष्टि की रचना हुई। इसी महाशक्ति से सुर-असुर जन्मे। इसी बहुरूपा महाशक्ति का एक रूप गंगा है, जो जल की शक्ति है। जलस्वरूप लिए यह शक्ति अपनी महाशक्ति से मोक्ष प्रदान करती है, इसलिए लोकमाता कहलाती है। महाप्रलय और विप्लन होने पर भी यह महाशक्ति विद्यमान रहती है। कण-कण में व्याप्त रहती है। परम रचना में यह 'आद्य शक्ति' कहलाती है, जो युगप्रवर्तन करने की क्षमता रखती है। यहां तक कि महाशक्ति का रूप धारण कर शरीर में ब्रह्म रन्ध्र से होकर उतरती है।

राष्ट्रीय महातीर्थ

गंगा का भौगोलिक, व्यापारिक महत्त्व सभी जानते हैं, किंतु भारत की एक बड़ी जनसंख्या गंगा के प्रति श्रद्धाभाव और आस्था भाव रखती हैं। यह भारत की एक वैदिक, पौराणिक और राष्ट्रीय नदी है, जिसे एक राष्ट्रीय तीर्थ माना जाता है। गीता को भारत में जो आध्यात्मिक महत्त्व प्राप्त है, वही महत्त्व, वही स्थान, वही आदर, धर्म क्षेत्र में गंगा को दिया जाता है। साधारण स्थानों को तीर्थ बनाने वाली गंगा स्वयं एक महातीर्थ है। पुराणों में भी पृथ्वी के सभी तीर्थों में गंगा को प्रधान तीर्थ कहा गया है, जहां मनुष्य मृतक ही नहीं, कीट-पतंगे, जीव-जन्तु भी मोक्ष पाते हैं। गंगा का दर्शन और स्मरण ही पाप मुक्त करता है। जबकि गंगाजल का स्पर्श ब्रह्महत्या, गोहत्या आदि अनेक पापों से छुटकारा दिलाता है। कहते हैं कि गंगा स्नान करते व्यक्ति को देख मृत्यु देव यम भी भयभीत होते है। गंगा स्नान यदि अज्ञानतावश भी कर लिया जाए, तो भी वह मुक्ति दिलाता है और ज्ञानपूर्वक स्नान का फल मोक्षकारी होता है। इसलिए काशी और प्रयाग स्नान की महत्ता है, विशेषकर पर्वादि पर गंगा स्नान की महिमा अपरम्पार

मोक्षदायिनी गंगा

है। चूंकि गंगातट पर मृत्यु का आलिंगन और शवदाह स्वर्ग प्राप्ति कराता है, इसलिए मरणासन्न व्यक्ति भी यहां आकर डेरा जमाते हैं। यह गंगा के प्रति अगाध विश्वास का परिचायक है।

जल का अद्भुत स्रोत

भारत की इस सबसे लंबी नदी का प्रवाह क्षेत्र एवं नदी घाटी अत्यंत उपजाऊ है। इसी के आस-पास घनी आबादी वास करती है। एक ओर तो इसके प्रवाह मार्ग के आसपास तीर्थ स्थल विकसित हुए, तो दूसरी ओर कलकत्ता, हावड़ा, पटना, वाराणसी, इलाहाबाद, कानपुर आदि नगरों का विकास हुआ, जहां उद्योग-धंधों ने अपनी आधारशिला मजबूत की। अंग्रेजी शासन कला में यह एक प्रमुख व्यापारिक जलमार्ग था, विशेष हुगली जलमार्ग व्यापारिक एवं औद्योगिक दृष्टि से काफी महत्त्वपूर्ण था। उपजाऊ, सुविधाजनक होने के कारण ही अंग्रेजों ने न केवल कलकत्ता को विकसित किया, अपितु राजधानी भी बनाया। गंगा सिंचाई का एक महत्त्वपूर्ण स्रोत साबित हुई। इससे नहरें निकाली गईं। बांध बनाकर पानी को व्यर्थ जाने से रोका गया और बिजली का उत्पादन किया गया। साथ ही रेलपुलों का विकास हुआ।

जीवनदायी गंगा

उत्तर में हिमालय के बर्फीले हिमनद से रिस-रिसकर निकलने वाली जलधाराएं नदी रूप में अनेक तीर्थों को धन्य एवं पावन करती हैं। भारतीय संस्कृति में नदियों को मातृतुल्य एवं पूजनीय माना गया है, क्योंकि ये जल का आधार है और जल ही समस्त प्राणीजगत का जीवन है। भारतीय संस्कृति ने इन्हीं नदियों का आंचल थामकर विकास एवं प्रगति की है। तटीय क्षेत्र समृद्ध हुए हैं। जिनमें कई तीर्थरूप में विख्यात हुए। सरयू ने अयोध्या, मंदाकिनी ने चित्रकूट, नर्मदा ने ओंकारेश्वर, होशंगाबाद, जबलपुर को प्रसिद्धि दी तो गंगा किनारे स्थित हरिद्वार, प्रयाग, काशी, गंगासागर आदि तीर्थों में उच्च स्थान पाया। वैदिक काल से ही नदी तट ऋषि-मुनियों का निवास स्थल थे, जहां रहकर उन्होंने महान ग्रंथों की रचना की। भक्ति-मुक्ति, ज्ञान, वैराग्य और साधना प्राप्त की। चेतना का अनुभव किया। संसार का वास्तविक ज्ञान समझा। धर्म, अर्थ, काम, मोक्ष, लोक आदि का अनुभव किया। नदियां ही उनकी साधना की प्रमुख साधन बनीं, जिससे देश में आध्यात्मिक, शांति और धर्म की अविरल धारा का प्रवाह हुआ।

उत्सवों की वाहक

वायु देव ने स्वर्ग, पृथ्वी एवं आकाश में तीन करोड़ तीर्थ बताए हैं। इस का उल्लेख पुराणों में मिलता है। पृथ्वी पर होने वाले अधिकतर उत्सवों में

तीर्थों का विशेष महत्त्व है। विशेष तौर पर ग्रहण कुंभ एवं संस्कृति आदि पर्वों का माहात्म्य महान बताया गया है। उत्सव जीवन में नए रंग भरते हैं, इसलिए कुंभ आदि के समय में संबंधित तीर्थों की छटा अद्भुत दिखाई देती है, नवीन ऊर्जा का संचार होता है। गंगा पर होने वाले स्नान पर्व एवं मेले इसी जीवटता के प्रतीक हैं। देवप्रयाग, कर्णप्रयाग, उत्तरकाशी में माघ मेले पर होने वाले स्नान श्रद्धालुओं को आकर्षित करते हैं। उपस्थित जनसमूह में गंगा के प्रति श्रद्धा आदर व सम्मान चरम् पर पहुंचता है। नदियां ऐसी ही सांस्कृतिक, पारंपरिक, सामाजिक एवं धार्मिक धरोहरों की वाहक रही है।

दान की प्रेरणा

भारत, कर्ण, हर्षवर्धन, दधीच जैसे दानवीरों की भूमि है। पापकर्मों से मुक्ति पाने, अपने लोक को संवारने तथा पितरों की शक्ति के लिए दान की परंपरा युगों पुरानी है। गंगा ने भी स्वर्ग के लोभ को त्याग त्रिलोक को अपना सर्वस्व दान कर दिया और आज भी उसके निहितार्थ ही रत् है। प्राणी विभिन्न रूपों में दान देते हैं। कोई विद्यादान देता है, तो कोई वस्त्र, धन, भूदान आदि। हर व्यक्ति अपने सामर्थ्य अनुसार दान देता है। कहते हैं कि यदि धन न हो तो गंगा नाम एवं मंत्र का उच्चारण भी पापमुक्ति कराता है। गंगा के कई मंत्र याचक को लक्ष्यप्राप्ति कराने में सहायक है, जैसे कि –

- ऊं नमो गंगे विश्व रूपणे नारायणे।
- ऊं मां गंगा त्रिदेव चेतन्या शक्ति नमो नमः।
- ऊं नमो गंगा विश्व रूपणे नारायणे हरिप्रिया,
  चतुर्भुज विष्णु जगतपाते परमेश्वर मो ऊं।

कोई भी मंत्र जातक की मनोकामना सिद्ध कर सकता है, चाहे मंत्र एक साथ उच्चारण करें अथवा अलग-अलग, सभी का फल एक समान मिलता है।

गंगा का निरंतर स्मरण ही सर्वोपरि धर्म है, जो सांसारिक बंधनों से मुक्त करता है। विशेषकर गंगा स्नान कर शिवलिंग का समर्थन एक ही जन्म में परामुक्ति का मार्ग प्रशस्त करता हैं कहते हैं गंगा का भली-भांति सेवन कर जीवन सांसारिक बंधनों से सर्वदा के लिए मुक्त हो जाता है। किंतु गंगा में स्नान करते और गंगा के तीर्थ पर रहते, अन्यत्र तीर्थ का स्थान पुष्पकारी नहीं होता। गंगा को द्वेषभाव से देखना महाअधर्म कहा गया है।

2. उद्भव और इतिहास

गंगा भारत की पावन नदी है। विश्व में भारत का गौरव है। उसकी सभ्यता एवं संस्कृति है। वह अपने भक्तों को पापमुक्त कर पुण्य एवं मोक्ष योग्य बनाती है। गंगा का लघु नाम वृहद अर्थ लिए है, जो हम सभी को गौरवान्वित करता है। आध्यात्मिक रूप में श्री गंगा चेतना है। परमेश्वर का रूप है, जो भगवान के पादपद्मों तक पहुंचाती है। शब्दकल्पद्रुम में गंगा की व्युत्पत्ति के संबंध में कहा गया है–

'गमपति प्रापयति ज्ञापयति वा भगवत्पदं या शक्तिः सा गंगा।'

अर्थात् जो शक्ति भगवान के पादपद्मों (चरणों) तक पहुंचा देती है पर तत्त्व का स्वरूप बोध कराती है, वह गंगा है।

गंगा शब्द की व्युत्पत्ति की तरह ही उसकी उत्पत्ति, उद्गम के संबंध में भी अनेक कथाएं मिलती हैं, जो गंगा के संपूर्ण पौराणिक एवं ऐतिहासिक विषय का बोध कराती हैं। विभिन्न धर्मग्रंथों में गंगा की उत्पत्ति के संबंध में अनेक मान्यताएं प्रचलित हैं। गंगा की अनेक कथाएं हैं, रूपक हैं, किंतु सबके अर्थ जानने पर ही ज्ञान प्राप्त होता है। गंगोत्री से उद्गम से लेकर गंगासागर में विसर्जन तक गंगा के साथ अनेक संदर्भ, प्रसंग और कथाएं जुटती चली जाती हैं, जो गंगा के संबंध में विस्तृत ज्ञान देती हैं और इसकी महानता, माहात्म्य, पवित्रता एवं पुण्यता को प्रामाणिक करती हैं। भारतीयों के लिए गंगा केवल नदी नहीं है, अपितु मां और देवी स्वरूपा है। गंगा से जुड़ी कई मान्यताओं का हमारे धर्मग्रंथों में विस्तारपूर्वक उल्लेख किया गया है।

कृत्तिवास रामायण के अनुसार देवगण, शिव से गंगा का विवाह कराने के लिए गंगा को अपने साथ ले गए थे। जब गंगा की मां मैत्री ने उन्हें घर पर न पाया, तो जलमयी होने का शाप दे दिया। वाल्मीकि रामायण के अनुसार गंगा, हिमालय और मैना (या मनोरमा) की पुत्री थी। पुराणों में गंगा और पार्वती को हिमवान की कन्याएं बताया गया है। गंगा को देवगण

शिव से विवाह हेतु या किसी अन्य कारणवश अपने साथ स्वर्ग ले गए थे। गंगा स्वर्ग में ही रहती थी और ब्रह्मा उसका पालनपोषण करते थे। गंगा को कार्तिकेय की माता भी बताया गया।

पृथ्वी पर अवतरण होने के कई कारण बताए गए हैं। कहीं ब्रह्मा के शाप से, तो कहीं शिव के शाप से गंगा ने धरती पर अवतरण किया।

कुछ धर्मग्रंथों में गंगा को विष्णु की पत्नी कहा गया है, जो सरस्वती के शाप के कारण भू-लोक में आई थी। कहीं राधा-कृष्ण के प्रस्वेद से गंगा की उत्पत्ति मानी गई है।

राधा-कृष्ण के प्रस्वेद से उत्पन्न-ब्रह्मदेवी गंगा

विश्वकर्मा ब्रह्मा के भक्त गंगा को ब्रह्मद्रवी कहते हैं, जो ब्रह्मा के कमंडल में वास करती है। गंगा के महत्त्व, पवित्रता एवं माहात्म्य को जानकर ही ब्रह्मा ने गंगाजल से अभिषेक एवं आचमन की व्यवस्था प्रतिपादित की थी। वामन कथा को आगे बढ़ाकर शिवभक्तों ने उसका विस्तार किया कि ब्रह्मा के कमंडल से उद्गामित होने के पश्चात् गंगा शिव के जटाजूट में समाई। शिव कृपा से वह मुक्त होकर पृथ्वी पर आई और पूर्व के किसी कारणवश शिव ने यहां उसे अपनी पत्नी के रूप में स्वीकार किया।

वृंदावन के कृष्णभक्त इस कथा का अलग रूप में विस्तार करते हैं। एक बार वृंदावन में कार्तिक पूर्णिमा की रात में राधामहोत्सव हुआ, महारास रचा गया। वहां शिव भी पधारे। मां सरस्वती के वीणावादन ने उन्हें आत्मविभोर कर दिया और उमनन्दित होकर भक्तिरस बिखेरने लगे। शिव के अद्भुत, अलौकिक गायन ने राधा-कृष्ण को द्रवित कर दिया। वे लीन होकर रासमंडल में ही जलरूप होकर बिखर गये। ब्रह्मा ने तत्काल ही आदिशक्ति युक्त जलरूपी नारायण को अपने कमंडल में भर लिया। यही जल 'गंगा' कहलाया।

रास में मौजूद लोग राधा-कृष्ण को न पाकर विकल हो उठे तो प्रभु ने आकाशवाणी की कि भक्तों! मैं तो निराकार हूं। भगवान शिव का गायन सुनकर हम द्रवित हो गए और उस द्रव रूप को ब्रह्मा जी ने अपने कमंडल में रख लिया है। यही ब्रह्मद्रवी गंगा है।

एक अन्य वैस्याव कथा में गंगा को राधा-कृष्ण के कपोल से प्रस्वेद (पसीने) से बहकर निकली बताया गया। उनके कपोलों से बहुत परिश्रम कर निकला प्रस्वेद गंगारूप में निकली और कृष्ण को प्रियतम रूप में निहारने लगी। देवताओं ने कृष्ण को यह गंगा स्वीकार करने का निवेदन किया, किंतु अपने प्रस्वेद से उत्पन्न गंगा को पुत्रीवत्, शरीरजा मानकर उसे

स्वीकार करने से मना कर दिया। किंतु ब्रह्मा के आग्रह करने पर कृष्ण ने कृष्ण और विष्णु रूप को अलग-अलग किया और विष्णुरूप में गंगा को पत्नी के रूप में स्वीकार किया।

राधा-कृष्ण के अंग से प्रकट गंगा

कहते हैं कि गंगा राधा और कृष्ण के अंग से प्रकट हुई थी। जब गंगा गोलोक वासिनी थी, तब एक बार गंगा की अधिष्ठात्री देवी सुन्दर युवती के रूप में भूमंडल में पधारी। धारित अलंकार उनके मुख की आभा और सौंदर्य को बढ़ा रहे थे। ललाट पर अर्धचन्द्राकार चंदन और चिन्मय वस्त्र के साथ लज्जाभाव उनके रूप को अनुषम छटा प्रदान कर रहा था। वह कृष्ण के पास बैठ उसके अमृतमुखी स्वरूप का पान करने लगी। राधा का भी वहां आगमन हुआ और वह भी कृष्ण के पास सिंहासन पर विराजमान हो गई। कृष्ण ने राधा को प्रणाम कर स्तुति की किंतु गंगा इस भक्तिमय परिवेश से तृप्त न हुई। उनके नेत्र निरंतर कृष्ण का सौंदर्य निहारते रहे। वास्तविकता से अनभिज्ञ राधा ने जिज्ञासावश गंगा का परिचय जानना चाहा। पुलकित गंगा को राधा ने कुछ कहना चाहा तो योग प्रवीण गंगा ने राधा का मनोभाव जान लिया। वह तुरंत अन्तर्धान हो अपने जल में विलीन हो गई। योगशक्ति से राधा ने गंगा का रहस्य जान लिया और वह अंजलि में लेकर गंगा को पीने ही वाली थी कि गंगा श्रीकृष्ण के चरणों में लीन हो गई, सर्वत्र जल का अभाव हो गया। सभी त्राहि-त्राहि करने लगे। राधा प्रयास करके भी गोलोक, ब्रह्मलोक और बैकुंठलोक में भी खोज न पाई। तब समस्त व्याकुल महात्मा, देव आदि ने आकर कृष्ण की स्तुति की। कृष्ण ने योगबल से ब्रह्मा को कहा कि मैं जानता हूं कि अन्य सभी गंगा को यहां से ले जाने आए हैं। वह राधा को जलपिपासु जानकर भयभीत हो मेरे चरणों में शरणार्थी बन बैठी है। आपको इसे ले जाने से पहले इसका भय दूर करना होगा। देवताओं सहित ब्रह्मा ने कृष्ण-राधा की स्तुति की और यह रहस्य बताया कि रासमंडल में भगवान शंकर के संगीत से मुग्ध होने पर यह आप दोनों के अंग से द्रवरूप में उत्पन्न हुई थी, अत: आपकी पुत्री स्वरूपा है। राधा ने ब्रह्मा की विनती पर अपना क्रोध छोड़ा तो गंगा कृष्ण के नाखून के अग्रभाग से निकलकर पुन: विराजमान हो गई। ब्रह्माजी ने उसे पुन: राधामंत्र की शिक्षा दी। राधा का पूजन कर गंगा ने बैकुंठ प्रस्थान किया।

ब्रह्मा ने भी बैकुंठ पहुंचकर भगवान श्री हरि को प्रणाम किया और गंगा को वरण करने का आग्रह किया, क्योंकि गंगा उनके ही श्रीविग्रह

से प्रकट हुई थी। श्री हरि ने स्वयं गंगा को पुण्य चंदन से तिलक कर उनके कर-कमलों को पाणिग्रहण कर उनके स्वामी बन गए। श्रीकृष्ण स्वयं श्रीविष्णु का ही अंश थे और गंगा उनके अंश से उत्पन्न थी, अत: वह कृष्ण के शरीर से पृथक हो विष्णु बने और गंगा को अंगीकार किया। गंगा ब्रह्मद्रवरुपिणी कहलाई।

विष्णु के वामन अवतार और ब्रह्मकमंडल से उत्पन्न विष्णुपदी

गंगा के विष्णुपदी होने और ब्रह्मकमंडल में रहने की कथा परस्पर पूरक भी है और विरोधाभासी भी, किंतु दोनों में ही विष्णु के वामन अवतार धारण करने की कथा एकसमान है। वामन का अर्थ है बौना। कहते हैं कि विष्णु ने असुरों से पृथ्वी को लेकर देवों को देने के लिए कई बार वामन अवतार लिए थे। विष्णु के 10 अवतारों में गंगा संबंधित वामन अवतार पांचवां रहा है। अदिति व दिति दो बहनें थी। अदिति के पुत्र देवता थे, तो दिति के पुत्र राक्षस। देवासुर संग्राम में असुरों का पलड़ा देवताओं पर भारी पड़ा। असुरों में प्रह्लाद के पौत्र और विरोचन के पुत्र दानवराज महाशक्तिशाली बलि ने अपने गुरु शुक्राचार्य के मंत्रों और अपनी शक्ति के प्रभाव से तीनों लोकों को जीत लिया। भयभीत और त्रस्त देवताओं ने विष्णु से सहायता मांगी। देवताओं की माता अदिति ने विष्णु से अपने वेदपुत्रों की रक्षा की प्रार्थना की। विष्णु कश्यप और अदिति से वामन रूप में उत्पन्न हुए और तपस्वी ब्राह्मण का रूप धारण कर बलि के पास जा पहुंचे। कहते हैं कि बलि बड़ा ही दानवीर था। विष्णु ने उसी दानवीरता को शस्त्र बनाया और बलि से मात्र तीन पग भूमि दानस्वरूप मांगी। मात्र तीन पग भूमि का दान सुनकर बलि भी आश्चर्यचकित था, किंतु ब्राह्मण से बिना कुछ प्रश्न किए उसने सहर्ष तीन पग भूमि दान दे दी। वामनरूपी विष्णु ने तुरंत अपना आकार विशाल कर त्रिविक्रम रूप धारण किया। पहले चरण में सारी पृथ्वी नाप ली, दूसरे में स्वर्ग, तीसरे चरण के लिए जगह नहीं बची, तो दानवीर बलि ने अपना सिर उनके चरणों के नीचे कर दिया। प्रसन्नचित्त विष्णु ने बलि को पाताल का राजा बना दिया और स्वर्ग देवताओं को लौटा दिया।

कहते हैं जब वामन ने आकाश नापने के लिए चरण उठाया, तो ब्रह्माजी ने तुरंत उनका चरण पखार (धो) दिया और चरणोदक (धोवन) को अपने कमंडल में रख लिया। यही अच्युत चरण तरंगिनी गंगा कहलाई। इसे ही विष्णुपदी गंगा कहा गया।

इसी संदर्भ में एक विचित्र कथा मिलती है कि जब वामन ने अपना पहला पग आकाश की ओर बढ़ाया तो बायें पैर के अंगूठे से

ब्रह्मांड में छेद हो गया। इससे ब्रह्मांड से परे जो प्रलयकारी अनन्त धारा आवृत्त थी, वह उसके मध्य भाग से फूट निकली। यही धारा गंगा रूप में आकाश, भूलोक और पाताललोक में त्रिपथगा या त्रिधारा के रूप में विख्यात होने वाली थी।

ब्रह्मांड में हुए छेद से निकली परम पाविनी गंगा स्वर्ग के शिखर पर आकर रुक गई। अब तक श्री विष्णु के दोनों चरणों से एक चरण आकाश एवं ब्रह्मांड को भेदकर ब्रह्माजी के सम्मुख प्रकट हुआ। उस समय ब्रह्मा ने अपने कमंडल के जल से विष्णुवामन के चरण का पूजन किया। उस जल से उसे धोया तो उसका धोवन का पानी हेमकूट पर्वत पर जा गिरा और वहां से प्रवाहित हो गंगा रूप में उनकी जटा में भंडारित हो गया। सारे संसार में इसी कारण से गंगा को 'भगवत्पदी' भी कहा जाता है। इन तीनों देवों 'त्रिदेव' के सहयोग से उत्पन्न गंगा 'त्रिदैव्या' कहलाती है।

गंगा स्वर्ग में रहती थी, जहां देवगण एवं पुण्य आत्माएं वास करती हैं। प्रमाणित है कि धरती पर रहने वाले प्राणियों को सूर्य, चंद्र और गंगा तीन स्वर्गिक शक्तियां प्रतिदिन अपना दर्शन देती हैं। सूर्य ऊर्जा, चंद्र शीतलता और गंगा प्राणियों के पाप हर पुण्य व मोक्ष प्रदान करती है। विष्णु के दिव्य विष्णुधाम में गंगा भी विराजमान रहती थी। विष्णु में सबके आधार हुए परम तेजस्वी ध्रुव स्थित हैं। ध्रुव में ही समस्त नक्षत्र, नक्षत्रों में मेघ तथा मेघों पर वृष्टि आच्छादित है। यही वृष्टि सारी सृष्टि का पोषण करती है तथा प्राणियों की पुष्टि करती है। इस तरह विष्णु का निर्मल लोक ही तीनों लोकों का आधारभूत है और यही वृष्टि का आदिकारण भी है। श्री विष्णु के परमपद से ही सर्वपापहारिणी गंगा उत्पन्न हुई। गंगा विष्णु के वाम चरण कमल के अंगूठे के नाखून रूपी स्रोत से निकली। इसी गंगा को ध्रुव ने दिन-रात अपने मस्तक पर धारण किया। जब विराट वामन का चरण ध्रुव नक्षत्र पर टिका तो सारे मेघ उनका चरण पखारने हेतु एकत्र हुए और वर्षा होने लगी। वर्षा का जल गंगा के नाम से पृथ्वी पर आया। खगोल शास्त्र की दृष्टि से यह कथा तर्कसंगत है, क्योंकि सागर, नदियों का जल सूर्य के ताप से वाष्पित होकर मेघ बनता है और आकाश मार्ग से वे हिमक्षेत्र में पहुंचकर पर्वतों से टकराकर वर्षा करते हैं और धारा रूप में एकत्र हो गंगा रूप में प्रवाहित होता है। वामन चरण के निमित्त जो गंगा चंद्रमंडल से निकलकर मेरु पर्वत पर गिरी, वह सीता, अलकनंदा, चक्षु एवं भद्रा चार धाराओं में बंट गई, अलकनंदा को शिव ने जटा में धारण किया था, जो गंगा रूप में पृथ्वी पर प्रवाहित हुई।

शिव संगिनी बनने के लिए पृथ्वी पर जन्म

महाराष्ट्र और लोकगीतों में प्रचलित

एक मान्यता के अनुसार पर्वतराज हिमवान (हिमालय) की दो पुत्रियां थीं। गंगा बड़ी थी और गौरी (पार्वती) छोटी। गौरी की तरह गंगा को भी शिव को पाने की आकांक्षा थी। धरती पर प्रलय के समय सारा संसार जलमग्न हो गया, तो उस समय भी गंगा किसी कारणवश बची रह गई। जीवित रहने के गर्व में गंगा ने अपने भीगे केशों को झाड़ा। गंगा का एक केश टूटकर कैलाश पर तप कर रहे शिव पर जा गिरा। शिव की तपस्या भंग हो गई। क्रोधित हो शिव ने गंगा को पृथ्वी पर जन्म लेने का शाप दे डाला। यह सुनकर गंगा अत्यंत व्याकुल हो उठी। उसने शिव से अपना शाप वापस लेने की विनती की। हृदयद्रवित हो शिव ने कहा कि पृथ्वी पर जन्म लेने के बाद ही मैं तुम्हारा पाणिग्रहण करूंगा। इस तरह से गंगा पृथ्वी पर अवतरित होने के उपरांत शिव की भार्या (पत्नी) बन गई। यह देख पार्वती के मन में सौतिया डाह उत्पन्न हो गई। द्वेषवश वह गंगा को तरह-तरह से सताने लगीं। गंगा ने यह बात शिव को बताई, तो शिव ने उन्हें अपनी जटाजूट में छिपा लिया।

शिवपुत्र कार्त्तिकेय की जननी

गंगा के संबंध में एक अन्य कथा इस प्रकार है कि हिमालय की पत्नी मेनका ने गंगा और उमा नामक दो पुत्रियों को जन्म दिया। गंगा से शिव का विवाह कराने के लिए देवताओं ने गंगा को मांग लिया। गंगा अब स्वर्ग में रहने लगी। यहीं पर शिव का बीज गंगा में डाला गया, किंतु गंगा उस बीज के रेतस (तेज) को सहन न कर सकी, तब अग्नि ने उसका तेज वहन किया, किंतु असह्य होने पर उसे शरजाल में डाल दिया। उसके विकास और रक्षा हेतु देवताओं ने कृत्तिकाओं को वहां भेज दिया। नियत समय पर छह सिर और बारह हाथ वाले कार्त्तिकेय ने जन्म लिया। गंगा के इस बालक 'गांजेय' को अग्नि के पुत्र अग्नेय और देवताओं की विनती पर गौरी ने अपना लिया। जो वास्तव में शिव के रेतस से उत्पन्न हुआ था और गंगा का पुत्र था। यह शरों (तीरों या सरकंडों) में जन्मा था और भीष्म शरशैया पर मृत्यु को प्राप्त हुए थे। किंतु दोनों ही गंगा पुत्र थे।

शान्तनु की पत्नी और वसुओं की माता

गंगा का संबंध महाकाव्य से भी है, जिसके कारण वह धरती पर आई और कइयों का उद्धार किया। महाकाव्य के अनुसार हिमवान ने अपनी पुत्री गंगा को परमपिता और परपितामह कहे जाने वाले ब्रह्माजी के पास रहने

भेज दिया। गंगा बचपन से ही बहुत चंचल और नटखट थी, उन्मुक्त रूप से पवन की तरह स्वच्छंद विचरण करती रहती थी। एक बार ब्रह्मलोक में महोत्सव था, सभी देवगण आमंत्रित थे। नवयौवना गंगा विचरण करती आई और द्रुतगति से वहां से गुजरी। उसकी रफ्तार इतनी थी कि पवन वेग के प्रभाव से उसका वस्त्र हवा में उड़ गया और उनका अंग-अंग दिख गया। सभी देवताओं ने इस लज्जाजनक दृश्य को देखा और स्वयं ही शर्म से आंखें झुका ली किंतु इक्ष्वाकु वंश का महामिष गंगा को अपलक देखता रहा। वह उसके सौंदर्य के मोहपाश में लगभग बंध सा गया। गंगा के अद्भुत सौंदर्य ने उसके हृदय में आसक्ति भाव उत्पन्न कर दिया था। उसका ऐसा व्यवहार देख ब्रह्मा कुपित हो गये। क्रोधित हो उन्होंने महामिष को पृथ्वी पर अवतार लेने का शाप दे डाला। साथ ही कहा कि पृथ्वी पर ही गंगा उसकी पत्नी बनेगी। किंतु गंगा तब भी बार-बार अप्रिय, अमर्यादित आचरण करेगी, जिसे तुम्हें सहना होगा। अन्ततः जब तुम्हें उसके इस आचरण पर क्रोध आएगा, तभी तुम भूलोक के जीवन बंधन से मुक्ति पा सकोगे।

कालांतर में महामिष ने राजा प्रतीप के घर शांतनु बनकर जन्म लिया। भगवान सूर्य की वर्षों तक स्तुति के फलस्वरूप प्रतीप को एक बार वन में एक कन्या मिली। राजा को उससे वार्ता कर ज्ञात हुआ कि उसे पति की कामना है। प्रतीप को सहसा अपने पुत्र शान्तनु का ध्यान आया। उन्होंने उस युवती को अपनी पुत्रवधु बनाने का निश्चय किया। यह बात उसने शांतनु को बताई और उसे राजपाट सौंपकर स्वयं वन में मां भगवती की तपस्या में लीन हो गए।

वह युवती गंगा थी और शान्तनु को पति रूप में चुनने के पीछे दो स्पष्ट कारण थे। पहला, गंगा और महामिष को ब्रह्मा के शाप के कारण पृथ्वी पर जन्म लेना और पति-पत्नी बनना था। दूसरा, गंगा को 8 वसुओं का उद्धार करने धरती पर आना था। सबसे बड़े वसु ने अपनी पत्नी के मोहवश शेष सातों वसुओं के साथ मिलकर वशिष्ठजी की अलौकिक नंदिनी गाय को चुराया था, जिसका दूध पीकर कोई भी 10 हजार वर्षों तक युवा और जीवित रह सकता है। इस अपराध के लिए वशिष्ठ से सभी वसुओं को मनुष्य योनि में जन्म लेने का शाप दिया था और सात वसुओं को एक-एक वर्ष उपरांत शापमुक्त होने की बात भी कही थी। किंतु मुख्य अपराधी 8वें वसु को लंबे समय तक मानव योनि में रहने का शाप दिया था। शापग्रस्त वसुओं ने मार्ग में जाती गंगा को अपनी व्यथा बताई और उन्हें अपनी जननी बनकर शान्तनु को पति रूप में स्वीकार करने की प्रार्थना

की। वसुओं ने उन्हें बता दिया था कि हर वसु के जन्म लेने के पश्चात् वह उन्हें अपनी धारा में बहाकर उन्हें भूलोक से मुक्ति दिलाए। गंगा का उद्देश्य भी शान्तनु को ही पति बनाना था, इसलिए उन्होंने वसुओं की माता बनना स्वीकार कर लिया।

पिता की आज्ञानुसार शान्तनु ने वन में जाकर गंगा को अपनी पत्नी बनने का प्रस्ताव दिया। किंतु गंगा ने एक शर्त रखी कि मैं जो भी कार्य करूं! अच्छा हो या बुरा, आप मुझसे उसके बारे में कुछ नहीं पूछेंगे। यदि आपने मुझे टोका या कुछ पूछा, तो मैं उसी क्षण आपको छोड़कर चली जाऊंगी।''

गंगा और शान्तनु विवाह बंधन में बंधे। एक-एक कर सात वसु पैदा हुए। गंगा ने वसुओं के निर्देश अनुसार एक-एक कर अपनी सात संतानों अर्थात् सात वसुओं को गंगा की धारा में बहाया। शान्तनु ने हर बार गंगा का यह अत्याचार देखा, किंतु प्रतिज्ञावश शांत रहे, किंतु जब गंगा 8वें वसु को बहाने लगी, तो शान्तनु से रहा न गया। उन्होंने प्रतिज्ञा तोड़ दी। गंगा को काफी भला-बुरा कहा और ऐसा कुकृत्य करने का कारण भी पूछा। चेतावनी स्वरूप गंगा ने उन्हें सभी वसुओं के शाप की कथा सुनाई और 8वें वसु देवव्रत (गांगेय) को लेकर अपने साथ चली गई और जब देवव्रत किशोर हुआ तो गंगा ने उसे शान्तनु को सौंप दिया। जाते-जाते गंगा ने देवव्रत को इच्छामृत्यु का वरदान भी दिया था। शान्तनु ने गांगेय को युवराज बनाया, जो इतिहास में भीष्म पितामह के नाम से विख्यात हुआ।

सरस्वती या विष्णु शाप से धरती पर उत्पन्न

भागवत पुराण में गंगा के अवतरण के संबंध में भिन्न आख्यान मिलता है। इसमें गंगा को शिव की बजाय विष्णु की पत्नी बताया गया है। विष्णु की तीन पत्नियां थीं- लक्ष्मी, सरस्वती एवं गंगा। एक दिन किसी कारणवश गंगा विष्णु को एकटक निहारने लगी। भगवान् विष्णु उनकी इस क्रिया पर प्रतिक्रिया देकर मुस्कुराने लगे। यह देख सरस्वती के मन में सौतिया डाह का भाव जन्मा। उन्होंने विष्णु को काफी भला-बुरा कहा। विष्णु के वहां से चले जाने के पश्चात् गंगा और सरस्वती में वाकयुद्ध आरंभ हो गया। यह देख पद्मा विवाद को शांत कराने के लिए गई, तो सरस्वती ने उल्टे पद्मा को ही भयंकर शाप दे डाला- ''नदी रूप धारण कर पापियों के आवास मर्त्यलोक (मृत्युलोक अर्थात् पृथ्वी) पर रहो।''

पद्मा के प्रति सरस्वती का ऐसा व्यवहार और शाप देख गंगा व्याकुल हो उठी। उनसे रहा न गया। उन्होंने प्रत्युत्तर में सरस्वती को कहा- ''जिस तरह निर्दोष पद्मा को सरस्वती ने शाप दिया है, उसी तरह उसे भी शाप

लगे। उसे भी मर्त्यलोक में जाकर पाप राशि ग्रहण करनी पड़े।"

इसी तरह सरस्वती ने भी पलटवार किया और गंगा को पाप का फल भोगने का शाप दे डाला। इसी घटना के बाद गंगा, सरस्वती और पद्मा तीनों ही पृथ्वी पर नदी रूप में अवतरित हुई। कहते हैं इसी क्रम में विष्णु के वचन के माध्यम से भगीरथवाली कथा को भी इस पुराण में जोड़ा गया था। (कहीं-कहीं तीनों को विष्णु द्वारा ही शाप देकर नदी बनकर धरती पर जाने का आदेश दिया था)।

परंतु कहते हैं कि गंगा विष्णु को अतिप्रिय है, इसलिए भगवद्रूप कहा गया है।

गौतम ऋषि के तपोबल से आई गौतमी

गौतम ऋषि महान तपस्वी थे। वह महाराज जनक के उपपुरोहित थे। उनकी गिनती सप्त-ऋषियों में की जाती थी। ब्रह्मा की कृपा से ऋषि का विवाह अहिल्या से हुआ था। वह गौतम क्षेत्र (नासिक का त्रयम्बकेश्वर) में तप करते थे। एक बार इन्द्र ने 15 वर्षों तक वर्षा नहीं की, तो आवृष्टि से पृथ्वी पर त्राहि-त्राहि मच गई। भूख से पीड़ित मनुष्य परस्पर एक-दूसरे पर आक्रमण करने लगे। ब्राह्मणों ने एकत्र होकर गौतम ऋषि की स्तुति की और उन्हें अपनी व्यथा सुनाई। ऋषि ने भगवती गायत्री से कृपा करने की विनती की। स्तुति सुनकर भगवती जगदंबा ने दर्शन देकर मुनि को इच्छापूर्ति करने वाला एक पात्र दिया। ऋषि ने सभी के दुःखों को दूर किया। उनका यश चहुंओर फैल गया। कुछ ईर्ष्यालु ब्राह्मणों ने माया से मृत्यु को अग्रसर एक गाय बनाई। गौतम ऋषि के हवन करते हुए गौ ने व्यवधान उत्पन्न किया, तो ऋषि ने उसे हूं-हूं का उच्चारण कर भगाया। माया रूपी गाय यज्ञशाला में ही मर गई। यह देख ब्राह्मणों में शोर मच गया। ऋषि पर गौ-हत्या का आरोप लगाया गया, किन्तु ऋषि ने योगबल से विद्वेषी ब्राह्मणों के इस आपराधिक कृत्य को जान लिया। क्रोधित हो उन्होंने ब्राह्मणों को ब्राह्मणी विद्या, जप, मंत्र आदि से विहीन होने का शाप दे डाला।

पार्वती देवी से ऋषि का तपोबल छिपा नहीं था। पार्वती स्वयं शिव के शीश पर विराजमान गंगा से द्वेष रखती थीं और उसे नीचे उतारना चाहती थीं। उन्होंने एक उपाय सोचा और गणेश एवं कार्त्तिकेय को अपना संकल्प बताया। उन्होंने ऋषि को गौ-शाप से बचने के लिए शिव की स्तुति करने और गंगा को शिवकपाल से नीचे उतारने की सलाह दी। ऋषि ने ऐसा ही किया। तप करके शिव को प्रसन्न किया और भूलोक में जल की कमी को दूर करने के लिए गंगा को पृथ्वी पर भेजने की विनती की। महादेव

ने मस्तक पर विराजमान गंगा का एक अंश धरती पर भेजा। जो धरती पर आने पर 'गौतमी' कहलाई।

श्रीराम के तीर से प्रकट हुई पाताल गंगा

श्रीराम ने रावण का वध कर लंका विजय के पश्चात् गन्धमादन पर्वत पर एक शिवलिंग की स्थापना की किंतु शिवलिंग के अभिषेक के लिए उन्हें शुद्ध जल नहीं मिला। तब राम ने गंगा का स्मरण कर धनुष की कोटि से ही पृथ्वी को विदीर्ण किया। उसके धनुष की वह चोट कड़ी थी। धनुष की वह कोटि रसातल तल पहुंच गई। उन्होंने जब धनुष को बाहर किया तो धनुष से बनी दरार से पातालगंगा बाहर निकल आई। पातालगंगा की धार से उन्होंने शिवलिंग का अभिषेक किया। यही धारा सुमेरु पर्वत के दक्षिण दिशा में स्थित गन्धमादन पर्वत पर गिरी और अलकनंदा कहलाई। वहां से नन्दनवन में जाकर मानसरोवर को जल से भरा। आगे बढ़कर सभी पर्वतों को पार कर हिमालय में गिरी तो भगवान शिव ने उसे अपनी जटाओं में संभाला, महाराज भगीरथ के तप के फलस्वरूप शिव ने गंगा की एक धारा को जटा से मुक्त किया, तो गंगा सात धाराओं में बंटकर दक्षिण सागर में विसर्जित हुई। इनमें तीन भाग धारारूप पूर्व की ओर बहकर समुद्र में गिरी और एक भगीरथ के पीछे-पीछे गंगासागर तक बही, जबकि अगली एक धारा सविता वन में जाकर 'भद्रसोमा' कहलाई और आगे 'महाभद्र' सरोवर को जलसंपन्न कर शंखकूट पर्वत में प्रवाहित हुई। यहां भद्रसोमा पर्वत में बहकर उत्तरी कुरु प्रदेश को सिंचित कर महासागर में विसर्जित हो गई।

भगीरथ के तपोबल से आई भागीरथी- गंगा

धरती पर अवतरित होने से पूर्व गंगा स्वर्ग में रहती थी। देवताओं ने हिमालय और मैना से उसे अनुनय-विनय कर मांगा था। ऋषि विश्वामित्र ने इस संदर्भ में श्रीराम को गंगा की एक कथा सुनाई थी, जिसका उल्लेख वाल्मीकि रामायण में भी मिलता है। इसलिए यह प्रमाणिक भी माना जाता है। व्यास जी ने इस कथा का संदर्भ दिया था।

हिमवान समस्त पर्वतों का राजा है, जो अपार जलराशि, अनमोल खजानों का भंडार है। मरु पर्वत की सुन्दर पुत्री मैना हिमवान की पत्नी थी। उनकी दो कन्याएं थीं। पहली कन्या गंगा थी। दूसरी कन्या का नाम उमा था। कुछ वर्षों के उपरांत किसी देवकार्य की सिद्धि के लिए देवताओं ने गिरिराज हिमवान से गंगा को मांग लिया। त्रिभुवन के कल्याण के निमित्त हिमवान ने गंगा को उन्हें सौंप दिया। गंगा स्वर्ग में रहने लगी, जो उर्ध्वलोक से परमेश्वर के अंश के रूप में गिरी और भगवान शंकर का अभिषेक

कर कल्याणकारी उद्देश्यों हेतु निकल पड़ी। पृथ्वीलोक पर उसने विशाल शिलाखंडों को चीरकर अपना मार्ग बनाया और सात धाराओं में विभक्त होकर सब ओर प्रवाहित होने लगी। उस परोपकारी नदी की सात धाराएं सप्तगंगम् कहलाई, जो गंगा, यमुना, सरस्वती, रथस्था, सरयू, गोमती और गंडकी कही जाती हैं। पर्वतराज की दूसरी कन्या उमा ने कठोर तप किया और महादेव को वर रूप में प्राप्त किया।

श्रीराम गंगा के विषय में जानने के लिए उत्सुक थे। उनकी जिज्ञासा बलवती होती जा रही थी। विश्वामित्र से गंगा की कथा सुनकर श्रीराम अधिक जिज्ञासु हो उठे। वह जानना चाहते थे कि पृथ्वी पर गंगा कैसे अवतरित हुई और त्रिपथगा क्यों कहलाई? ये प्रश्न राम की उत्सुकता बढ़ा रहे थे। आकाश से उतरी गंगा की एक धारा तीन लोकों में प्रवाहित होकर सागर में कैसे विसर्जित हुई?

श्रीराम के इस प्रश्न पर ऋषि विश्वामित्र ने महादेव के विवाह और कार्त्तिकेय के जन्म की कथा सुनाई।

विश्वामित्र जब राम-लक्ष्मण के साथ जनकपुर की ओर जा रहे थे तो गंगा तट पर पहुंचते ही उन्होंने राजा सागर की कथा सुनाई। जो रघुवंश की कीर्तिकथा है और यही सर्वाधिक प्रचलित भी है। राम के वंश में बहुत पहले सागर नाम के एक राजा हुए थे, जो राजा बाहु के पुत्र थे। राजा बाहु की दो रानियां थीं। छोटी रानी राजा बाहु को अत्यंत प्रिय थी। ईर्ष्यावश बड़ी रानी ने गर्भवती छोटी रानी को गर (विष) दे दिया, इसीलिए वह गर सहित जन्मे और सागर कहलाए। सागर अयोध्या के राजा बने। कश्यप पुत्री सुमति और विदर्भराज की पुत्री केशिनी से उन्होंने विवाह किया, किंतु काफी समय बाद भी वह पिता न बने। उन्होंने अपने गुरु और्व को अपनी व्यथा सुनाई। उनकी सेवा से प्रसन्न होकर और्व ने दोनों रानियों को बुलाया, आशीर्वाद दिया और कहा कि ''एक रानी से एक ही पुत्र जन्म लेगा, किंतु वह अतिधार्मिक न होगा, फिर भी वह शत्रु सहित सभी पर विजय पाएगा। दूसरी रानी साठ हजार पुत्रों को जन्म देगी, जो अकृतार्थ और असफल होकर थोड़े समय में ही विनिष्ट को प्राप्त होंगे।''

उन्होंने यह निर्णय रानियों पर छोड़ा कि कौन-सी रानी कौन-सा विकल्प चुनेगी। तो वैदर्भी केशिनी ने एक पुत्र की कामना की और दूसरी रानी ने साठ हजार पुत्रों की। ऐसा ही हुआ। केशिनी ने असमंजस को जन्म दिया। सुमति के गर्भ से साठ हजार पुत्रों के बीज तुंब (अलावु) में एकत्र होकर निकले, जिन्हें अलग कर घी की घड़ों में रखा गया और वहीं उनका जन्म

हुआ। वे पराक्रमी किंतु क्रूर थे। सागर ने असमंजस का विवाह कराया, जिसके अंशुमन नामक पुत्र उत्पन्न हुआ किंतु असमंजस पूर्वजन्म में धर्मज्ञाता वैश्य था और उसने उत्तम निधि प्राप्त कर निधिदाता पिशाच को बदले में गौमांस नहीं दिया था। फलत: क्रोधित पिशाच ने उसे तब मार डाला था। इस बार वैश्य ने असमंजस रूप में जन्म लिया तो पिशाच उसकी देह में प्रवेश कर गया, जिससे असमंजस बहुत क्रूर हो गया। उसने स्त्रियों, बच्चों को निर्दयता पूर्वक मारकर सरयू नदी में फेंक दिया था। प्रजा की गुहार पर राजा सागर ने असमंजस का परित्याग कर दिया और अपने मृदुभाषी एवं पराक्रमी पौत्र अंशुमान को पद पर बैठा दिया।

सुमति के 60,000 पुत्र भी अत्यंत निर्दयी और असुरी प्रवृत्ति के थे। उनके अत्याचारों से धरा की गति तेज हो गई, तो तपस्वियों की समाधि टूटी और वे ब्रह्मा के पास पहुंचे। ब्रह्मा ने उन्हें विष्णु भगवान के अंशावतार कपिल मुनि के पास भेजा, जो विशाल सागर (बंगाल की खाड़ी में गंगासागर) किनारे ध्यान लीन थे। साथ ही बताया कि कपिल मुनि की समाधि सागर पुत्रों के द्वारा ही भंग हो तो ही उनका विनाश संभव होगा। कपिल मुनि ने देवताओं, तपस्वियों की विनती सुनकर उन्हें आश्वासन दिया कि सागर पुत्र अपने कर्म से निर्दग्ध होकर विनष्ट होंगे और मैं ही इसका कारण बनूंगा।

वशिष्ठ मुनि की अनुमति से राजा सागर ने अश्वमेघ नामक महायज्ञ करने का विचार किया। उसने हिमालय और विंध्याचल के मध्य में हरित प्रदेश में एक विशाल यज्ञमंडप बनवाया। विधान से श्यामकर्ण अश्व छोड़ा और उसकी रक्षा का भार अपने 60,000 पुत्रों को दिया। सागर समस्त राजाओं को तो पहले ही जीत चुके थे, इसलिए यह राज्यों को अधीन करने हेतु नहीं छोड़ा गया था। इसका निहितार्थ गंगा का अवतरण था।

किंतु यज्ञ की संभावित सफलता से देवगण आशंकित एवं भयभीत थे, विशेषकर इन्द्रदेव, इसलिए उनसे प्रेरित हो वायुदेव ने अश्व का हरण कर उसे रसातल में पहुंचा दिया। अश्व को उन्होंने कपिल मुनि के आश्रम में बांध दिया था। अश्व न दिखने पर सागर पुत्र बेचैन हो उठे। उन्होंने समस्त पृथ्वी की परिक्रमा कर डाली, वन, पर्वत, सागर तक में खोजा। उन्होंने अपने पिता सागर को घटना से अवगत कराया। सागर ने अश्व को खोज निकालने की चेतावनी दी और पाताल तक खोजने का निर्देश दिया।

अब सागर पुत्रों ने पाताल पर्यन्त इस भूमि को खोदने का निर्णय लिया। उन्होंने सागर तल से खोदना आरंभ किया तो भूभाग कम हो गया। भूमितल के अनेकों प्राणी मारे गए। वे पाताल पहुंचे, तो देवताओं ने ब्रह्मा से इसकी

मोक्षदायिनी गंगा

शिकायत की। पाताल में वे कपिल मुनि के आश्रम तक पहुंचे। अश्व वहीं बंधा था। कपिल मुनि पद्मासन में योग समाधि में लीन थे। उनके चारों ओर परम तेज देदीप्यमान था। सागर पुत्रों ने उन्हें अश्व चोर समझा, उन्हें दुर्वचन कहें, अपमान किया, उन्हें मारने का प्रयास किया। कपिल मुनि उनके कुकृत्यों से अत्यंत क्रोधित हुए। उनके नेत्र खोलते ही नेत्र से निकली संहारक ज्वाला ने सागर पुत्रों को भस्म कर डाला।

कहते हैं कि काफी दिनों तक राजा सागर को अपने पुत्रों का कोई समाचार न मिला। कुछ दिनों बाद स्वयं नारद मुनि ने जाकर उन्हें वह सारा वृत्तांत सुनाया। साथ ही अंशुमान को भेजकर अश्व लाने की सलाह दी। वीरोचित्त अंशुमान ही अब उनका एकमात्र कुलदीपक शेष था, वह वीर भी था, धीर भी। अंशुमान उसी मार्ग से पाताल की ओर चल पड़ा, जो सागर पुत्रों अर्थात् उनके चाचाओं ने बनाया था। सागर पुत्रों के मामा गरुड़ ने अंशुमान का मार्गदर्शन किया। मार्ग में मिलने वाले ऋषि-महात्माओं से सादर वह अपने गन्तव्य स्थान के बारे में पूछता चला और कपिल मुनि के आश्रम में पहुंच गया।

वहां अपने चाचाओं के भस्मीभूत अवशेषों को देख वह द्रवित हुआ। वह उनका तर्पण करने के लिए पानी खोजने लगा, किंतु उसे कहीं भी जलस्रोत न दिखाई दिया। तब उन्होंने गरुड़जी से पूछा। गरुड़जी ने अंशुमान को वहां घटे घटनाक्रम से अवगत कराया और बताया कि चूंकि ये सागर पुत्र अलौकिक शक्ति वाले दिव्य पुरुष की क्रोधाग्नि से भस्म हुए, इसलिए लौकिक तर्पण से इन्हें मुक्ति नहीं मिल पाएगी। इनकी मुक्ति एवं तर्पण हिमालय पुत्री गंगा के जल से ही संभव होगा।

यह जानकर अंशुमन ने कपिल मुनि को अपना परिचय दिया और उन्हें उनकी क्रोधाग्नि को प्रशांत करने का निदेवन किया। अंशुमान की भक्ति एवं व्यवहार से कपिल प्रसन्न हुए और अंशुमान को वर मांगने को कहा। अंशुमान ने अपने भस्मीभूत पितरों के लिए मुक्ति और स्वर्गमन का मार्ग जानना चाहा। मुनि कपिल ने भविष्य बताते हुए कहा कि अंशुमान का महामाते पौत्र भगीरथ होगा। धर्मों के समस्त तत्त्वों का ज्ञाता भगीरथ अपने परम तप से गंगा को धरती पर लाकर इन्हें मुक्ति दिलाएगा।

कपिल मुनि के निर्देशानुसार अंशुमान यज्ञ का अश्व लेकर वापस लौटा और राजा सागर को सारा वृत्तांत कह सुनाया। इसके अनन्तर राजा सागर ने अपने पौत्र अंशुमन का राज्याभिषेक किया। अंशुमान के विवाह उपरांत उनके घर परम प्रतापी दिलीप ने जन्म लिया। दिलीप के विवाह उपरांत महान् भगीरथ ने जन्म लिया। परंपरा अनुसार क्रमश: अंशुमान, दिलीप

अपने वंशज को राज्यसत्ता सौंप तप हेतु हिमालय गए और गंगा को पृथ्वी पर लाने के प्रयास किए, किंतु सफल न हुए। भगीरथ को राजा सागर के पुत्रों के साथ घटी दुर्घटना का ज्ञान हो चुका था। उसके कोई संतान न थी, इसलिए वह अपने परम श्रेष्ठ मंत्रीगणों को राज्य का भार सौंप अपने उद्देश्य हेतु गोकर्ण नामक तीर्थ पर कठोर तपस्या करने लगे।

भगीरथ ने तप से ब्रह्माजी को प्रसन्न किया। उसने गंगा को धरती पर लाकर सागर पुत्रों के उद्धार करने तथा अपने घर संतान होने का वर मांगा। ब्रह्मा ने संतान का मनोरथ पूरा होने का वर तुरंत ही दे दिया, किंतु गंगावतरण को लेकर आशंका जताई, क्योंकि गंगा के तीव्र वेग के साथ धरती पर आने से पृथ्वी उसका वेग संभाल नहीं पाएगी। गंगा के वेग को केवल महादेव ही संभाल सकते थे। इसलिए ब्रह्मा ने महादेव को प्रसन्न करने की सलाह दी।

भगीरथ ने पैर के अंगूठे पर खड़े होकर महादेव की तपस्या की, केवल वायु का भक्षण किया। उनके तप से प्रसन्न होकर महादेव ने गंगा को अपने सिर पर धारण करने का विश्वास दिलाया।

गंगा सुरलोक में थी। वह अन्यत्र नहीं जाना चाहती थी। उन्होंने सोचा कि मैं अपने प्रचंड वेग से शिव को बहाकर पाताल लोक में ले जाऊंगी। किंतु महादेव से गंगा का यह अहंकार छिपा न रह सका। गंगा पूरे वेग से उतरी, तो महादेव ने उसकी वेगवती धाराओं को अपने जटाजूट में उलझा लिया। वह पानी की एक बूंद की तरह उनके भव्य जटाजूट में विलीन हो गई। यह देख भगीरथ ने गंगा के प्रमोक्षण के लिए पुन: महादेव की आराधना की। तपस्या से प्रसन्न हो महादेव ने जटाजूट की एक लट को खोला, जहां से गंगा की एक धारा निकली और हिमालय के बिन्दुसर (बिन्दु सरोवर) पर गिरी।

बिन्दुसर पर गिरने के उपरांत गंगा की सात धाराएं हो गईं, तीन पूर्व दिशा में चली और तीन पश्चिम में। पूर्व की ओर बहने वाली धाराएं हलादिनी, पावनी व नलिनी थी तो पश्चिम की ओर बहने वाली धाराएं सुचक्षु, सीता और सिंधु। सातवीं धारा भगीरथ के साथ-साथ जानी थी। सागर पुत्रों का भस्मस्थल काफी दूर था, इसलिए कहते हैं कि महादेव ने भगीरथ को अपना रथ प्रदान किया। जिस पर भगीरथ चढ़े और गंगा उनके पीछे-पीछे चली।

कहते हैं कि इससे पहले भगीरथ ने गंगा को भी तप से प्रसन्न किया था, तो गंगा ने भी दो आशंकाएं व्यक्त की थीं। पहली कि उनका वेग कौन सहन करेगा? दूसरी कि गंगा में पापियों के स्नान करने से गंगा मैली होगी तो गंगा की पवित्रता का क्या होगा?

भगीरथ ने गंगा को आश्वासन दिया था कि उनके अवतरण पर महादेव

मोक्षदायिनी गंगा

उनका वेग सहन करेंगे। दूसरा ऋषि-महात्माओं के स्नान कर्म से उनका पुण्य जल के मलरूपी पाप को नष्ट कर दिया।

कहते हैं कि भगीरथ के रथ के पीछे अनुसरण से पहले गंगा ने एक बार फिर भगीरथ से चेतावनी स्वरूप कहा कि मैं तुम्हारा अनुसरण करूंगी, किंतु पीछे मुड़कर मत देखना। भगीरथ काशी तक आने पर थोड़े आशंकित हुए कि गंगा कहीं वापस न चली गई हो। उनके पीछे देखते ही गंगा वचन टूटने पर सीधे सागर की ओर चली गई।

काशी में गंगा प्रवाह के संबंध में एक शिव कथा का उल्लेख मिलता है। काशी शिव की प्रिय नगरी है। जब भगीरथ के पीछे बहते हुए गंगा काशी पहुंची, तो शिव को उसकी धारा में काशी के बह जाने की आशंका हुई। इसलिए शिव ने काशी से पहले शूलटंकेश्वर में ही अपना त्रिशूल गाड़कर मार्ग अवरुद्ध कर दिया। यमुना और सरस्वती को साथ लेकर गंगा वहां पहुंची तो ठिठक कर रुक गई। भगीरथ यह देख परेशान हो उठे। उन्होंने शिव की पुनः तपस्या कर त्रिशूल हटाने की विनती की, तो शिव ने तीन शर्तें रखी। पहली गंगा काशी के घाट कभी नहीं छोड़ेगी, दूसरी- यहां कभी वेग से नहीं बहेगी और तीसरी उसमें रहने वाले जीव-जन्तु कभी किसी को कष्ट नहीं देंगे। गंगा ने महादेव की तीनों शर्तें मान ली। शिव ने त्रिशूल हटाया, गंगा आगे बही और काशी में आकर अर्धचन्द्राकार स्थिति में मंथर गति से बहने लगी।

गंगा भगीरथ के पीछे बहते हुए जान्हु ऋषि के आश्रम पहुंची तो अपने वेग से आश्रम और यज्ञ स्थल को भी अपने वेग में बहा ले गई। राजर्षि यह देख क्रोधित हुए और एक चूली के समान गंगा को पी गये। भगीरथ ने जान्हु ऋषि की सौ वर्षों तक शुश्रूषा की तो ऋषि ने गंगा को अपनी जांघ से उत्पन्न किया और वह जान्हवी कहलाई। गंगा की धारा पुनः प्रवाहित होने लगी। भगीरथ के दिव्य रथ के पीछे-पीछे सागर पुत्रों के पापों को नष्ट कर उनके लिए स्वर्ग का मार्ग प्रशस्त किया और सागर में विसर्जित होकर पाताल की ओर चली गई। स्वर्ग लोक, भूलोक और पाताल लोक, तीनों लोकों को पवित्र करने वाली गंगा 'त्रिपथगा' कहलाई। भगीरथ का श्रम सफल रहा।

गंगा और भगीरथ कथा के पीछे एक गूढ़ प्रतीकात्मकता दिखाई देती है। विश्व में अनेक नदियां हैं, किंतु केवल गंगा को ही अवतरित कहा गया है। गंगा की प्राकृतिक एवं भौगोलिक पृष्ठभूमि इस पुराण कथा को सार्थक करती प्रतीत होती है। देवप्रयाग के ऊपर हिमाच्छादित पर्वत शिखर एवं गंगा की अनेक जलधाराएं शिव के जटाजूट एवं उसमें प्रवाहित गंगा

की धाराओं को दर्शाती हैं। गंगोत्री और गोमुख की प्रतीकात्मकता जान्हु ऋषि की कान-सी दिखती है। नरनारायण पर्वत से निकली गंगा ब्रह्मकमंडल स्वरूप लगती हैं। पूर्व की ओर ब्रह्मनद, सरयू और कोसी थीं तथा पश्चिम में यमुना, सरस्वती और महासिंधु सप्तगंगा का अभिन्न अंग लगती हैं। भगीरथ में भग सृष्टि करने में उत्पन्न प्रेरक आनंद है तो रथ-गति संचार या दीप्ति।

भगीरथ को पृथक-पृथक समझे तो भग का अभिप्राय सूर्य की दिव्य आभा से है और दिव्य रथ में सप्त रश्मियों के अश्व जुते हैं, जो समय चक्र युक्त है। इन पहियों के 12 आरे हैं और 12 महीनों के प्रतीक है। दिव्य रथ की सात रश्मियों में या इंद्रधनुष में नील लोहित वर्ण (रंग) है। इनमें पहले तीन प्रकाश और अमरत्व प्रदान करते हैं। ये चेतना के देवताओं और ऋषियों एवं गंधर्वों के प्रतीक हैं। अंत के तीन रंग ऊष्मा, मृत्यु, ताप के प्रतीक हैं अर्थात् सर्व, ग्रामणी एवं राक्षसों के। इन्हीं के मध्य स्थित अप्सरा रूपी हरित रश्मि पृथ्वी पर अवतरित होकर धरा को सुशोभित करती है। संपूर्ण गंगा एक जीवन चेतना रूपी नदी है, जो भगीरथ के रथ का अनुसरण करती है।

सागर के 60 हजार पुत्र, एक महीने के 30 दिन और 30 रात्रियों में सूर्य की हजारों रश्मियां ही 60 हजार वालखिल्य है। ये ही सूर्य के रथ को गति प्रदान करते हैं। वालखिल्य या समय की सूक्ष्म गणना का अभिप्राय है बाल या एक बाल की मोटाई तथा खिल्य अर्थात् उनके बीच का स्थान। कहने का तात्पर्य है कि ये 60 हजार सम्यांश ही सूर्य को संचालित करते हैं और गंगाजल के अभाव में समय राख होता है, जिसे पुनर्जीवित करने के लिए तारणहार गंगा की आवश्यकता पड़ती है और अपने पुत्रों के उद्धार के लिए गंगा अवश्य ही अवतरण करती है चाहे वह किसी भी रूप में हो। वह सतत् गतिशील है, इडा नाड़ी है, आनन्द की धारा है।

3. राष्ट्र की पहचान : गंगा की पवित्रता

भारतीय सभ्यता एवं संस्कृति में गंगा पवित्रता का पर्याय है। नदियों में वह सर्वाधिक पुण्यतोया है। उसके प्रति श्रद्धा की सनातन और पारम्परिक परम्परा सर्वविदित है। वह धार्मिक, आध्यात्मिक एवं सांस्कृतिक मूल्यों की वाहक है। भारतीय संस्कृति में मानवजीवन में गंगा का विचार कण-कण में व्याप्त है। राष्ट्र धर्म और राष्ट्रीयता में रची-बसी है। आज कुछ मानसिक संकीर्णता परक लोग गंगा को हिंदू धर्म से जोड़कर द्वेषभाव को अंकुरित करते हैं। जबकि हिंदू कोई मजहब नहीं, बल्कि अपने आप में उन लोगों की पावन संस्कृति है, जो सिंधु (इंडस) नदी के किनारे वास करते थे। इसी तरह सरस्वती तट पर वासी लोग सारस्वत और गंगा तट पर रहने वाले गांगेय आदि कहलाए। हिंदू वास्तव में एक वैचारिक पद्धति एवं जीवनधारा है, जो गंगा से अनन्त तक जुड़ी है। उसने गंगा को जीवन के सूक्ष्मतम पहलू में आत्मसात किया है। अत: हिंदू, मुस्लिम या ईसाई से भिन्न विचार है, एक सांस्कृतिक इतिहास है, जो गंगा से जुड़कर अभिन्न बन गया है। इसी वैश्विक भावना ने विदेशी लोगों को भारतभूमि की ओर आकर्षित किया। एक विदेशी गंगा भक्त का कथन सार्थक प्रतीत होता है कि–

'गंगा ही भारत है और भारत ही गंगा है।'

गंगा भारत की पहचान है, जो राष्ट्रीय नदी से कहीं अधिक एक विचार है। समूचे भूमंडल पर गंगा आज भारत राष्ट्र की पहचान है। गंगा की जड़ें भारतभूमि में काफी अनन्त तक जमी हैं, जिसने भारत की विविधतापूर्ण संस्कृति को एकजुट किया, संवर्धन किया। गंगा के देश में आने वाले विदेशी हमलावरों, तीर्थ यात्रियों, पर्यटकों, ज्ञान पिपासुओं ने भी यहां की संस्कृति को जानकर भारतवर्ष का प्रचार किया। यही वैचारिकता पहले भी भारत की पहचान थी और जो इसके संपर्क में आए, इसे अंगीकृत करते चले गए। गंगा का अविरल प्रवाह उनके अंतर्मन को जागृत करता रहा।

क्योंकि यह समूचे मानव जीवन सभ्यता एवं संस्कृति, धर्म एवं आचरण में जीवनदायी रक्तधारा की तरह घुलमिल गई है।

गंगा भारत की प्राचीन सभ्यता की प्रतीक रही है: भारत की संस्कृति गंगा की ऋणी है, जिसके जल ने भारतभूमि को उर्वर एवं महान बनाया। आधुनिक युग में भी गंगा का महत्त्व यथावत् है। इसलिए यह भारत की नदी है, मातृ समान वत्सला है, उदामना है, किंतु बदले में निस्वार्थ भाव की अपेक्षा करती है।

सूरदास ने कहा था कि राजा अंशुमान और दिलीप के घोर तप करने पर भी गंगा ने उन्हें वर नहीं दिया, उनकी मनोकामना पूर्ण नहीं की, किंतु भगीरथ के परमार्थ तप से गंगा का कोमल हृदय द्रवित हो उठा और वह धरती पर आने को सहमत हो गई और भगीरथ के पितृगणों का उद्धार किया। गंगा ने भगीरथ के तप रूपी श्रम का महत्त्व समझा।

राष्ट्र की उन्नति में गंगा के महत्त्व को जानकर कवि रामदास जी कपूर ने 'गंगा श्रम' की रचना की, जिसमें वह राष्ट्र की उन्नति के निमित्त गंगा की कृपा चाहते हैं। वह निवेदन करते हैं:-

ब्रह्मा के निरूपण में सगुण स्वरूपिणी हो,
राष्ट्र के अपौरुषेय दृष्टि विष्णु वाली दे।
विधि के कमण्डल से संभव विद्या की सीख,
सृजन कला की प्रतिभा अंशुमाली दे।
शम्भु उत्तमांग का अलभ्य ज्ञान चक्षु खोल,
पाशुपत संयुत सुसैन्य शक्तिशाली दे।
इन्दिरा-इरा की दृष्टि व्यापिनी समृद्धि हेतु,
भागीरथी! श्रम की भगीरथ प्रणाली दे।।

राष्ट्र की उन्नति एवं शत्रुओं से रक्षा की खातिर वह गंगा से वर का आह्वान करते हैं कि –

गंगा! दो अमोघ वर, श्रम को सराहे नर,
भक्ति की प्रबल शक्ति आप में सचर जाए।
बँध एक सूत्र में स्वराष्ट्र बढ़े पौरुष से,
युद्धकारियों की युद्ध लालसा बिखर जाए।

मातृभक्ति, मातृपूजा, मातृ-वन्दना या वंदेमातरम् हिंदू धर्म को अपने पूर्वजों से विरासत में मिले हैं। इसलिए जीवनदायी नदियों को भी मातृतुल्य दर्जा दिया। उनकी वंदना की। गंगा मैया, यमुना मैया आदि सम्मानित सम्बोधनों से पुकारा। गंगा आदि नदियों को मैया कहा तो मातृभूमि को भारत माता।

विश्व के किसी भूभाग में नदियों और जन्मभूमि को इतना सम्मान नहीं दिया जाता है। यही विश्व में भारत और गंगा के अटूट संबंध की पहचान है।

भारत में समुद्र में विसर्जित होने वाली सभी नदियां गंगा कहलाती हैं। क्योंकि गंगा एक बृहत शब्द है। घर में नहाते समय नल से निकलने वाला पानी भी 'कलावती गंगा' कहा जाता है। गंगा सहित सभी नदियां जब-जब जहां-जहां पहुंचती है, सभी को पावन करती चलती है। समुद्र में पहुंचने पर - 'सर्वागंगा: समुद्रया: -बन जाती है। अर्थात गंगाजल की बूंद भी पवित्रता के लिए पर्याप्त है, तो समूची गंगाधारा जब गंगासागर में पहुंचती है, तो नि:संदेह सागर भी पवित्र हो जाता है और दुनिया में चाहे नाम भिन्न हो, किंतु सागर एक ही है।

इसी तरह भारत विभिन्नता में एकता के कारण दुनिया-भर में प्रसिद्ध है। यहां हर नदी, सरोवर, ताल-तलैया पर लगने वाले मेले, पर्व-उत्सव आदि जगप्रसिद्ध हैं। भारत की सतरंगी एवं इन्द्रधनुषी संस्कृति और नदियों में होने वाला पावन स्नान विदेशी सैलानियों को अपनी ओर खींचता है। इसके मोहपाश में बंधे लोग भारत भूमि पर कदम रखते ही यहां के हो जाते हैं। वर्षों से ऐसा ही होता रहा है, आज भी जारी है। कुछ सैलानी लौट जाते हैं, तो कुछ सदा के लिए गंगा की धरती में अपना बसेरा बना लेते हैं। भक्ति में लीन हो जाते हैं। भारत की अद्भुत संस्कृति, धर्म, परिवेश का अंग होकर सत्य, धर्म, मोक्ष को पाने के प्रयास करते हैं। आज भारतभूमि की पहचान गंगा और उससे जुड़ा धर्म है। कहां गए या कहां से आए का उत्तर मिलता है 'जिस देश में गंगा बहती है।' 'गंगा का उच्चारण ही उन्हें मानसिक, आध्यात्मिक एवं वैचारिक रूप से पवित्रता, शीतलता, शांति आदि प्रदान करता है। वे गंगा की पवित्रता को आत्मसात करना चाहते हैं और स्वयं उसकी पवित्रता में विसर्जित होना चाहते हैं।

विश्व में गंगा की यह अपनी एक अलौकिक पहचान है। यही पहचान भारतभूमि का भी परिचय बनती है। यह अलौकिक पहचान गंगाजल के प्राकृतिक गुण हैं। इसी ने गंगा को न केवल अद्भुत बनाया है, बल्कि जिज्ञासावश शोध एवं अनुसंधान का विषय भी। गंगाजल को अमृत कहते हैं। अमृत अर्थात् न खराब होने वाला या न मरने वाला। गंगाजल में विद्यमान जीवाणुभोजी तत्त्वों में आश्चर्यचकित शक्ति एवं क्षमता है, जो वर्षों तक रखने पर भी उसे खराब नहीं होने देता है। उसे शाश्वत बनाता है, इसलिए गंगा को सृष्टि की प्राणधारा कहते हैं। ब्रिटिश पत्रिका 'गुड हेल्थ' में प्रकाशित शोधपत्र में उल्लेख है कि टेम्स नदी व अन्य जलस्रोतों का पानी तो लंबे

समय तक रखने पर खराब हो जाता है, लेकिन गंग जल ज्यों-का-त्यों शुद्ध ही बना रहता है और खराब नहीं होता है।

वैज्ञानिक जगत में गंगा कौतुहल एवं शोध का विषय है। वैज्ञानिकों का मानना है कि गंगाजल में बैक्टीरियोफ्रेज नामक विषाणु होते हैं। ये विषाणु ही इसे अमृत बनाते हैं। हानिकारक जीवाणुओं एवं सूक्ष्मजीवों को समाप्त करते हैं और गंगा की गुणवत्ता एवं अमृतगुण बनाए रखते हैं। बैक्टीरियोफेज जीवाणु का भक्षण करने वाला वायरस है, जो गंगाजल में जीवाणु नाशी का यह अद्भुत गुण प्रदान करता है। तभी कहा गया है–
'गंगाजलेकीटाणुवु न जायन्ते।'

गंगाजल में यह चमत्कारिक शक्ति संभवत: गंगोत्री और हिमालय से आती है। अपने उद्गम के पश्चात् प्रवाहित होती गंगा अपने साथ कई प्रकार के खनिज, रोगहारी जड़ी-बूटियों, वनस्पति, मिट्टी आदि का घर्षण कर उनके औषधीय गुणों को अपने साथ मिलाती है। यही तत्त्व गंगाजल को चमत्कारी बनाते हैं, रोगकारक कोलाई बैक्टीरिया के पैदा होते ही गंगाजल का बैक्टीरियोफ्रेज वायरस सक्रिय होकर बैक्टीरिया को मारता रहता है और बढ़ने नहीं देता। ये गुणकारी वायरस इतने सूक्ष्मजीवी होते हैं कि बारीकी से छानने पर भी पानी से अलग नहीं होते हैं। संभवत: गंगा का पानी इन्हीं सूक्ष्मजीवों के कारण बाहरी वातावरण से ऑक्सीजन को फिल्टर कर अपने में धारण करता है।

लखनऊ के नेशनल बॉटेनिकल रिसर्च इंस्टीट्यूट (एन. बी. आर. आई.) के निदेशक डॉक्टर चन्द्रशेखर नौटियाल और आई. आई. टी., रुड़की के पर्यावरण वैज्ञानिक (रिटायर्ड) प्रोफेसर देवेंद्र भार्गव ने अनुसंधान किए। उन्होंने गंगा के इस चमत्कारी गुणों को परखकर निष्कर्ष निकाला कि गंगाजल के विलक्षण तत्त्व उसकी तलहटी में स्थायी तौर पर मौजूद रहते हैं, जो जल को अद्भुत बनाता है।

इनसे पहले भी कई वैज्ञानिकों ने गंगा के इस अद्भुत गुण को जानने की दिशा में काफी काम किया था। सौ वर्ष पूर्व आगरा में नियुक्त ब्रिटिश डॉक्टर एमई हॉकिन को भी गंगा के इस अमृततुल्य जल ने अचंभित किया था। जनश्रुतियों ने गंगाजल के प्रति उसकी आस्थाओं को मजबूत किया। उसने गंगाजल में हैजे का बैक्टीरिया डाला, तो वह कुछ ही देर में मर गया। इससे उसका गंगाजल के प्रति आस्था एवं विश्वास ज्यादा मजबूत हो गया कि गंगा में बैक्टीरिया को मारने की क्षमता है। वैज्ञानिकों ने गंगा की पवित्रता को वैज्ञानिक पहचान, आधार और प्रामाणिकता प्रदान की।

इसने विश्व में गंगा के साथ-साथ भारतभूमि को भी एक अलग पहचान दी। औषधीय गुणों से भरपूर गंगा को देव वैद्य धन्वन्तरी ने 'औषधि' संज्ञा से अलंकृत किया। चरक ने दो हजार वर्ष पहले ही गंगाजल को 'पथ्य' कह दिया था, तो बाणभट्ट ने अपनी रचना 'अष्टांग हृदय' में लिखा – **'पध्यास्ता एवं च स्थिरा'।**

यह औषधीय संज्ञा भारतभूमि की पवित्रता की देन है, जिसे मनीषियों ने युगों से संभालकर, संरक्षित करके रखा है और अपनी अगली पीढ़ी को विरासत रूप में उत्तराधिकार स्वरूप सौंपा है। यह भारत की धरती और उस भौगोलिक परिवेश की परंपरा का अंश है, जो संस्कृति का अभिन्न अंग है। तप, शांति और मोक्षदा गंगा उसी परिवेश को अपनी धारा में प्रवाहित करती चलती है। हर कण से निवेदन कर उसका गुण ग्रहण करती है और निरंतर आगे बढ़ती है, जिससे उसका हर पथ आगे बढ़ते प्रवाह का साक्षी बने।

आधुनिक वैज्ञानिकों द्वारा गंगाजल के औषधीय गुण को प्रामाणिकता दी गई किंतु भारतीय मनीषी, ऋषि-मुनि, आचार्य आदि गंगाजल की इस पवित्रता से भली-भांति परिचित थे। वेद-पुराण, आदिकाव्य, महाभारत, रामायण, आदि में गंगाजल की महिमा का उल्लेख मिलता है। हर काल में नदियों का मानव जीवन में अभिन्न महत्त्व रहा है। नदियों और उनका औषधीय जल उनके दैनिक जीवन का हिस्सा थीं। यही कारण था कि हर युग में सभ्यता का विकास एवं विस्तार नदी किनारे ही हुआ। नदियों का पवित्र और औषधीय जल ओक में भरकर पी लेने से ही शरीर एवं आत्मा को तृप्ति मिल जाती थी। न कोई फिल्टर था और न ही कोई आरओ सिस्टम। भारत की नदियों में गंगाजल सर्वाधिक गुणवान और रोगनाशी रहा है, इसलिए देश-विदेश के लोग इसके पान और इसमें नहान की इच्छा लिये गंगा तट पर आते थे और बर्तनों में भरकर साथ भी ले जाते थे, जिससे जीवन के अंतिम क्षणों में उसकी दो बूंदें उनके सभी रोगों और पापों का नाश कर दे।

कालान्तर में भी गंगा का अमृत महत्त्व बना रहा। इतिहास में ऐसे अनेक प्रमाण इस बात की पुष्टि करते हैं। युद्ध में हारने वाला राजा विजयी राजा को धन-दौलत आदि देकर संतुष्ट करता था, किंतु जब चोल सम्राट राजेन्द्रपाल ने गहड़वालों पर विजय प्राप्त की तो उसने धन-दौलत की बजाय गंगाजल की मांग की। गहड़वालों ने कई घड़े भरकर गंगाजल दिया। उसी गंगाजल से गंगेकोड़ा चोलापुरम् में गंगा-जलमय जयसाभ के रूप में स्थापित किया गया।

गंगाजल की शुद्धता एवं मधुरता हर काल में बनी रही है। हर काल में गंगाजल का हर जाति, धर्म, पंथ, संप्रदाय के लोगों ने भरपूर उपयोग किया। साथ ही उसकी पवित्रता को प्रमाणित भी किया। आस्थावान हिंदी भाषी कवियों व साहित्यकारों से इतर रसखान, रहीम, मीर, ताज, वाहिद अली वाहिद, जमुई खां आजाद भी गंगा के प्रभाव से अछूते न रह सकें। मार्क ट्वेन, फान रिपले, ई.बी. हैवेल, जेम्स प्रिन्सेप, ग्रीवर्स, काउंट हरमन कीसरलिंग, एम.ए.शेरिंग, पीटर जॉन कोवेश आदि पाश्चात्य विचारकों एवं लेखकों को भी गंगा ने अपना माहात्म्य कहने को विवश कर दिया। राष्ट्रीय और अंतर्राष्ट्रीय जगत को एक सूत्र में बांधने में गंगा एक महत्त्वपूर्ण कड़ी बनती गई।

गंगा को हिंदू-धर्म से जोड़ने वाले लोग गंगा, हिंदू और धर्म के गूढ़ अर्थ से परिचित नहीं है। विवादों को जन्म देते हैं, किंतु अर्थों के मर्म जानने से बचते हैं, जो नितान्त अनिवार्य है। विश्व प्रसिद्ध दार्शनिक सुकरात का एक सर्वकालिक एवं यथार्थ कथन है- 'बहस करने से पहले शब्दों के अर्थ और परिभाषा को समझ लेना चाहिए।'

गंगा तटवासी गांगेय कहलाए, सिंधु (इंडस) नदी के वासी अपभ्रंश शब्द से हिंदू पुकारे गए, तो धर्म का अर्थ संसार में सद् आचरण से है। इस प्रकार से हिंदू धर्म का तात्पर्य सिंधु नदी के इस पार लोगों के आचरण, जीवन पद्धति, जीवन शैली और सभ्यता से है। हिंदू कोई पंथ, सम्प्रदाय न होकर एक भौगोलिक प्रदेश की संस्कृति, सभ्यता, दर्शन, नीतिगत आचरण का रूप है, जिसे जाति, वर्ण, सम्प्रदाय, वर्ग, आदि के आधार पर विभाजित करना भ्रामकता है। गंगा उसी सांस्कृतिक हिंदू धर्म का अभिन्न अंग है, जिसे सनातन एवं सार्वकालिक कहा जाता है।

भारत भूमि में भी 'वसुधैव कुटुम्बकम्' की सार्वभौमिक विचारधारा का जन्म हुआ। जिसने भारत में उत्पन्न विभिन्न सम्प्रदायों, उपसम्प्रदायों, मतों, समाजों को विश्वबंधुत्व का पाठ पढ़ाया। वस्तुत: हर कोई गंगा एवं भारत की भूमि में विकसित हुआ। बुद्ध, महावीर, नानक, कबीर, रहीम, साई, दादू, रैदास, आदि समस्त विज्ञजनों ने भी 'एक ही ईश्वर को यथार्थ बताया।'

ऐसे में सभी बाहर से आए धर्मादि भी गंगा की भूमि में विकसित हुए। किसी-न-किसी रूप में गंगा आदि नदियों के जल का सेवन किया। गंगा ने उन्हीं सभी उपनदियों, शाखाओं के जल को लेकर गंगासागर में प्रवेश किया। जल वाष्पित हुआ, वर्षा हुई, खेत-खलिहान फले-फूले, अन्न से सभी धर्मों की उदराग्नि शांत की। तो कौन गंगा से अछूता रहा? गंगा

मोक्षदायिनी गंगा

ने सागर में मिलकर सागर को गंगा बना दिया। गंगा वैश्विक हो गई तो प्रत्येक मनुष्य गांगेय हुआ। यही वैश्विक सच्चाई यानी सार्वभौमिक सत्य है। मानव शरीर का अधिकांश भाग जल है, जो प्रत्यक्ष या परोक्ष गंगाजल ही है, एकमत हो या भिन्न मत गंगा हर प्राणी में विद्यमान है। सभी में दिव्य चेतना की एक ही मानस गंगा प्रवाहमान है। जो मानें उसमें पावन, जो न मानें उनमें दूषित, जिन्हें पावन होने की जरूरत है। गंगा की प्राणधारा है, जीवन का प्राणमय स्पन्दन है, आध्यात्मिक सत्व का प्रतीक है, जीवनधारा है, जो हर मनुष्य में प्रवाहित होती है।

सदियों से गंगाजल साधु-संतों एवं आमजन के दैनिक जीवन का अंग रहा है। गंगा तट के निकट रहने वाले लोग नियमित रूप से गंगाजल का पान करते रहे हैं। जो लोग दूर रहा करते थे, वे गंगा से जल भरकर ले जाते थे और अपने जलाशयों, तालाबों, कुओं एवं अन्य स्रोतों में डाल दिया करते थे।

गंगा के तटवर्ती भागों के राजा-महाराजा नियमित तौर पर गंगाजल पिया करते थे। यह गंगाजल की पवित्रता का अद्भुत माहात्म्य ही था कि मोहम्मद तुगलक दौलताबाद से गंगाजल मंगाकर पीता था, जो वहां 40 दिनों में पहुंचता था। अकबर के दरबारी कवि अबुल फजल के लेखों से पता चलता है कि अकबर हमेशा गंगाजल ही पीता था और यात्रा करते समय भी घड़ों में भरा गंगाजल ऊंटों पर लादकर साथ ले जाता था। यहां तक कि उसका भोजन भी गंगाजल में ही पकता था। वह अपने मेहमानों को भी गंगाजल ही पिलाता था। अकबर के उत्तराधिकारियों ने भी यही परम्परा अपनाई। यहां तक कि अपनी धार्मिक कट्टरता के लिए कुख्यात औरंगजेब नाश्ते में भी नियमित रूप से गंगाजल ही पीता था। चीनी यात्री ह्वेनसांग ने भी गंगा को 'पुण्य जल वाली' नदी बताया था।

गंगाजल की महानता ही थी कि महाराष्ट्र में पेशवा, मैसूर में टीपू सुलतान, राजपूताना में राजा-महाराजा और दूर इलाकों के नवाब भी दूर-दूर से गंगाजल मंगाकर पीते थे। हरिद्वार से टैंकरों में भरकर गंगाजल मंगाया जाता था।

इतिहासकार टैवर्नियर ने गंगा को भारत की जीवन रेखा में पाया। उसने स्वयं देखा और लिखा कि हिन्दुओं और मुसलमानों के यहां शादी-ब्याह की दावत होती, तो अंत में गंगाजल भी परोसा जाता था।

भारत के विभिन्न भागों के शासक यात्रा के समय अकबर की तरह ही गंगाजल साथ लेकर यात्रा करते थे। प्रमाण भी है कि 1901 ई. में इंग्लैंड में सम्राट एडवर्ड की ताजपोशी में जयपुर के महाराजा लंदन गए तो

साथ कई टैंकों में गंगाजल भी लेकर चले थे, जो छह महीने तक खराब नहीं हुआ था। महाराणा रणजीत सिंह जब वाराणसी से वापस लौटे, तब से केवल गंगाजल का ही सेवन करने लगे। गंगाजल किसी भी तरह के धार्मिक भेदभाव या सांप्रदायिकता से ऊपर रहा और स्वास्थ्यवर्धक होने के कारण ही हर व्यक्ति ने उसे अपनाया। चाहे सेवन के तौर पर या फिर माहात्म्य कहने में।

मध्ययुग में राजेन्द्र चोल नामक एक शैव मत मानने वाले सम्राट थे। वह चाहते थे कि उनके राज्य में भी गंगा का निवास हो। उन्होंने जब गंगा प्रदेश के शासक पाल और गाहड़वालों को पराजित किया, तो बदले में गंगाजल के विशाल घड़ों को हाथियों पर लादकर अपने राज्य में भेजने और अपना राजसरोवर भरने की मांग की, जो 'चोलगंगा' और 'गंगाजलमय जय स्तंभ' कहलाया। यह सरोवर 12 मील लंबा था।

गंगाजल की औषधीय विशेषता के कारण ही अंग्रेज भी इसका पर्याप्त सेवन करते थे। डॉ. नेल्सन नामक विद्वान ने अपनी एक रिपोर्ट में लिखा था कि लंदन से भारत की ओर निकले जहाज पोर्ट ब्लेयर में लंदन से लाया पानी बदलकर नया पानी भरते थे। लेकिन जब कलकत्ता से गंगाजल भरकर लौटते थे, तो लंदन पहुंचकर भी उसे नहीं बदलना पड़ता था।

अंग्रेजी शासनकाल में अंग्रेज जब भी अपने देश इंग्लैंड जाते थे, अपने जहाज में गंगा का पानी भी ले जाते थे। कारण साफ था, गंगा का पानी सड़ता नहीं था और उनकी पूरी यात्रा में वह भरपूर काम आता था। विदेशी धरती पर गंगा का प्रचार हुआ, तो अनेकानेक लोगों में भारत और गंगा के प्रति जानने की लालसा बढ़ी। आज विश्व भर में भारत की संस्कृति और गंगा उसकी पहचान है। गंगा की शुद्धता का अब धार्मिक ही नहीं, वैज्ञानिक आधार भी है। यह भारत के लिए गौरवशाली कारण है कि विश्व की अनेक नदियों में से केवल गंगा में ही यह अद्भुत, अलौकिक, चमत्कारी, रोगनाशक क्षमता विद्यमान है, जिसे बनाए रखना हर भारतवासी का कर्त्तव्य है। यदि गैर-हिंदू उदामन्त होकर गंगा के प्रति अपना दृष्टिकोण उदार एवं विस्तृत करें, तो वे स्वयं को गंगाजल से सिंचित कर पाएंगे। उनका उदार दृष्टिकोण उन्हें भारतीय संस्कृति में आत्मसात् करेगा और गंगा के साथ वे भी राष्ट्रीय संस्कृति का अभिन्न अंग बनेंगे। चाहे इसे 'आब-ए-जमजम' कहें या 'होली वाटर' – गंगाजल अपनी कल्याणकारी विशेषता के कारण भारत की पहचान है।

गंगा तट पर आयोजित होने वाला कुंभ, गंगा और भारत के महत्त्व को उत्तरोत्तर समृद्ध करता है। पर्वों की परंपरा जनमानस को गंगा का अंग बनाती है। कुंभ और अर्धकुंभ की परंपरा का गंगा से अटूट संबंध है, जो युगों से निर्बाध प्रवाहमान है। ऐसे ही अवसरों पर लोग दूर-दूर से यहां आकर प्रवास करते हैं। गंगाजल ग्रहण करते हैं, डुबकी लगाकर पाप मुक्ति की अपेक्षा करते हैं और अमृत सत् का भागी बनते हैं। इस अमृतस्वरूपा जल से आचमन करने पर ही व्यक्ति स्वयं को पुण्य प्राप्त हुआ मान लेता है।

गंगा की उदारता, कल्याण भाव, वात्सल्य हर मनुष्य के लिए समान रहता है। उनमें विश्वबन्धुत्व का भाव उत्पन्न करने का प्रयास करता है। उसकी नजर में कोई भेद नहीं। गंगा की इसी मातृभाव नजर को शायर नजीर बनारसी ने शब्दों में दर्शाया है-

"वो छूत हो या अछूत, सबका उठाके चलती है भार गंगा।
यहां नहीं ऊंच-नीच कोई, उतार है सबको पार गंगा।
नजीर अंतर नहीं किसी में सब अपनी माता के हैं दुलारे,
यहां कोई अजनबी नहीं है, न इस किनारे न उस किनारे।"

4. राष्ट्रीय नदी

गंगा भारत की नदी ही नहीं है, बल्कि भारतीय संस्कृति की पहचान है। युगों से हर भारतवासी के हृदय में व्याप्त है। जीवन का अभिन्न अंग है। राष्ट्र का गौरव है, राष्ट्र की अपार संपदा है, जिसने राष्ट्र का सर्वांगीण विकास किया है। इसने भारत भूमि के हर भूखंड को अपनी अतुलनीय जलसंपदा से सिंचित और समृद्ध किया है। देश के समग्र विकास में सहयोग किया है। गंगा केवल आस्था, श्रद्धा और मोक्षदायी नहीं है, वरन् कल्याणकारी है। सामाजिक, धार्मिक, आर्थिक, व्यापारिक और आध्यात्मिक उन्नति में गंगा का योगदान अतुलनीय है। भारतभूमि 'कंकर में शंकर' की आस्था के साथ भक्तिभाव को जीवन देने वाली गंगा जीवन के हर पहलू से जुड़ी है। जीवन ही नहीं, मृत्यु के क्षण में भी गंगाजल की कुछ बूंदें पापमुक्त कर मोक्षपथ पर अग्रसर करती है। अमृतसत् लिए ये बूंदें मरणसन्न व्यक्ति को आध्यात्मिक शांति एवं पुण्यपथ पर जाने का मार्गदर्शन करती हैं। जनमानस से जुड़ी गंगा ने राष्ट्र की उन्नति एवं समृद्धि में वर्षों से अथाह योगदान दिया है। भारतभूमि का प्रत्येक कण उसका ऋणी है। यह राष्ट्र की पहचान है, किंतु मानवीय गतिविधियों के कारण गंगा के अस्तित्त्व पर उत्पन्न संकट को दूर करना, आज की ज्वलंत समस्या है।

राष्ट्र इसके प्रति गंभीर रहा है, किंतु कुछ वर्षों से बढ़ी औद्योगिक प्रगति ने कल-कल बहती गंगा को प्रदूषित किया है। उसमें व्याप्त अलौकिकता को संकट में डाला है। जो एक गंभीर पहलू है। यद्यपि आज भारत की अधिकतर नदियां ऐसी ही समस्याओं से ग्रस्त हैं, किंतु गंगा भारत के जनमानस के मन–मस्तिष्क और आस्था से जुड़ी है। उनकी भावनाओं में गंगा के प्रति अपार श्रद्धा एवं आदरभाव है। जहरीली होती गंगा का संरक्षण अनिवार्य बन चुका है। निस्संदेह गंगा की तलहटी में ही गंगा को

स्वच्छ और निर्मल करने वाला विलक्षण तत्त्व मौजूद है किंतु गंगा का पानी ऑक्सीजन सोखने की अद्भुत क्षमता रखता है। अन्य नदियों के मुकाबले गंगाजल में गंदगी को हजम करने की क्षमता कहीं अधिक है। हिमालय से उतरती गंगा अपने साथ कई प्रकार के खनिज तत्त्व, औषधीय गुण लेकर आती है, जो असाध्य रोगों के उपचार की क्षमता रखते हैं, किंतु प्रदूषित होती गंगा का शोधन करना जन-जन का दायित्व है। उसे साफ रखना हर किसी की जिम्मेदारी है।

गंगा के महत्त्व को देखते हुए ही उसे राष्ट्रीय नदी घोषित करने की मांग वर्षों से उठती रही है। पर्यावरणविद् इसके प्रति आवाज उठाते रहे हैं, आंदोलन करते रहे हैं, आमरण अनशन करते रहे हैं। राजनीतिक गलियारे भी इससे अछूते नहीं रहे। यद्यपि इस मिशन में कुछ उदासीनता भी अवरोध बनी। यथार्थपरक है कि सरकारी प्रयास, सहयोग, योगदान और आर्थिक सहायता के बिना ऐसा करना कठिन रहा किंतु भारतीय जनता की आवाज ने अपना प्रभाव दिखाया। यद्यपि प्रामाणिक तौर पर भूतपूर्व प्रधानमंत्री राजीव गांधी के युवा मन ने गंगा को साफ करने की कार्ययोजना का विचार रखा और देश को इस दिशा में मंथन के लिए प्रेरित किया। साथ ही गंगा को राष्ट्रीय नदी घोषित करने पर इसे प्रदूषण मुक्त करने और गंगा नदी बेसिन की सुरक्षा एवं विकास के लिए एक प्राधिकरण के गठन का रास्ता भी प्रशस्त हुआ। गंगा नदी बेसिन प्राधिकरण उच्च अधिकार युक्त करना था।

यद्यपि देश के चुनिंदा शहरों में गंगा के विकास के प्रयास हो रहे थे, जो विखंडित थे, जिन्हें एकीकृत किया जाना जरूरी था। संरक्षण प्रयासों को पारिस्थितिकी से जोड़कर देखा गया, क्योंकि गंगाजल की गुणवत्ता को बनाए रखना आवश्यक था, जिससे उनका जल निर्मल और निर्बाध प्रवाहित होता रहे। विकास के नाम पर गंगा का विनाश कदापि स्वीकार्य नहीं है।

इन्हीं प्रयासों को फलीभूत कर केंद्र सरकार ने 4 नवंबर, 2008 को गंगा नदी को राष्ट्रीय नदी घोषित किया। यह एक ऐतिहासिक एवं मानवतापूर्ण निर्णय था। गंगा की स्वच्छता को बनाए रखने के लिए दायित्वपूर्ण गंगा नदी -पाटी प्राधिकरण करने का निर्णय भी लिया गया। भारत के प्रधानमंत्री इस प्राधिकरण के अध्यक्ष बने और इस समूह में उन राज्यों के मुख्यमंत्रियों को भी शामिल किया गया, जिनमें से होकर गंगा की धारा प्रवाहित होती है। यह प्राधिकरण प्रदूषण की समस्या को दूर करने, नदी जल का विकास करने, बाढ़ प्रबंधन, जल नियंत्रण, विभिन्न इकाइयों के बीच परस्पर समन्वय आदि से जुड़े विषयों पर काम करता है।

यद्यपि गंगा को राष्ट्रीय नदी घोषित कर राष्ट्रीय प्रतीकों में महत्त्वपूर्ण स्थान दिया गया है, किंतु गंगा कहीं ज्यादा अपेक्षा करती है। गंगा को केवल सामान्य नदी मानकर उपेक्षा करना हानिकारक होगा। यह दृष्टिकोण विनाशकारी होगा।

उल्लेखनीय है कि नदियां पेयजल का प्रमुख स्रोत हैं, जिनमें कई शहरों का बिना शोधन किया हुआ गंदा पानी छोड़ा जाता है। फलस्वरूप देश की 70 प्रतिशत नदियां प्रदूषित एवं मरणासन्न है। आदिकाल से जीवनदायी रही ये नदियां पूजी जाती हैं, किंतु प्रदूषण मुक्त नहीं की जाती हैं। मातृभाव दिखाया जाता है, किंतु संतान के दायित्व से उपेक्षा की जाती है। गंगा भी इससे बची नहीं है। डॉ. जी.डी. अग्रवाल जैसे गंगा स्नेही एवं पर्यावरण हितैषी लोगों ने आमरण अनशन तक किया किंतु गंगा को सरकारी तंत्र से उपेक्षा ही मिली, उसे साधारण नदी मान लिया गया। प्रधानमंत्री नरेन्द्र मोदी ने स्वतंत्रता दिवस पर भारतीय जनता को 'मेरा क्या, मुझे क्या?' जैसी स्वार्थपूर्ण परिपाटी को त्यागने की सलाह दी। यह अनुग्रह नदियों, विशेषकर गंगा पर भी लागू होता है।

गौ कृपाकांक्षी रामकथा वाचक संत गोपालमणि महाराज जी ने भी भारतीयों को संकेतात्मक चेतावनी दी। उन्होंने रामायण का पौराणिक संदर्भ दोहराया।

"...रावण ने गंगा को सामान्य नदी, गाय को पशु तथा राम को मनुष्य समझकर भूल की और उसका सर्वनाश हो गया। आज यही भूल विकास के दलाल कर रहे हैं और यही विनाश का संकेत है।"

राष्ट्रीय नदी या राज्य नदी घोषित करना पर्याप्त नहीं। हर स्तर पर देश के हर व्यक्ति का समर्पित, संवर्धनशील एवं संरक्षणात्मक योगदान ही गंगा के प्रति वास्तविक श्रद्धा होगी।

किंतु स्मरणीय है कि गंगा भारत की केवल राष्ट्रीय नदी नहीं है। यह भारत की सनातन परंपरा है, ऐसी परंपरा जो भारत के पौराणिक इतिहास की धारा को भी साथ-साथ प्रवाहित करती रहती है। राष्ट्रवाद, मानवीय चेतना और सांस्कृतिक एकता को आत्मसात् एवं उन्नत करती रही है। समाज एवं ज्ञान की विचारधारा को एकजुट किया। फलत: सभी धर्मावलंबियों ने गंगा की महिमा का गुणगान किया। गंगा ने सभी लोगों को प्रत्यक्ष और परोक्ष रूप से एक सूत्र में पिरोया, उन्हें गतिशील एवं एकजुट रहने का आह्वान किया। आर्य-अनार्य, पुरातन-नूतन, वैष्णव-शैव, हिंदू-मुस्लिम, साहित्यिक-वैज्ञानिक आदि सभी ने अपने-अपने दायरों से ऊपर उठकर गंगा के महत्त्व को स्वीकारा।

गंगा की धारा गोमुख से लेकर गंगासागर तक भारतवर्ष के कुछ राज्यों से गुजरती है, लेकिन उसका महत्त्व समस्त दिशाओं में समानरूप से व्याप्त है। यह भारतवर्ष को एकसूत्र में पिरोती है। उन्हें एकजुट, बंधुत्व, सौहार्द, मानवीयभाव से बंधे रहने का संबल देती है।

गंगा की धारा सदियों से भूमि को अनमोल जल से कृतज्ञ करती आई है। यह एकता, प्रगति का ही नहीं, श्रम का भी प्रतीक है। यह संदेश देती है कि हे मानव! राष्ट्र को मेरे उद्देश्य के समान संपन्न, उन्नतिशील, प्रगतिशील एवं समृद्ध करो। श्रम के महत्त्व को समझो, क्योंकि राष्ट्र की एकता और एवं अखंडता के लिए उसका समृद्ध एवं संपन्न होना भी आवश्यक है। गंगा की कल्याणकारी एवं राष्ट्रीयवादी भावना वाहिद अली 'वाहिद' की कविता में नजर आती है, जो 'सर्वजन हिताय, सर्वजन सुखाय' की भावना से आच्छादित होकर कहती है—

मां के समान जगे दिन-रात, जो प्रातः हुई तो जगाती है गंगा।

कर्म प्रधान सदा जग में, सबको श्रम पंथ दिखाती है गंगा।

सन्त-असन्त या मुल्ला-महन्त, सभी को गले लगाती है गंगा।

ध्यान-अजान, कुरान-पुराण से, भारत एक बनाती है गंगा।

5. हिमालय से सुंदरवन तक की यात्रा

भारत नदियों का देश है। भौगोलिक विषमताओं वाले भारत के उत्तर दिशा में खड़ा 'हिमालय' देश का ताज है। हिमालय की श्वेत बर्फ से आच्छादित पर्वत श्रेणियां व हिमनदों से पिघलती बर्फ कई नदियों का उद्गम होता है। इन्हीं जल स्रोतों से देश की नदियां सदानीरा बनी रहती है। जबकि वर्षा जल पर निर्भर दक्षिणी भाग की प्रायद्वीपीय नदियों में गर्मियों में जलराशि की मात्रा कम हो जाती है।

हिमालय विश्व का सर्वोच्च पर्वत शिखर है। हिमालय के विशाल शिखर अस्थिर एवं युवा पर्वतीय भाग हैं, जो अभी विकास की अवस्था में हैं। हिमालय का निर्माण बलित पर्व शृंखला के रूप में हुआ है, जिसकी अनगिनत शाखाएं-प्रशाखाएं श्रेणीबद्ध रूप में पूर्व से पश्चिम तक 1500 मील तक फैली हैं। अर्धवृत्ताकार स्वरूप में हिमालय का विस्तार उत्तर दिशा में 2500 मील तक फैली हैं। हिमालय की पर्वत शृंखलाएं पश्चिम पूर्व दिशा में सिंधु से लेकर ब्रह्मयुग तक फैली हैं। हिमालय कश्मीर में 400 किमी तक विस्तृत दिखता है, तो अरुणाचल में 150 किमी तक। किंतु पूर्व से पश्चिम की ओर फैला हिमालय काफी विविधता लिए है। उत्तर-पश्चिम में कराकोरम और हिंदुकश की पहाड़ियां हैं। कराकोरम में माउंट गॉडविन आस्टिन की ऊंची चोटी है, जो पश्चिम में सुलेमान एवं किरथार नाम से प्रसिद्ध है।

हिमालय का हिमाद्रि भू-भाग सर्वदा हिमाच्छादित रहता है। इसमें विद्यमान अनेक हिमानियों से अनेक नदियों का जन्म होता है। यह भाग आंतरिक हिमालय कहलाता है। हिमाद्रि में ही गगनचुंबी पर्वत शिखर स्थित है, जिनमें

अधिकतर शिखर औसत 600 मीटर या तीन मील से अधिक ऊंचे हैं। इनमें एवरेस्ट पांच मील से भी ज्यादा ऊंचा (8840 मीटर) है। इसके अलावा नंगा पर्वत (8126 मी.), के-2 (8598मी.), नन्दादेवी (7817 मी.), कामेट (7756 मी.), अन्नपूर्णा (8078 मी.), धौलागिरि (8172 मी.), मकालु (8481 मी.) गुरुला मांधाता (7728 मी.) तथा नामचा बरुआ (7756 मी.), ऊंचे पर्वत शिखर हैं। इन चट्टानी एवं बर्फानी पर्वतों पर कहीं-कहीं केवल घास ही उगती है। ऑक्सीजन की मात्रा बहुत कम होती है।

किंतु इस महान पर्वत श्रृंखला के दक्षिण में हिमाचली भूभाग स्थित है, जो निम्न हिमालय कहलाता है। यहां भी प्राय: 3700 से 4500 मी. ऊंची पर्वतीय श्रेणियां स्थित हैं, किंतु ये क्षेत्र जीवन अनुकूल हैं। यहां शिमला, कश्मीर घाटी, कांगड़ा, कुल्लू की घाटियों के साथ-साथ नैनीताल, मसूरी, अल्मोड़ा, श्रीनगर, डलहौजी, मसूरी, चकराता आदि अनेक पर्वतीय नगर प्राकृतिक सौंदर्य से अलंकृत हैं।

उत्तरी भूभाग में हिम का साम्राज्य रहता है। हिम वृष्टि बहुत होती है। थोड़ा नीचे आने पर गर्मी में भी गुलाबी जाड़े का अहसास होता रहता है। जाड़े में बर्फ पड़ती है। इसलिये लोग पहाड़ी क्षेत्र छोड़कर निचले तराई और भामर क्षेत्रों में आ जाते हैं। यहां के इलाके फर वाले जीवों, जड़ी-बूटियों, बहुमूल्य वृक्षों से आच्छादित हैं।

इससे निम्नतर भू-भाग शिवालिक पर्वत श्रृंखला है। जहां 900 से 1100 मी. ऊंचे पर्वत दृष्टिगोचर होते हैं, किंतु कुछ मैदानी भू-भाग आबादीयुक्त हैं, जैसे- देहरादून, कोटलाइन तथा पातलीदून आदि जहां रहने के अनुकूल वातावरण है।

कहते हैं कि अतीत काल में हिमालय के स्थान पर एक गहरा समुद्र हुआ करता था, किंतु युगों तक चले भूगर्भिक विकास से इस स्थान पर पृथ्वी की परतें पर्वतों के रूप में ऊपर उठती चली गई। यहां की गहरी झीलें, समुद्री जीवों के जीवाशम तथा जलीय चट्टानें इस बात को प्रमाणित करती हैं।

इसी एकांत, हिमाच्छादित, शांत एवं प्राकृतिक धरोहर से संपन्न हिमालय क्षेत्र में युगों से ऋषि-मुनि-महात्मा सत्य एवं मोक्ष के लिए तप करते रहे हैं। इन्हीं के सद्वचनों से आम जनमानस का ज्ञान समृद्ध हुआ, तो दूसरी ओर हिमालय के हिमनदों से निकलती नदियों ने भारतभूमि को सिंचित और संपन्न किया। हिमालय का ढाल उत्तर-पूर्व से दक्षिण पश्चिम की ओर है। उत्तर प्रदेश में बहती नदियां इस बात को प्रमाणित करती हैं।

1947 से पहले उत्तर प्रदेश एक संयुक्त प्रांत था, जिसमें आगरा एवं अवध के इलाके भी शामिल थे। इसके चार प्राकृतिक भाग थे- उत्तर पहाड़ी भाग, तराई क्षेत्र, गंगा आदि का मैदान तथा दक्षिणी पहाड़ी भाग। प्रांत का तीन चौथाई भाग मैदान है, जबकि तराई के बाद पूर्व से पश्चिम तक नदियों वाला विस्तृत मैदान है, जो गंगा और उसकी सहायक नदियों द्वारा लायी गई मिट्टी से बना है। गंगा-यमुना के दोआब क्षेत्र में 200 से 500 फुट की गहराई तक खोदने पर भी इन्हीं नदियों द्वारा लायी गई मिट्टी प्राप्त होती है। गंगा और उसकी सहायक नदियां आज भी अपने इसी कल्याणकारी कार्य हेतु प्रवाहित हो रही हैं और प्रदेश को उपजाऊ बनाती हैं। ये नदियां उन प्रदेशों की जीवनधारा हैं, जहां से होकर ये प्रवाहित होती हैं।

हिमालय से सुंदरवन तक की अपनी यात्रा के दौरान गंगा भारत के मुख्य पांच राज्यों से होकर गुजरती है- उत्तरांचल, उत्तर प्रदेश, बिहार, झारखंड तथा पश्चिम बंगाल।

उत्तरांचल राज्य में गोमुख से निकलने के बाद गंगा नदी भैरवघाटी, मनेरी, उत्तरकाशी, धारासु, चम, चिन्यालीसौड़, टिहरी, देवप्रयाग, शिवपुरी, ऋषिकेश, रायवाला, हरिद्वार, कनखल और रुड़की से गुजरती है और उत्तर प्रदेश में जाती है।

उत्तर प्रदेश में गंगा का प्रवाह, बिजनौर, मवाना, गढ़मुक्तेश्वर, अनूपशहर, बबराला, सहसवान, सारों, षाटयाली, फतेहगढ़, माधोगंज, कन्नौज, कानपुर, फतेहपुर, मुस्तकाबाद, सारनाथ, कुंडा, इलाहाबाद, फूलपुर, हंडिया, ज्ञानपुर, अनरिया, मिर्जापुर, मुगलसराय, वाराणसी, जमानिया, गाजीपुर और बलिया से होकर गुजरता है।

उत्तर प्रदेश के पश्चात् गंगा बिहार में प्रवेश करती है। इस राज्य में गंगा की धारा बराहरा, धिवाड़ा, सोनपुर, पटना, शहदार, राघोपुर, महनार, मोइनुदीनगर, बाढ़, तेघरा, बरौनी, बेगूसराय, मैथानी, जमालपुर, मुंगेर, बरियारपुर, भागलपुर, सबौर, कलहगाँव, गोपालपुर, पीरपैन्ती, भवानीपुर, मनिहारी, साहिबगंज और अम्बाबाद से होकर गुजरती है।

बिहार के उपरांत गंगा का अगला पड़ाव झारखंड में होता है। यहां गंगा राजमहल और वरहवी दो प्रमुख शहरों से गुजरती है तथा आगे पश्चिम बंगाल की ओर जाती है। यहां गंगा की पवित्र धारा फरक्का, जांगीपुर (जांघीपुर), लालगोला, आजिमगंज, मुर्शिदाबाद, बहरामपुर, अमताला, बाधुआडाहारी, कृष्णानगर, रानाघाट, पाण्डुवा, रंगांद, चुंचुड़ा, बरासत, दमदम, कोलकाता, अलीपुर, बरुईपुर, विष्णुपुर, डायमंड हार्बर, काकद्वीप, हुगली, जान्पुठ को पावन करती हुई गंगासागर में विसर्जित होती है।

उत्तराखंड और उत्तर प्रदेश में गंगा

गंगा भारत की सबसे बड़ी नदी है। संसार के लंबे जलमार्गों में इसकी गिनती की जाती है, जो गोमुख से निकलकर भारतभूमि को उपजाऊ बनाती हुई 2071 किमी. का सफर तय करती है और अंत में बांग्लादेश के समीप गंगासागर में अपनी अथाह जलराशि को समर्पित कर देती है, जिसे अब 'बंगाल की खाड़ी' के नाम से जाना जाता है। अपनी इस सम-विषम यात्रा में गंगा को निरंतर और समय-समय पर अन्य सहायक नदियों का साथ मिलता रहता है। इनकी जलराशि गंगा की धारा को समृद्ध एवं गतिमान करती है। साथ ही उन लोगों, स्थानों, जीव-जंतुओं, तत्त्वों एवं तीर्थस्थानों को भी पुण्य प्रदान करती है, जो उसके संपर्क में आते हैं।

गंगा कहने को तो गोमुख से निकलती जलधारा से उत्पन्न होती है लेकिन वास्तव में गंगा अपने-आप में एक अकेली जलधारा नहीं है। गंगा का उद्गम दक्षिणी हिमालयी पर्वत शृंखला में भारतीय हिस्से में पड़ने वाली तिब्बत की सीमा से होता है। हिमाच्छदित नंदा देवी, गुरला, मांधाता, धौलागिरि, गोसाईथान, कंचनजंगा एवं माउंट एवरेस्ट पर सूर्य की किरणों से पिघलती बर्फ गोमुख तक पहुंचने वाली जलधार में अपना-अपना योगदान देती हैं। गोमुख 3900 मीटर की ऊंचाई पर स्थित है, किंतु गोमुख कुंड में आने वाला पानी हिमालय के और भी ऊंचाई वाले स्थानों से आता है।

नदी का प्रसव क्षेत्र वस्तुत: यामुन (बंदरपूंछ) से लेकर नंदादेवी तक हिमाच्छादित है और वहां से बूंद-बूंद कर पिघलती बर्फ पुण्यसलिला गंगा को अस्तित्व में लाती है। चीड़ के घने और वनाच्छादित हिमस्थल में स्थित गोमुख से उत्पन्न जलधार 19 कि.मी. दूर गंगोत्री तक पहुंचती है, जिसे गंगा का उद्गम स्थल कहा जाता है। यह क्षेत्र उत्तराखंड ही नहीं, देश और दुनिया का एक आस्थापरक स्थान है, जहां से उस गंगा का उदय होता है, जिसका चमत्कारी एवं अलौकिक पानी वर्षों शुद्ध बना रहता है।

पौराणिक कथाओं के अनुसार, महाराजा भगीरथ ने हिमनद से गंगा को निकाला था। उनके नाम के आधार पर गंगा की प्रधान शाखा को भागीरथी कहा जाता है, जो कुमाऊं में हिमालय के गोमुख नामक स्थान पर गंगोत्री हिमनद से निकलता है, जो ऋषिकेश से 249 कि.मी. दूर 3140 मीटर की ऊंचाई पर हिमालय पर्वत के मनोरम प्राकृतिक भू-दृश्यों के बीच स्थित है।

गंगा की अनमोल धारा उद्गम से लेकर विसर्जन तक अनेक उपधाराओं, तालों, नालों से भी जलसंपदा ग्रहण करती है, जो इसकी धारा को समृद्ध बनाती है। इस धारा के उद्गम क्षेत्र को प्राचीन काल में 'सप्तगंगम्' कहा

जाता था। संभवत: सात प्रमुख हिमाच्छादित चोटियों के कारण यह उपनाम दिया गया था। तीर्थयात्रा और धार्मिक दृष्टि से भागीरथी, वृद्धगंगा, कालिन्दी, सरस्वती, कावेरी, नर्मदा एवं वेणी को भी 'सप्तगंगा' कहा गया है, तो दूसरी ओर गंगा, यमुना, सरस्वती, गोदावरी, नर्मदा, सिन्धु एवं कावेरी को पवित्र नदियों का दर्जा प्राप्त है।

गंगा के प्रवाह के आरम्भिक चरण में चौखंबा पर्वत शृंखला के सतोपंत शिखर के पूर्वी ढलान से अलकनंदा अवतरित होती है। पश्चिमी ढाल से भागीरथी की धारा का उद्गम होता है।

पौराणिक स्रोतों के अनुसार, शंकर की जटा की एक शिखा के हटने से गंगा की एक पतली-सी धारा पहले बिन्दुसर में गिरी थी, जो अब गोचर नहीं होता है। यहीं से 30 कि.मी. लंबा और दो कि.मी. चौड़ा गंगोत्री ग्लेशियर (हिमनद) आरंभ होता है। यह ग्लेशियर दक्षिण दिशा में शिवलिंग शिखर के पास से तपोवन और नन्दनवन को पार करता है और 15 कि.मी की यात्रा करक गोमुख (गोमुख कैलाश) पहुंचता है, जहां हिमनद का पिघलता पानी नदी धारा रूप में भागीरथी को जन्म देता है। गोमुख को पृथ्वी का मुख कहा जाता है। गोमुख धारा से गंगा के दर्शन होते हैं। अनेक छोटी-छोटी धाराएं इसी भाग में से निकलती हैं और परस्पर एक-दूसरे से मिलती है। यहां गंगा का प्रवाह तीव्र होता है, किंतु चौड़ाई कम दिखती है। इस धारा के कुछ दूर बहने के पश्चात् इसमें भृगुशिखर से आती और भृगु सरोवर से निकली भोजगाड़ नदी चीड़बासा के पास भागीरथी से मिलती है। इस नदी धारा को 'देवगाड़' नदी या 'वैतरणी' भी कहा जाता है।

यही संयुक्त धारा गंगोत्री तक बहती है, जो भारत का एक पवित्रतम तीर्थस्थल है। गंगोत्री में ही भागीरथी गंगा मैया का मंदिर है। इस स्थान से नदी का प्रचंड वेग कई फुट नीचे गिरता है। गंगा उत्तर से यहां उतरती है, इसलिए यह गंगोत्री कहलाती है। जहां गंगा संसार के भवसागर को तारण हेतु यह स्वर्ग की नदी यहां उतरती है।

कहा जाता है कि यहां नीचे शिवलिंग है, जहां गंगा की अविरल धारा निरंतर उसका अभिषेक करती रहती है। इसलिये माना जाता है कि गंगोत्री तक गंगा अचढ़ रहती हैं और यहां आकर शिव की मस्तक पर विराजमान होने को आतुर दिखती है। यहीं घाट के पास स्थित शिला को 'भागीरथ शिला' कहा जाता है। पुण्य कमाने के आकांक्षी श्रद्धालु कठिन चढ़ाई कर गंगोत्री और गोमुख तक भी जाते हैं और स्नान कर पुण्य कमाते हैं। जाड़ के मौसम में गंगा की चलमूर्ति के मारकण्ड क्षेत्र के सुखब ग्राम में लाई जाती है। जहां शेष मौसम में उसकी पूजा होती है।

मोक्षदायिनी गंगा

आगे जाने पर भागीरथी को एक फर्लांग की दूरी पर केदार गंगा मिलती है, जो 4050 मीटर की ऊंचाई पर स्थित केदारकांठा शिखर पर स्थित केदारवाल से उत्पन्न होकर यहां आती है। इसे लोक कथाओं में अप्सराओं का ताल कहा गया है। इसका जड़ी-बूटी, वनस्पतियों, खनिजयुक्त पावन जल दिव्यजल माना जाता है। शिव ने इसी ताल के पानी से विष की तपिश को शांत किया था। प्राकृतिक सौंदर्य केदारताल को दिव्य रूप प्रदान करता है, जहां भोजपत्र के जंगल है। इसी ताल से पानी को जीवाणुनाशक एवं रोगनाशक शक्ति मिलती है।

पांच मील आगे भागीरथी भैरोघाटी में जह्नु आश्रम पहुंचती है। यहां 4570 कि.मी. ऊंचाई पर स्थित सुमेर चोटी पर हिमनद (सुमला ताल) से जाह्नवी का उद्गम होता है, जिसे 'जाड़गंगा' भी कहा जाता है। यह नदी 17 कि.मी. प्रवाहित होती है और भैरोघाटी से तीन मील आगे उत्तर से भागीरथी से मिलती है। संगम स्थल से पहले एक विशाल पुल को पार करके गंगोत्री की ओर प्रस्थान किया जाता है। 2300 वर्ष पहले यूनानी राजदूत मेगस्थनीज ने लिखा था कि गंगा के स्रोत के क्षेत्र में अस्टोमोई (अश्वमुख) जैसी प्रजाति रहती है। तिब्बती किंवदंतियों में गंगा का उद्गम् अश्वमुख (मोनपा) जैसा बताया गया है। माणागाड़ और सुमालागाड़ अनवियों जाड़गंगा को जल प्रदान करती हैं।

जान्हु आश्रम से पांच मील आगे श्रीकंठ पर्वत से निकली दूध गंगा आकर मिलती है। इसके आगे भागीरथी हरसिल के मनोहारी प्रदेश में प्रवेश करती है, जहां हरिगंगा और भागीरथी का संगम होता है, जो 'हरिप्रयाग' कहलाता है। कुछ आगे जाकर झगला में नीलगंगा या सियागंगा भागीरथी में आकर मिलती है। नीलगंगा का उद्गम पश्चिम में बंदरपूंछ चोटी के नीचे स्थित सियाताल से होता है। भागीरथी और सियागंगा का संगम 'गुप्तप्रयाग' कहलाता है। इसी स्थान से निकली श्यामगंगा तीन मील आगे भागीरथी से मिलती है, इसे 'श्याम प्रयाग' कहा जाता है। इसके आगे के मार्ग में सूफी नामक स्थान पर सूर्यकुंड, शुककुंड मिलते हैं। चार मील आगे सोनगंगा और लोमश आश्रम के दर्शन होते हैं। गगनानी में स्थित तप्तकुंड को ऋषिकुंड कहते हैं, जिससे आगे मल्ला में व्यास गंगा भागीरथी से आकर मिलती है। इस नदी को 'नौली नदी' भी कहते हैं और यह स्थान इन्द्रप्रयाग या भास्कर प्रयाग कहलाता है। इसके छह मील आगे जाकर मनेरी स्थित बोध को पार कर भागीरथी उत्तरकाशी (गढ़वाल) पहुंचती है, जो 'सौम्यकाशी' भी कहलाती है।

भागीरथी की जलधारा उत्तरकाशी के वनाच्छादित प्रदेश में पहुंचती है। यहां अंगाडा ग्राम की सीमा पर 3046 मीटर आकार का एक षट्कोणीय ताल है जिसे डोडीताल, डुंडीताल या ढुंढिताल कहते हैं। कहते हैं 3024 मी. की ऊंचाई पर स्थित इस ताल पर सबसे पहले ढुंढीराज गपोश पहुंचे थे, इसलिये इसे यह नाम मिला। इसी ताल से असली गंगा का उद्भव होता है। मनेरी से सात मील आगे और उत्तरकाशी से ढाई मील ऊपर गंगोरी में बांज, बुरांश व देवदार के वन हैं तथा यहीं पर असी-भागीरथी का संगम होता है। कहते हैं कि यहां विश्वनाथ निवास करते हैं और उत्तरकाशी को काशी की संज्ञा दी जाती है। ताल किनारे शिव मंदिर प्राकृतिक सौंदर्य से सुरम्य है। डोडीताल के किनारे गणेश मंदिर में गणेश की प्राचीन पाषाण प्रतिमा है।

उत्तरकाशी से उतरकर भागीरथी दो मील बहती हुई मातला ग्राम पहुंचती है जहां वरुणा नदी की धारा का भागीरथी से मेल होता है। यह संयुक्त धारा-डुंडा पहुंचती है और 14 मील दूर धरासु में एक छोटी जलधारा से मिलती है, जो मेलवाला से आती है। इसके बाद डग नामक जगह पर एक ओर स्थानीय नदी भागीरथी में अपना योगदान देती है। यह नदी एलड्ड, मारकोट, मुखमाल गांव एवं ढलंब गांव से होकर डग तक पहुंचती है।

भागीरथी का अगला पड़ाव टिहरी जनपद में है, जहां टिहरी नामक विशाल बांध बनाया गया है। इस निर्माण का पर्यावरणविद् ऋषिकल्प सुन्दरलाल बहुगुणा ने पुरजोर विरोध किया था, किंतु विकास के बहाने बने बांध से पुराना टिहरी नगर एक झील में बदल गया। टिहरी जनपद की हरी-भरी मिलगंगा घाटी का शीर्ष विशोन पर्वत कहलाता है। घाटी में खतलिंग ग्लेशियर के झूलते-लटकते हिमखंडों एवं आकृतियों से दो नैसर्गिक हिम गुफाएं हैं। यहां से निःसृत जल से निकली कई जलधाराएं मिलंगना नदी का रूप लेती है। इसके उद्गम क्षेत्र को स्थानीय भाषा में 'थलया सागर' या 'फटिंग पिठवना' भी कहते हैं, तो आस्थावान लोगों के लिए यह स्थान आदि कैलाश है और मिलंगना नदी आदि गंगा। पहले मिलंगना पुरानी टिहरी में गणेश प्रयाग में समाती थी, किंतु अब टिहरी झील में जाती है। मिलगंना या त्रिलंगना अपने साथ कई छोटी गंगाधाराएं लेकर आती है। इस क्षेत्र में कभी किरात एवं मिल्ल जनजाति निवास करती थी, इसलिए इस नदी को मिलंगना नाम दिया गया। खतलिंग ग्लेशियर में जोगिन (6466 मी.), कीर्तिस्तंभ (6402 मी.), बार्तेकांत (6579 मी.), स्फटिक (6905 मी.) आदि हिमशिखरों के क्षेत्र में एक सहस्त्र नामक जलताल मिलते हैं, जो अप्सरा या अंछरी ताल कहा जाता है। नीचे पूर्व-पश्चिम में तीन-तीन ताल

है जहां पूर्व से भी मिलंग नदी निकलती है, तो पश्चिम से भी मिलंग नदी, अनेक तालों से निकली धाराओं से मिलकर ही मिलंगना बनती है। धनस्थलों में धर्मगंगा और बालगंगा मिलती है और साथ ही खतलिंग ग्लेशियर एवं निर्मित मसेरी ताल से निकली दूध गंगा का संगम होता है। दयाताल से निकली कुनाली गंगा 10 कि.मी. बहकर गंगा में मिलंगना से मिलती है।

मिलंगना में दायें तट पर हटकुणी पर्वत से आती गैरगाड़ धारा भाटगौं के पास से होकर जंदरवाली स्थान पर मिलंगना से मिलती है। पाख गांव में हिन्दाव और अखोड़ी क्षेत्र से आती धाराएं व जौलागाड़ का भरपूर जल रहता है। दायें तट पर ही घनसाली के पास कौड़िया में मिलगंगा से बालखिल्य नदी मिलती है। बालखिल्य पर्वत से निकलती है और कुशकल्याण क्षेत्र से निकलकर गोनगड़ और आरगड़ धाराओं का जल लेती है। कहते हैं कि कुशकल्याण क्षेत्र के बुग्यालों में बालखिल्य मुनि तप किया करते थे। यहीं पर बालखिल्य शिवलिंग और हिमदाव में हिदखेश्वर महादेव की बहुत महानता है। धर्मगंगा को धर्मराज युधिष्ठिर का तप प्रतिफल माना जाता है।

टिहरी से आगे निकलने पर 24 मील जाने पर भागीरथी देवप्रयाग पहुंचती है, जहां यह मन्दाकिनी को साथ लेकर आई अलकनंदा से संगम करती है। उल्लेखनीय है कि सप्तगंगम् के पूर्वी क्षेत्र में बद्रीनाथ तक उत्पन्न धारा विष्णुगंगा कही जाती है तथा पश्चिम क्षेत्र में द्रोणागिरी के किनारे धौलीगंगा की धारा है, जो जोशीमठ के निकट विष्णुगंगा में मिलती है और यह संयुक्त जलधारा अलकनंदा कहलाती है। आगे नंदप्रयाग में जाकर मंदाकिनी अलकनंदा से मिलती है। कर्णप्रयाग में पिंडरगंगा तथा आगे रुद्रप्रयाग में भागीरथी और अलकनंदा मिलती है। इसके आगे अन्य सभी जलधाराओं के सहयोग से बनी जलधारा 'गंगा' कहलाती है।

देवप्रयाग तक आने वाली अलकनंदा को स्थानीय लोग गंगा ही कहते हैं। देवप्रयाग से ऊपर दोनों नदियां गंगा कहलाती हैं। अलकनंदा और उसकी सहायक नदियों का उद्गम भी हिमालय पर्वत की मुख्य श्रेणी के दक्षिणी ढाल से होता है। सतोपंत (सत्यपथ) से ही निकली अलकनंदा और भागीरथी दोनों को एक ही क्षेत्र से उत्पन्न होने पर भी संगम के लिए लंबी यात्रा करनी पड़ती है। देवप्रयाग में श्रीराम के मंदिर में उनका एकाकी विग्रह है। यह स्थान बद्री केदार जाने वालों का एक प्रमुख पड़ाव है।

हिमालय के दक्षिणी ढाल से निकलने वाली अलकनंदा और उसकी सहायक नदियां गंगा के निर्माण में अथाह जलराशि प्रदान करती हैं। जो चौखंबा पर्वत माला के सतोपंत ताल के दक्षिण पूर्व से निकलती हैं।

उल्लेखनीय है कि 4418 की ऊंचाई पर स्थित सतोपंत चारों ओर से हिमनदों से घिरा है, जिनमें अलकनंदा, भागीरथी और खड़कमाल हिमनद प्रमुख हैं। खड़कमाल हिमनद से नीचे 2.5 कि.मी. दूरी पर सूर्यकुंड, 3.2 कि.मी. पर चंद्रकुंड तथा 6.4 कि.मी. जाने पर चक्रतीर्थ मिलता है। सतोपंत ताल के समीप स्थित तीन गुफाएं ब्रह्म, विष्णु, महेश (त्रिदेव) नाम से विख्यात हैं।

कहते हैं कि इसी सतोपंत हिमनद के चार मील ऊपर स्वर्ग का मार्ग है, जहां से पांडवों ने स्वर्ग की ओर प्रस्थान किया था। अलकनंदा जलध. रा के रूप में उत्पन्न होकर वसुधारा जलप्रपात के रूप में तीव्र वेग से गिरती है, लक्ष्मीवन पार करती है, 12 किमी. बहकर माणा पहुंचती है। यहां व्यास गुफा, गणेश गुफा, मुचकंद गुफाएं हैं। यहां की एक गुफा से निकलकर सरस्वती आगे बढ़कर अलकनंदा से संगम करती है। जो मूलत: बरबा हिमनद के देवताल से निकलती है। अलकनंदा सरस्वती का यह संगम केशव प्रयाग कहलाता है। सामने बने एक विशाल चट्टानी सेतु को भीम ने सरस्वती को पार करने के लिए बनाया था। एक कि.मी. आगे चलकर सरस्वती अलकनंदा में पूरी तरह समा जाती है। धारटोली में अखा नदी अलकनंदा से मिलती है और कई छोटी-छोटी धाराएं भी अलकनंदा में मिलती हैं। यहां अलकनंदा को सरस्वती भी कहा जाता है।

बद्रीनाथ स्थित ब्रह्मपाल शिला के पास भृगुधारा और इन्द्रधारा का संगम होता है। बद्रीनाथ से एक मील आगे गणेशचट्टी है, जहां नीलकंठ चोटी के नीचे ऋषिकुंड स्थित है। इसी क्षेत्र से निकली ऋषिगंगा नंदादेवी के बेसिन में अलकनंदा से मिलती है। निकट स्थित देवदेखना में बद्रीनाथ मंदिर है। कुछ आगे हनुमानचट्टी में अग्निकुंड है। शेषधारा से सात मील दूर पाण्डुकेश्वर में योगबद्री के दर्शन होते हैं। इससे आगे छह मील पर नीली घाटी है, जहां धवलताल से धौलीगंगा निकलती है, जो 'नमगंगा' भी कही जाती है। धौलीगंगा का उद्गम 16,628 फुट ऊंचाई पर स्थित नीति दर्रा से होता है। मलारी गांव में इसमें गिरथी नदी मिलती है। विष्णु प्रयाग में ऋषिगंगा अलकनंदा से मिलती है।

जोशीमठ से पहले घाट चट्टी पर अलकनंदा - लक्ष्मणगंगा मिलती हैं, जो गंधमादन पर्वत के नीचे हेमकुंड लोकपाल ताल से निकलती है। लक्ष्मण गंगा पुष्पतोया ताल से उद्गमित पुष्पवती नदी से धंधारिया में संगम करती है। गोविंदघाट से होकर लोकपाल (लक्ष्मण) ताल तक जाते हैं, जहां सुगंधित फूलों की अनेक घाटियां हैं। सिखों का पवित्र हेमकुंड तीर्थ है। गंधमादन और कामेट शिखर के बीच स्थित कालभुसुंडी ताल से काकनदी निकलती है और गोविंदघाट से दो कि.मी. दूर दोपट्टा में अलकनंदा में मिलती है।

जबकि इसी ताल से निकली भ्यूंडार नदी लक्ष्मणगंगा में मिलती है।

विष्णुप्रयाग से दो मील नीचे जोशीमठ है, जो ज्योतिर्मठ भी कहलाता है। यहां हस्तिशुंड से निकलकर नरसिंह एवं दंड नामक धाराएं संगम करती हैं। यहीं पर नमगंगा का संगम स्थल भी है। इससे क्रमश: दो मील नीचे वृद्ध बद्री, छह मील दूर कुमारचट्टी, पांच मील दूर ध्यानबद्री, डेढ़ मील आगे पंचकेदारों में से एक कल्पेश्वर है। नीचे पांच मील जाने पर, तुंगनाथ पर्वत से निकलने वाली पातालगंगा का अलकनंदा का संगम होता है। आगे पांच मील की दूरी पर गरुड़गंगा धारा में मिलती है। इसी क्रम में पांच मील नीचे पीपल कोटि से आगे दो मील पर बिल्व केदार है, जहां नंदकना पर्वत से निकलने वाली विरहीगंगा अलकनंदा से मिलती है। विरहीगंगा वास्तव में सात कुंडों की एक मिश्रित धारा है। त्रिशूल शिखर के उत्तरी ढाल में सिंगी बुग्याल क्षेत्र के हिमनदों के पास सात जलकुंडों से विरही गंगा का जन्म होता है, जिसमें गुड़ियार ताल से मिलने वाली एक जलधारा विरही को जलसंपन्न बनाती है।

यहां से सात मील नीचे चमेली नगर है, जहां से होकर गोपेश्वर, अखीमठ और केदारनाथ जाया जाता है। चमेली से सात मील आगे नन्दप्रयाग है, जहां मन्दाकिनी नदी अलकनंदा से संगम करती है, जो विश्वविख्यात और रहस्यमयी रूपकुंड से निकलती हैं। इस कुंड में मिलने वाले कंकाल आज भी रहस्यमयी है। मन्दकिनी की एक सहायक नदी होमकुंड से आती है, कहते हैं कि उस जगह पार्वती का डोला रखा गया था। यहां इस उपलक्ष्य में प्रति वर्ष उत्सव मनाया जाता है।

नंदप्रयाग से आगे कर्णप्रयाग में पिंडर गंगा संगम करती है। यह रानीखेत के पास पिंडारी ग्लेशियर के पिंडर ताल से निकलती है और आदि बद्री के पास द्वाली में संगम करती है। पिंडर नदी के ऊपरी भागों के वनों, चारागाहों में भैंस पालक पिंडारक कबीले रहा करते थे, इसलिये यह नदी पिंडर नदी कहलाती है। पिंडरी हिमनद नन्दादेवी के पूर्वी ढाल से लेकर नंदाकोट शिखर के पादतल तक फैला है। हिमनद के मुख में कई सुरंगनुमा गुफाएं हैं। जलधारा में बर्फ के शिलाखंड तेजी से बहते दिखते हैं। नंदाकोट के कुफनी ताल से कुफनी नदी निकलती है।

मंदाकिनी नदी का उद्गम केदारनाथ के पास है। कर्णप्रयाग से उतरकर मंदाकिनी अलकनंदा का संगम होता है। यहां से यह अलकनंदा के नाम से ही जानी जाती है। यह पवित्र स्थान रुद्रप्रयाग कहलाता है। मंदाकिनी केदारनाथ धाम की नदी है, जो चौखंबा पर्वतमाला में स्वर्गारोहण नामक तीन चोटियों के चोरावाड़ी ताल से निकलती है। महात्मा गांधी की अस्थियों

का इसमें विसर्जन के कारण यह 'गांधीताल' भी कहलाता है। इसी ताल से निकलकर मंदाकिनी तीन कि.मी. नीचे जाकर सरस्वती और दूधगंगा से संगम करती है। यहां स्थित एक मंदिर के पास अमृतकुंड, ईशानकुंड, हंसकुंड तथा उदयकुंड है। केदार से छह किमी. नीचे वासुकी ताल है, जो काली गंगा (वासुकी गंगा) का उद्गम स्थल है, जो आगे सोनप्रयाग में मंदाकिनी से मिलती है किंतु इससे पहले सोनगंगा केदार की तलहटी में स्थित गर्म पानी के गौरीकुंड से निकलती है। कहते हैं सोनप्रयाग से तीन मील दूर त्रिमुखी नारायण में शिव-पार्वती का विवाह हुआ था। 10 मील आगे किंतु अश्वीमठ से पहले मंदनी गंगा मंदाकिनी से मिलती है तो ऊखीमठ के पास गुप्तकाशी में मदमहेश्वरी गंगा मंदाकिनी से मिलती हैं। मंदाकिनी चन्द्रा, लस्टएंड का पानी लिये छतौली पहुंचती है और सूर्यप्रयाग में अलस तरंगिनी से संगम करती है। रुद्रप्रयाग पहुंचकर मंदाकिनी और अलकनंदा का मेल होता है और 10 मील नीचे शुकरताल और श्रीनगर होकर यह धारा देवप्रयाग पहुंचती है।

देवप्रयाग से आगे निकलने पर यह पावन जलधारा गंगा कहलाने लगती है। धार्मिक ग्रंथों में इसे ही 'सर्व पुण्य हिमवतो गंगा' कहकर पुकारा गया है। यहां इसमें कई जल-धाराएं आकर मिलती हैं। इनमें भरपूरगाड़, गूलरगाड़, ह्यूलगाड़, नीरगाड़, चंद्रभागा, लालपानी, सौंग, ह्विल तथा सौंग आदि धाराएं अपना जल प्रदान करती हैं। गूलरगाड़ के सृजन में दो धाराएं अपना योगदान देती हैं। घड़ियाल डांडा जमेला से आने वाले अंधेरे तथा वांस काटल से आने वाली गाड़ व राणीताल ढाल से निकलने वाला गूलरगाड़ धारा बनाती है और गंगा के दायें तट पर वशिष्ठ की गुफा के पास मिलती है। प्राचीन समय में इसी तट से दोगी पट्टी होकर श्रद्धालु देव प्रयाग के लिए पैदल जाते थे।

देवप्रयाग के उपरांत गंगा के दायें तट पर अनेक धाराएं संगम करती है। इनमें बणेलस्यूं से आने वाली रांदीगाड़, सिलसू, नयार नदी, डाबरीगाड़, हिंवल धह्यूलगाड़, गठड़ गंगा एवं विदासन धाराएं प्रमुख हैं। इन धाराओं में नयार नदी विशेष महत्त्व रखती है। शिपुरी के पास हिंवल नदी गंगा में मिलती है, जो चूने व लोहे के खनिजों को साथ लेकर आती है। बरसात में सहायक जलधाराओं में अत्यधिक मात्रा में कंकड़-पत्थर आने से एक 10-12 कि.मी. चौड़ा बगड़ क्षेत्र बन जाता है। इसके पश्चिम में नागिसी नदी आती है, जो सुरकुट / सुरकण के पश्चिमी ढाल से निकलती है। सातवीं शताब्दी में यह नदी कोणकलिका के नाम से प्रसिद्ध थी।

देहरादून शहर के दक्षिण पूर्व में कारगी गांव के निकट चश्मे से सुसवा नदी का उद्गम होता है, जो आगे ऋषिकेश में मिलती है। बरसाती दिनों में स्थानीय बलदी, बिन्दाल और रिस्पन धाराएं अपने जल से इसे विकराल बना देती हैं। ऋषिकेश-हरिद्वार रोड में सत्यनारायण मंदिर के नीचे सौंग नदी मिलती है, जो सकलाना पट्टी क्षेत्र और सहस्रधारा मालदेवता का पानी भी लाती है। ऋषिकेश में टिहरी क्षेत्र से पानी लेकर चन्द्रभागा नदी भी दौड़ी आती है।

चेलूसैणं नागदेव डांडा क्षेत्र से निकलने वाली हिंवल नदी (हेम नदी) विजूपाणी चरवाल से आती है। यह नदी पौड़ी जनपद के गंगा सलाब क्षेत्र की विशेष सहायक नदी है। इस नदी के प्रवाह मार्ग में अजमेर व लंगूर नदी की विभाजक गयेड़ा की गाड़, देऊलगाड़ मिलती है। यहां इसका प्रवाह मार्ग उत्तर दिशा में होने लगता है, इसलिए यह तिरपाणि भी कहलाती है। जिसमें सिलोगी के जलागम का पानी भी मिलता है। आगे ग्वील गाड़ से पानी लेकर यह नाई मोड़ के समीप घूम बनाती है।

कहते हैं कि यहीं पर रानी कर्णावती ने मुगल फौजों से जमकर लोहा लिया था और यह नदी फूलचट्टी में गंगा से संगम करती है, जो लक्ष्मण भूला-बदरीनाथ जाने वाले पैदल यात्रा मार्ग के पास स्थित है।

देवप्रयाग से आगे व्यास घाट पर व्यास गंगा और अलकनंदा रूपी गंगा का संगम होता है। व्यास गंगा को पूर्वी नयार नदी कहते हैं। जो गढ़वाल मंडल के पौड़ी जनपद के दक्षिणी भाग में गंगा की प्रमुख सहायक नदी है। जो पौड़ी जनपद के राठ-दूधातोली क्षेत्र समुद्रतल से लगभग 2600 मी. की ऊंचाई पर स्थित उत्तर-पश्चिमी पनढाल से छोटी धार के रूप में निकलती है। नयार नदी की पूर्वी और पश्चिमी धाराएं सतपुली से नीचे नौगांद (कमन्द) में मटकोली नामक स्थान पर मिलती हैं। पूर्वी नयार नदी में सैंधार गाड़, कोलगाड़, खैरगाड़ और इड़ागाड़ है। जबकि पश्चिमी नयार और आटागाड़ (रामगंगा) हरे वनाच्छादित क्षेत्र राठ-दूधातोली से निकलती है। जिसमें राठगाड़, सेलगाड़, कलगाड़, पिनगाड़, विदोगाड़, डेड़ागाड़, खुड़गाड़ व धटगाड़ की जलधाराएं मिलती है। यह पहले चिपलघाट गाड़ कहलाता था। मछलियों के लिए उपयुक्त मछलाड़ गाड़ जलधारा चौंदकोट के किमगड़ी गाड़ और मतला सलाह का पानी भी बहकर आता है।

नयार नदी में दाएं-बाएं दोनों तटों पर अनेक धाराओं का संगम होता है। दाएं तट पर कुनगढ़ नदी क्वींठ-गुविंड कलजीखाल क्षेत्र का जल लेकर नयार में मिलती है, तो सैलगढ़ नदी में लखुंदर गढ़ के दक्षिणी पनढाल का पानी लेकर देवी कंडी में नयार में डालती है। बसगड़ी नामक नदी दयूसीं घाटी के पनढाल

का पानी नयार में उड़ेलती है। असगड़ नदी पोखरी नदी का पानी लाती है, तो मुलगढ़ धारा बयेड़ाखाल का पानी लाती है। कहते हैं कि मुलगढ़ को पहले धन्यूल कहा जाता था। जबकि नयार नदी के बाएं तट पर भली-गधेरा, ग्वीन वादना, पैडुल गाड़, मरोड़ा गधेरा, ह्थनूड़ आदि जल नदियां मिलती है। कंदरोड़ा से निकलने वाली भली-गधेरा चमोली सैंपा में नयार में संगम करती है। बखरोड़ी क्षेत्र का पानी लेकर ग्वीन गदना सिलड़ी में नायर से मिलती है। पाटली कांटली गाड़ नदी देवी पार क्षेत्र में, पैंडुल गाड़ चोपड़ा गांव के समीप नायर में गिरती है। बासुड़ी सिलड़ी इलाके का पानी लिये मरोड़ा गधेरा नायर में शामिल होती है। ह्थनूड़ गाड़ में मैठाना ह्ठनूर का जल भंडार प्रवाहित होकर व्यास घाट से पहले ही नयार में समा जाता है। इन सभी जलधाराओं की जलसंपदा लिये नयार नदी व्यास घाट से लगभग डेढ़ किमी. पहले ही बागी गांव के पास अलकनंदा रूपी गंगा में समा जाती है। इस क्षेत्र को केदारखंड पुराण में भास्कर क्षेत्र बताया गया है।

ऋषिकेश-बदरीनाथ जाने वाले इस प्राचीन पैदल यात्रा मार्ग पर स्थित व्यासघाट चट्टी को तीर्थस्वरूप माना जाता है। जहां से गंगा की धारा उतर ली और बहने लगती है। इस पावन स्थान पर विषुवत संक्रांति एवं बसंत पंचमी को सिलासू मेला लगता है। गंगा के दूसरी ओर पर व्यास मंदिर और गुफा है। कहते हैं कि प्राचीन काल में जो यात्रा मार्ग कण्वाश्रम से आता था वह यहीं पर आकर मिलता था, जिस पर से होकर यात्री बदरीनाथ यात्रा पर जाते थे।

प्राचीन काल में यात्रीगण गोहरी नामक स्थान से व्यास घाट जाते थे। गोहरी में ही धारकोट-अमोला डांडे से निकलने वाली विदासन नदी संगम करती है। कहा जाता है कि चीनी यात्री ह्वेनसांग ने भी इसका उल्लेख किया था।

द्वारीखल के समीप स्थित उच्च डंडे से एक पतली जलधारा के रूप में बलगाड़ नदी निकलती है, जो लंगूरगढ़ी के दक्षिण पार्श्व की खांह नदी की मूल जलधारा है। बलखाड़ के डाडामंडी आने पर लंगूरगढ़ की एक धारा आकर मिलती है, तो यह लंगूरगाड़ कहलाती है। तत्पश्चात् धरगाड़ के दुगड्डा की ओर आगे बढ़ने पर इसमें लैन्सडोन से आती सिलगाड का मिलन होता था। यहां इसे खोह नदी का नाम मिलता है। इससे तट पर पहले रजा सड़क और कैप्टन सड़क नामक यात्रा मार्ग था तथा पुराना कोट द लंगूरगढ़ नामक गढ़ थे। दुगड्डा - कोटद्वार के बीच के प्रवाह मार्ग में इसमें कई गाड़-गधेरे मिलते हैं, जिनमें हल्द्वानी, सरोड़ा, उतरण गजोरा, गिनई

उल्लेखनीय है। यह संयुक्त जलधारा कोटद्वार के दक्षिण में कोटरी नदी में मिलती है और कोटरी यह सारा जल (पश्चिमी) रामगंगा में छोड़ देती है।

रावतीघाट पर मालिनी नामक नदी गंगा में मिलती है। जो चंडाखोल-चोलूसैंण डांडा से निकली है। इस नदी को मालन नदी भी कहते हैं जिसका उल्लेख कालिदास रचित 'अभिज्ञान शाकुन्तलम' में भी मिलता है। इसी नदी के तट पर कण्व ऋषि का आश्रम था। मालिनी में कौशिकी और रतनाल धाराओं का पानी भी मिलता है।

पौड़ी गढ़वाल के दक्षिण-पूर्व में सोना व पलायन नदियां बहती हैं। सोना नदी कोटरी दूर इलाके की प्रमुख जल प्रवाहक धारा है, जो पातलों दून में जाकर पश्चिमी रामगंगा में मिल जाती है। कहते हैं कि इस नदी में स्वर्ण कण बहकर आते हैं, जिसे पहले पातलीदून की बॉक्स जाति के लोग बिनते थे। नरीश्वर डांडे के दक्षिणी पनढाल से निकलने वाली पलायन नदी को खोहवन, बुध का स्रोत, हजगड़ी स्रोत एवं खनसर की धाराएं संपन्न बनाती हैं। पातलीदून में सर्यदूली के नीचे दुमंड़ा में बहती रामगंगा में मन्दाल नदी मिलती है, जो नरीश्वर का डांडा के दक्षिण से लाली रौले तथा अन्य कई गधेरों का जल लेकर आती है। इसके उत्तरी ढाल की धाराएं नयार नदी में मिलती हैं। जहां कभी लुटेरों का दबदबा रहता था।

इन सभी जलधाराओं एवं गधेरों का जल स्वीकारने वाली पश्चिमी रामगंगा मूसा का कोटना स्थान से निकलती है, जो चमोली जनपद के गैरसैंण-राठ क्षेत्र में दूधातोली पर्वतश्रेणी के उत्तर-पूर्व में स्थित है। यह नदी तेज जलप्रवाह लेकर मलखोड़ी दर्रे तक आती है, किंतु खनसर की ओर बढ़ते समय इसकी गति सामान्य हो जाती है। हालांकि इसमें सहत और लोभा धाराओं का पानी भी मिलता है। खनसर में इसके बायें तट पर खनसर गाड़ की धारा मिलती है तो दक्षिण-पूर्व में बहने पर तड़ाग ताल का पानी मिलता है। आगे यह लोभागढ़, गनाई-चौखुटिया (अल्मोड़ा), मासी, भिकियासंग पहुंचाती है और खतसार एवं कोटलार गाड़ का पानी समेटती है, जो दूनागिरी से आती है। जिसमें गनाई में खारोगण्ड़, भिकियासैंपां में गगास नदी तथा चौंकोर में विनोद नदी का पानी मिलता है तथा इसके बाद रामगंगा का बहाव दक्षिण की ओर हो जाता है, जिसमें मल्ला सल्ट क्षेत्र की नैल गाड़ और गढ़वाल की देव गाड़ नदियां अपना जल प्रवाहित करती हैं।

यह धारा बोक्साड़ भाबर में आकर गढ़वाल के पातलीदून में प्रवेश करती है और मन्दाल नदी का जल समेटती है, साथ ही मिलती गाड़, हल्द गाड़, तैयूरिया एवं सोना नदियां भी मिलती हैं, जो गढ़वाल के दक्षिणी सलाण क्षेत्र का पानी लाती हैं और पश्चिमी रामगंगा में मिलती हैं।

इस इलाके में गनाई-चौरपुटिया क्षेत्र एवं कत्यूरी क्षेत्र के गांव, लखनपुर, लोभागढ़ी, खनसर, गैरसैंण आदि प्रसिद्ध क्षेत्र हैं। ढलवा पठारी प्रदेश गैरसैंण कभी अंग्रेजों की शिकारगाह थी।

व्यासघाट से 22 मील दूर ऋषिकेश में लक्ष्मण झूले तक गंगा पश्चिम वाह्दिनी होकर बहती है। देवप्रयाग के बाद से गंगा कहलाने वाली अलकनंदा तथा भागीरथी दोनों आपस में मिलकर गंगा नाम से लक्ष्मण झूले की ओर बहती हैं। यहां गंगा कम चौड़ी हैं किंतु अधिक गहरी है और काफी नीचे खड्ड में काफी तेज गति से बहती है। यहां से तीन मील पर ऋषिकेश है।

ऋषिकेश में मुनि की रेती, स्वर्गाश्रम आदि स्थल है। ऋषिकेश में चन्द्रभागा (चंदन बराव) नदी गंगा में मिलती है। 10 मील बाद रायवाला के निकट साथ ही सोंग, ससवा, किन्दल, लाल ताल आदि छोटी नदियों का जल समेटते हुए गंगा छिद्दखाला, रामवाला से होते हुए हरिद्वार में उतरती है। सोंग या सुंग नदी टेहरी से निकलते हैं और कंस राव से थोड़ी दूर पर सुसवा से मिलती है। स्वयं सुसवा का उद्गम आसारोरी-देहरा सड़क के पूर्व एक जलाशय से होता है। नीचे दो मील जाने पर जाखन राव सुसवा से संगम करती है।

लक्ष्मण झूले से गंगा गढ़वाल और देहरादून जिले की सीमा पर बहती है और हरिद्वार तक आती है। सर्वनाथ-मंदिर के पास लालताख का गंगा से संगम होता है। हरिद्वार में कुशावर्त, बिल्वकेदार, चंडी मंदिर, मनसा, श्रवणनाथ, भीम, गणेश, मायापुर, कनखल, ज्वालापुर और कांगड़ी नामक प्रमुख स्थान हैं। मायापुर स्थान से 1855 में गंगा से एक नहर निकाली गई थी, जो 615 मील बहकर कानपुर में फिर से गंगा में मिल जाती है। गंगा की कई धाराओं में एक नीलधारा मायापुर से लगभग एक मील बाद कनखल में जाकर गंगा में मिल जाती है। कनखल से लगभग चार मील नीचे बाणगंगा का गंगा से मिलन होता है, जो गंगा की ही एक धारा है।

हरिद्वार में गंगा पहली बार खड़े पर्वतीय ढालों को छोड़कर मैदान भाग में उतरती है। इसलिये यह मंथर गति से बहती है। भौगोलिक दृष्टि से नदी तीन अवस्थाओं से गुजरती है पर्वती, मैदानी तथा डेल्टाई। हरिद्वार से पहले तक गंगा पर्वतीय अवस्था से गुजरती है और उसके बाद वह दूसरी अवस्था प्राप्त करती है। गंगा मंथर गति से बहती है। बालावली के बाद नली तल में पत्थर मिलना कम हो जाता है। वह पहाड़ी प्रदेश को पार कर भाभर के क्षेत्र में प्रदेश कर जाती है।

बिजनौर जिले में प्रवेश करने के बाद शामपुर से दो मील नीचे पैलाराव नदी मिलती है। चार मील दक्षिण-पश्चिम में लालभंग के पास

खासन नदी आकर गंगा में मिलती है। आसफगढ़ के निकट कोढ़ावली राव, रावली (नजीबाबाद) में मालिनी नदी का संगम होता है। कहा जाता है कि शकुन्तला के धर्मपिता कण्व ऋषि का आश्रम रावली में ही था। सैफपुर खदर से निकली हुई लहपी नदी रावली झाल में मिलती है। गढ़वाल से निकली मालिन नदी नजीबाबाद जिले में तीन धाराओं में विभक्त हो जाती है – पश्चिमी वाहिनी रतनाल तथा पूर्व वाहिनी रिवारी कहलाती है। रतनाल साहनपुर के पास तथा रिवारी भोगपुर के पास मालिन से मिलती है। इसके बाद रावली के पास स्वयं मालिन नदी गंगा में समाहित होती है। नजीबाबाद परगने के समीपुर गांव से निकली छोइया नदी जहानाबाद से दो मील नीचे संगम करती है। इसकी सहायक नदियां–खालिया पडला में तथा पदोही मेनन के निकट संगम करती है।

इसके बाद गंगा की धारा मुजफ्फरनगर की धरती को सिंचित करती है। मुजफ्फरनगर में गंगा तट पर शुकताल है, जहां राजा परीक्षित को शुकदेव जी ने श्रीमद्भगवत् कथा सुनाई थी। अब पूर्व की ओर बहती गंगा मेरठ में प्रवेश करती है। जबकि बूढ़ गंगा मुजफ्फरनगर से फीरोजपुर गांव के निकट इस जिले में आती है और गढ़मुक्तेश्वर में गंगा से संगम करती है। इस जिले में गंगातट पर गढ़मुक्तेश्वर एवं पूठ–दो ही महत्त्वपूर्ण स्थान है।

पर्वतों से निकली गंगा पूठ तक भाभर और खादर के दलदली एवं वन प्रदेशों को पार करके अगले पड़ाव पर निकलकर तथा पूरी तरह मैदानी क्षेत्र में बहने लगती है। फिर गंगा की धारा बुलंदशहर जिले में प्रवेश करती है। यहां गंगातट पर बसे अहार नगर, अनूप नगर, राजघाट एवं रामघाट बसे प्रसिद्ध स्थल है तथा सोरों एवं काम्पेल तीर्थ है। अहार नगर प्राचीन स्थान है। कहते हैं कि यहीं महाराज जन्मेजय ने वागयज्ञ किया था। मोहम्मदपुर ग्राम में अम्बिका देवी का मंदिर है, जहां चैत्र–वैशाख में नागराज मेला लगता है। किंवदंती है कि भगवान् कृष्ण ने यहीं से रुक्मिणी का हरण किया था। आहार से आठ मील पर दक्षिण अनूपशहर में कार्तिक पूर्णिमा तथा फाल्गुन मेले लगते हैं, इससे आठ मील दक्षिण पर कर्णवास है, जिसे दानवीर कर्ण ने बसाया था। यहां कल्याणदेवी का प्रसिद्ध मंदिर है। कर्णशिला है तथा गंगा दशहरा पर यहां बड़ा मेला लगता है। कन्नौज के पास रामगंगा संगम करती है।

कर्णवास से तीन मील दूर दक्षिण राजघाट है और यहां से चार मील दक्षिण की ओर नरोरा स्थान है, जहां से निम्न गंगा (लोअर गंगा) नहर निकाली गई है। इससे चार मील दक्षिण पर प्रसिद्ध रामघाट तीर्थ स्थल

है। यहां कार्तिकी एवं वैशाखी-पूर्णिमा तथा गंगा दशहरा पर बड़े मेलों का आयोजन होता है। कहते हैं कि कोलापुर नामक दैत्य का वध करने के बाद बलदाऊ (कृष्ण के बड़े भाई) ने कोमल को बसाया था।

बिजनौर पार कर गंगा मुरादाबाद जिले में आती है। आजमगढ़ के निकट कृष्णी और बैयां नदियां घाव झील में गिरती हैं। बैयां यहां से निकलकर टिगरी के पास गन्दौली पर गंगा से मिलती है। साथ ही कई छोटी-छोटी धाराएं भी गंगा में मिलती है। इस भाग में छोटी-छोटी कई झीलें भी हैं। जो बाढ़ के समय गंगा से मिलकर क्षेत्र को जलमग्न कर देती है। इसके बाद गंगा बदायूं जिले में प्रवेश करती है, जिसमें छोटी-छोटी धाराएं संगम करती हैं। मुरादाबाद से निकलती महावा नदी में सहसवान की छोइया नदी मिलती है। जबकि महावा स्वयं उझियानी परगना में गंगा में मिल जाती है।

बदायूं से 17 मील दूर कछला नामक स्थान पर गंगा दशहरा पर मेला लगता है। इससे छह मील दूर ककोरा स्थान पर भी कार्तिक-पूर्णिमा पर मेला भरता है। इसके बाद गंगा स्व में प्रवेश करती है। गंगा से चार मील दूर बूढ़ गंगा है, जहां सोरों तीर्थ है। शाहजहांपुर जिले में जाने पर ढाईघाट पर कार्तिक- पूर्णिमा मेला लगता है। फर्रुखाबाद जिले में गंगा के समीप कुसुमखोर और दाईपुर स्थान है। इन जिलों में गंगा से कई धाराएं निकलती और मिलती है। काम्पेल एक प्रसिद्ध तीर्थ है, यहां भी एक ऐसी ही धारा दो भागों में विभाजित होती है, एक उत्तर की और बहकर गंगा में मिलती है तो दूसरी अजीजाबाद के पास गंगा से संगम करती है। गंगा से अलग हुई धाराओं को बूढ़ गंगा के नाम से पुकारते हैं।

गंगा फर्रुखाबाद, फतेहगढ़, सिंधीरामपुर, हरदोई आदि इलाकों से बहती है। सिंधीरामपुर पर कार्तिक-पूर्णिमा और गंगा-दशहरा पर मेले लगते हैं। कानपुर जिले में पहुंचने पर गंगा में अलीगढ़ से निकली ईसन नदी महगावां में संगम करती है, तो बिलहौर से निकली नोन नदी बिठूर के पास गंगा से संगम करती है। यहां कार्तिक-पूर्णिमा के दिन मेला लगता है। पांड नामक नदी फर्रुखाबाद से निकलती है और फतेहपुर से तीन मील आगे गंगा में मिलती है। इसी तरह बिल्हौर में नई, शिवराजपुर में लौखा, कानपुर में भौनी, नखल में फगइया व भोनरी नदियां गंगा में अपना जल विसर्जित करती हैं।

बिल्हौर से चार मील दूर नानामऊ एक प्रसिद्ध स्थान है जिसके लिए एक कहावत मशहूर है - 'देशभर का मुर्दा और नानामऊ का घाट' ऐसा क्यों कहा गया है, यह अज्ञात है। उन्नाव में प्रवेश करने पर मरौंदा के निकट कल्याणी

मोक्षदायिनी गंगा

धारा गंगा में मिलती है। तट पर डौंडियाखेरा तथा बकसर प्रसिद्ध स्थान है जहां कार्तिक-पूर्णिमा का मेला लगता है। यहां से होकर गंगा रायबरेली आती है। इटौरा बुजुर्ग के जलविभाजक के दक्षिण से छोब नदी निकलती है, जो शहजादपुर में गंगा में मिलती है। लोनी नदी निकलती तो उन्नाव से है, किंतु यहां आकर डालामऊ में गंगा से संगम करती है। आगे फतेहपुर में जाने पर शिवराजपुर गंगातट पर स्थित प्रसिद्ध स्थान है। जहां कार्तिक-पूर्णिमा का मेला लगता है।

कानपुर, रायबरेली, श्रृंगवेरपुर (श्रृंगौर), फाफामऊ होकर गंगा इलाहाबाद पहुंचती है। श्रृंगवेश्कर में ही वनवास जाते समय राम ने गंगा पार की थी।

सामान्यत: इलाहाबाद में स्थित गंगा-यमुना-सरस्वती के मिलन स्थल (त्रिवेणी) को ही प्रयाग कहा जाता है और इसे तीर्थराज माना जाता है किंतु प्रयाग का शाब्दिक अभिप्राय उस स्थान से है, जहां गंगा का किसी नदी से संगम होता है। अब अवधारणा से भारतवर्ष में 14 अन्य प्रयाग भी बताये जाते हैं। जहां गंगा का किसी-न-किसी नदी से मिलन होता है और वह गंगा में मिलकर गंगास्वरूपा बन जाती है।

लखनऊ के पास नैमिषारण्य में पंच प्रयाग स्थित हैं। पंच प्रयाग में देव प्रयाग, रुद्र प्रयाग, कर्ण प्रयाग, नन्द प्रयाग एवं विष्णु प्रयाग के दर्शन होते हैं। देव प्रयाग में भागीरथी व अलकनंदा का, रुद्र प्रयाग में अलकनंदा व मंदाकिनी का, कर्ण प्रयाग में मंदाकिनी व पिंडरगंगा का, नन्द्रप्रयाग में अलकनंदा व मन्दाकिनी का तथा विष्णुप्रयाग में अलकनंदा व धौलीगंगा का संगम होता हैं

इनके अलावा केशव प्रयाग में अलकनंदा व सरस्वती, सूर्यप्रयाग में मंदाकिनी व अलस तरंगिनी, केदारप्रयाग में भागीरथी व केदारगंगा, इन्द्रप्रयाग (भास्कर प्रयाग) में भागीरथी व व्यासगंगा, गुप्तप्रयाग में भागीरथी व श्यामगंगा, गणेश प्रयाग में भागीरथी व मिलंगना तथा सोम प्रयाग में मंदाकिनी व सोन गंगा की धाराएं परस्पर मिलकर संगम करती हैं। साथ ही सम्मल स्थित वासुकी प्रयाग, क्षेमक प्रयाग, तारक प्रयाग एवं गंधर्व प्रयाग को भी महत्त्वपूर्ण माना गया है।

प्रयाग में गंगा और यमुना तथा गुप्त रूप से सरस्वती नदी का भी संगम होता है। गंगा-यमुना का पानी यहां अलग-अलग रंग में साफ दिखाई देता है। तीनों नदियों का यह संगम ही इसे त्रिवेणी नाम से जगप्रसिद्ध बनाता है। इसे विश्व में तीर्थराज प्रयाग पुकारते हैं, संगम के उत्तर तट पर झूंसी (प्रतिष्ठानपुर) है। यमुना पार कर महाप्रभु वल्लभाचार्य का अरैल स्थान है

जहां शिवरात्रि 12वें वर्ण पर होने वाले कुंभ के अवसर पर लाखों आस्थावान लोग संगम में स्नान कर पुण्य कमाते हैं।

यहां गंगा तट पर सिरसाचार, लच्छागिर आदि प्रसिद्ध स्थान हैं। प्रयाग में ही बैरगिया नाला गंगा में मिलता है। माना जाता है कि इसी को आधार बनाकर स्वर्गीय रायबहादुर श्री सीताराम ने अपनी प्रसिद्ध कविता 'बैरगिया नाला जुलुम जोर' लिखी थी।

प्रयाग में कई घाट रहे हैं जहां से आज भी गंगा पार की जा सकती हैं जैसे कि कुटवा, चक सराय दौलत अली, अकबरपुर, शाहजादपुर, कीहइनाम, संजैती, पट्टीनखर, कोराईउजहनी, उजहनी पट्टी कासिम, अमरपुर निरावन, दारागंज, अरैना, लवाइन, मर्नेया, डीहा, लकटहा, सिरसा, बिजेर, मदरा मुकुन्दपुर, पसीपुर, चौखटा और डींगरपुर में ऐसे घाट आज भी हैं।

प्रयाग से दक्षिण पूर्व को बहती हुई गंगा मिर्जापुर के लिए निकलती है। विंध्याचल, मिर्जापुर एवं चुनार गंगातट पर स्थित है। यहां गंगा के आने पर अनेक नाले भी गंगा में गिरते हैं। जिरगो नाला चुनार के पास गंगा से मिला है। यहां विंध्याचल, मुगलसराय, विलवा, दहवा, खजूरी, लिगड़, करनौटी आदि अन्य प्रमुख स्थान हैं। मिर्जापुर में गंगा तट पर 20 घाट हैं। गंगा के दाहिने तट पर आधा मील लंबी और एक मील चौड़ी पहाड़ी भगवान वामन का पहला चरण माना जाता है। गंगा नदी में मिलने वाली जरगो नदी गंगा तट को मनोहर बनाती है। विंध्याचल में रजवाड़ा स्टेशन से लगी तीन मील पर गोमती नदी गंगा में मिलती है। इसके बाद गंगा की धारा बनारस के लिए निकलती है।

मां विन्ध्याचारिनी के दर्शन कर चुनार (चरणाद्रि) का स्पर्श कर गंगा शूलटंकेश्वर में काशी में प्रवेश करती है। यहां पहुंचने पर गंगा उत्तरवाहिनी होकर चन्द्राकार हो जाती है। काशी को वाराणसी कहा जाता है, क्योंकि यह वरुणा और असी नदियों के संगम पर स्थित है। उत्तरी छोर पर वरुणा और दक्षिणी छोर पर शुष्क नदी असी का संगम होता है। नदी के किनारे सुंदर घाटों का दृश्य अत्यंत अनुपम दिखता है। ऐसा सौंदर्यपूर्ण दृश्य विश्व में अन्यत्र नहीं दिखता है। बेतावद गांव के पास सुमा नाला गंगा में मिलता है। गंगा पर ही रामनगर और काशी के प्रसिद्ध नगर बसे हैं। आगे जाकर गोमती नदी भी गंगा से संगम करती है। वरुणा और असी नदियों के संगम के बीच पंचगंगा घाट पर त्रिवेणी के साथ किटना और धूतपाया नदियां भी गंगा में मिलती हैं। कहते हैं कि कभी दशाश्वमेध घाट के पास गोदावरी नदी भी मिला करती थी और यहीं कहीं आसपास रुद्रसर भी था। आज मणिकर्णिका घाट पर एक अनूठा मणिकर्णिका कुंड है। माना जाता है कि

मोक्षदायिनी गंगा

इसी के आसपास ब्रह्मनाल या पितामहस्रोत गंगा नदी में गिरता था। काशी से विदा लेने से पहले गंगा और गोमती आलिंगन करती हैं और गंगा गाजीपुर में प्रवेश कर जाती है।

गाजीपुर को पहले गाधिपुर कहा जाता था। प्राचीन काल में यहां तक वाराणसी जनपद की सीमा हुआ करती थी। गाजीपुर में कई छोटी-बड़ी धाराएं गंगा में मिलती हैं, जो गाजीपुर को एक प्रसिद्ध नगर बनाती है। उत्तर प्रदेश को पीछे छोड़ बिहार में अपनी यात्रा आरंभ करने से पहले इन राज्यों की सीमा पर बलिया जिले में घाघरा नदी गंगा का स्वागत करती है। हालांकि घाघरा, गंगा का संगम स्थल परिस्थितिवश बदलता रहता है। बलिया में गंगा तट पर लगने वाले मेले के लिए प्रसिद्ध हैं। अब गंगा शाहाबाद जिले में प्रवेश करती है। यहां शाहाबाद के पास कर्मनाशा नदी का गंगा से संगम होता है। इसके बाद गंगा उत्तरप्रदेश छोड़कर उस स्थान से बिहार में प्रवेश करती है, जो कभी मगध राज्य का हिस्सा हुआ करता था।

6. बिहार में गंगा

संसार की अधिकतर सभ्यता नदियों के किनारे ही पली-फूली हैं। इसी तरह गंगा भी एक संपूर्ण सभ्यता, संस्कृति और इतिहास को समेटे है। उसने युगों से अनेक सत्ता-शासन देखा है। वह अनेक साम्राज्यों के उत्थान-पतन की मूक गवाह रही है। कहते हैं कि गंगा की धारा ने जैसे-जैसे दिशा बदली, इतिहास ने भी उसी के अनुसार करवट ली।

गंगा ने मौर्य, शुंग, कुषाण, गुप्त वंश का उत्थान और पतन देखा। जहां गंगा की धारा प्रत्यक्ष न पहुंची वहां उसके सिंचित जल ने वहां का इतिहास रचा। बिहार का चौसा हो या झारखंड का राजमहल अथवा मुगलों के पतन के उपरांत अंग्रेजों का उदय और भारत के स्वाधीनता आंदोलन की चिंगारी का शोला बनना। ये सब कालचक्र के साथ-साथ गंगा ने भी देखा।

गंगा के सहारे ही शेरशाह ने हुमायूं को गंगा (चौसा) के मैदान में पराजित कर दिल्ली तख्त की ओर कदम बढ़ाए। गंगा ने हिमालय से लेकर गंगासागर तक एक सफल जलमार्ग निर्मित किया था तो शेरशाह ने कलका (कोलकाता) से लेकर पेशावर (अब पाकिस्तान में) तक समग्र भारत को जोड़ता एक भूमार्ग निर्मित किया था। यह शेरशाह सूरी मार्ग ही बाद में जीटी रोड के नाम से विख्यात हुआ।

कहते हैं कि पहले भारतीय सत्ता की धुरी गंगा किनारे पाटलिपुत्र यानी मगध में हुआ करती थी, क्योंकि इन्हीं तटवर्ती क्षेत्रों में नगरीय सभ्यता ने विकसित रूप लिया था। गंगा ही मगध और वैशाली के बीच विभाजन रेखा थी किंतु कालान्तर में मुगलों और अंग्रेजों के सत्ता का केंद्र गंगा की बजाय यमुना बनी। इसी प्रयास ने सभ्यता को परस्पर गंगा और यमुना से जोड़ा, जो गंगा-यमुनी संस्कृति कहलाने लगी।

गंगाजल का प्रवाह ऐसी ही अनेक ऐतिहासिक घटनाओं का साक्षी रहा है, जिसे गंगा ने ही गति और दिशा प्रदान की। चक्रवर्ती सम्राट अशोक की पुत्री संघमित्रा रानीघाट में ही गंगा की लहरों में पावन स्नान कर भिक्षुणी

बनी। पिता की प्रेरणा से उसने सिंहल द्वीप जाकर बौद्ध धर्म का प्रचार किया।

महात्मा बुद्ध ने पाटलिग्राम से वैशाली प्रस्थान करते समय गाय घाट (गौतम घाट) से ही गंगा को पार किया था। गुप्तकाल तक गायघाट मौसम तीर्थ कहलाता था और जिस मार्ग से बुद्ध गए थे वह मौसम द्वारा गंगा की लहरों ने भी जैनियों के 24वें तीर्थंकर भगवान महावीर के उपदेशों को ग्रहण किया था। पाटलिपुत्र में ही सिखों के 10वें गुरु गोविंद सिंह ने जन्म लिया था।

बुद्ध के समय में पटना एक छोटा-सा पाटलि गांव था। लगभग 480 ई.पू. में गंगा पार स्थित वाज्जेसंघ की राजधानी पर अधिकार के उद्देश्य से अजातशत्रु ने पाटलि में दुर्ग बनाया और पाटलिपुत्र की स्थापना की, जिसकी योजना अजातशत्रु के महामंत्री वास्सकार ने की थी। इस सर्वश्रेष्ठ नगर की प्रशंसा स्वयं बुद्ध ने की, जिसके 64 द्वार थे। पांचवीं शताब्दी में आए चीनी यात्री फाहियान को भी नगर के वैभव ने चकित किया था लेकिन सम्राट हर्षवर्धन के समय देश की सत्ता का केंद्र पाटलिपुत्र से बाहर स्थानांतरित हुआ तो वैभवशाली पाटलिपुत्र वीरान होता चला गया, किंतु गंगा की धारा अविरल ही बहती रही।

सब जानते हैं कि गंगा पवित्र है, पापनाशिनी है। तन ही नहीं मन का मैल भी धो डालती है। युगों से यही प्रचलित है कि पवित्र गंगा में निर्मल मन से डुबकी लगाओ तो सारे पापों को गंगा अपने आंचल में बहाकर ले जाती है लेकिन धर्म पाप से बचकर रहने की शिक्षा देता है, चाहे वह मानसिक हो या शारीरिक। गंगा में पावन करने का आश्चर्यजनक गुण है, लेकिन गंगा को मैली करना सबसे बड़ा अधर्म और पापकर्म है।

कहते हैं 'मन चंगा, तो कठौती में गंगा' लेकिन मन की निर्मलता के संग-संग कर्मों की निर्मलता भी जरूरी है। अन्यथा गंगा मैली होती ही रहेगी और हम कुछ नहीं कर पाएंगे। गंगाजल की कुछ बूंदें गंदले पोखर या तालाब में डालकर उसे पवित्र करने का विचार सर्वोत्तम है, किंतु गंगा तभी पावन रहेगी, जब जन-जन उसे गंदा न करें।

अपने उद्गम स्थल से लेकर गंगासागर में समाने तक यह 2525 किमी. का सफर तय करती है। यह भारत की मुख्य नदी है, जिसका सर्वाधिक धार्मिक महत्त्व है। बिहार में इसका प्रवाह मार्ग सबसे लंबा है जो लगभग 400 किमी तक रहता है। गंगा की धारा जिस स्थान पर बिहार की धरती का स्पर्श करती है, उस स्थान से आगे उत्तर प्रदेश के बलिया जिले के बीच उसकी धारा 72 किमी लंबी सीमा रेखा बनाती है। उसके बाद और इससे आगे यह बिहार के बीचोबीच मातृभाव की तरह अठखेलियां करती बहती है। इससे आगे गंगा की धारा झारखंड को स्पर्श करती है, लेकिन झारखंड

और पं. बंगाल के बीच 64 किमी. की सीमा बनकर बहती रहती है। गंगा बिहार प्रदेश में बहने वाली सबसे लंबी नदी है और महानंदा (पूर्णिया) को छोड़कर बिहार की सभी नदियों का जल इसमें मिलता है। यद्यपि महानदी बिहार की सीमा के बाहर जाकर गंगा में समाती है।

बिहार में प्रवेश के बाद गंगा कुछ दूरी तक प्रवाहित होती है और बक्सर पहुंचती है, जिसे रामायण में विश्वामित्र का सिद्धाश्रम कहा गया है। यहां से आगे जाने पर सोनपुर में दक्षिण से आती सोन नदी से मिलती है। इसे हरिहर क्षेत्र भी कहते हैं। यहां विशाल मेला लगता है। सोनपुर अपने सबसे बड़े पुल और सबसे बड़े रेलवे प्लेटफार्म के कारण जगप्रसिद्ध है। गंगा-सोन का यह संगम सोनभद्र-भोजपुर जिले के गुडी ग्राम और पटना जिले के जिवराखन टोला (मनेर) के पास होता है। बिहार में दानापुर गंगा के दाहिने तट पर दीघा है। जिसके सामने और गंगा के बायें किनारे पर दिघवारा स्थित है, जिसे पहले दीर्घवाह या दीर्घ द्वार कहा जाता था। भौगोलिक दृष्टि से बिहार का लगभग संपूर्ण भूभाग गंगाधारी की गोद में स्थित है। गंगा प्राचीनकाल से यह सदानीरा धारा बिहार को उत्तर व दक्षिण बिहार में विभक्त करती है, लेकिन यहां तक पहुंचने तक इसकी जलधारा यमुना के साथ-साथ चंबल, बेतवा, केना शिप्रा, बनास, टोंस, गांपथ, रिहंद, कनहर, उत्तर कोयला सोन आदि अन्य पर्वतीय नदियों से प्रचुर हो जाती है। साथ ही समस्त प्राकृतिक तत्त्वों का मिश्रण गंगा की धारा को अनमोल संजीवनी शक्ति संपन्न बनाती है।

रांची, पूर्वी और पश्चिमी सिंहभूम जिलों को छोड़कर बिहार के सभी तथा झारखंड के अधिकतर जिलों की नदियों का जल गंगा में ही प्रवाहित होता है। जैसे उत्तर बिहार गंडकी, वाया, बागमती, कमला, बलान, धेमुरा, जीवछ, बूढ़ी गंडक, तिलयुगा, पनार, कोसी, महानंदा, केकई एवं उत्तर प्रदेश में सरयू कहलाने वाली घाघरा नदियां गंगा में समाती हैं। तो दक्षिण बिहार में बहने वाली सोन, काव, कर्मनाशा, मोहरहर, कोसी, पुनपुना फल्गु, सकरी, पंचाने, हरोहर, मान, बदुआ, किउल, चानन, भोन कोआ तथा गेडुआ आदि नदियां भी गंगा की धारा में मिलकर उसे जलसंपन्न बनाती है।

दक्षिण बिहार अर्थात् मगहीक्षेत्र तथा झारखंड की लगभग सभी छोटी –बड़ी नदियां गंगा के दाहिने तट पर जाकर मिलती हैं तो बायें तट पर कुर्सला (कटिहार-पूर्णिया) तक उत्तर बिहार के मिथलांचल की ओर से बागमती, कमला, कोसी आदि नदियां गंगा को गले लगाती हैं। साथ ही पश्चिम चंपारण की बूढ़ी गंडक भी गंगा से मिलती है। गंगा की बहती धारा वस्तुत: एक जलसूत्र के रूप में बिहार की विविध भाषाओं एवं बोलियों में एकता स्थापित करने का प्रयास करती रही है। हर भाषा को मानकों की

मोक्षदायिनी गंगा

भांति सूत्र में पिरोती चलती है।

जबकि उत्तर की ओर बहने वाली गंगा बक्सर से नौ किलोमीटर दूर रोहतास जिले के चौव गांव में प्रवेश करती है। गंगा के संगम के पूर्व भाग में कर्मनाश स्थित है, जहां के जलौध से गंगा उत्तर-पूर्व दिशा की ओर से ईशानकोणीय बनकर बक्सर आती है।

इसके बाद गंगा भोजपुर जिले से आगे पटना जिले की उत्तरी सीमा में पहुंचती है, तो 72 किलोमीटर बाद उसकी गोद में सोन नद आकर गिरता है। पटना में मनेर के पूर्व में गंगा आगे बढ़कर एक विशाल दियारा-क्षेत्र बनाकर दानापुर पहुंचती है, जिसके उत्तरी भाग में सोन की प्राचीन धारा प्रवाहित होती है तो दानापुर के पूर्व में, गंगा के दाहिने तट पर दीघा है, जहां सोन का प्राचीन संगम स्थल हुआ करता था, जो आज दीघा से 24 किलोमीटर पश्चिम में खिसक गया है।

पटना के उत्तर दिशा में, गंगा एक कोने से दूसरे कोने तक अत्यंत विस्तार से बहती है। नदी जब पटना के सामने गंडक (नेपाल में नारायणी) नदी की अथाह जलराशि को आंचल में समेटकर पूर्व दिशा में बहती है, तो गंडक की एक दूसरी धारा फतुहा गंगा के बायें भाग में आकर मिलती है, जो दक्षिण दिशा से पुनपुन गंगा के दाहिने पिछले हिस्से में संगम करती है।

गंगा की पूर्व-दक्षिण यानी अग्निकोण दिशा में बढ़ने पर दाहिने किनारे पर मोकामा की झील है, जहां दक्षिण बिहार की फल्गु, घाघर, टाटी, रतैया, नाटा, सोम आदि छोटी नदियां आकर मिलती हैं। यह झील वर्षा ऋतु में विकसित होकर मोकामा से मुंगेर जिले तक समुद्र की तरह फैल जाती है। अन्य क्षेत्रों से आया वर्षा का जल झील के वृहद जल से मिलकर हरोहर नदी बनाता है और मुंगेर में ही सूर्यगढ़ा के समीप किंडल नदी से मिलता है और गंगा में समा जाता है।

किंतु अब मुंगेर में गंगा की धारा प्राचीन धारा केवल बरसाती दिनों में जीवंत दिखती है। जो कभी हाथीदह के बाद दक्षिण-पूर्व में बड़हिया तक बहा करती है और आगे खुटहा, गंगासागर, मालपुर, रजौना गांव तक निरंतर चली आती है। गंगा की नई धारा भी नया मार्ग पकड़कर सूर्यगढ़ा तक आती है। साथ ही आती है मार्ग में पड़ने वाले मुंगेर, हजारीबाग और गया जिले की पहाड़ियों की भारी जलमात्रा एवं उपजअपन जो मुंगेर के किले के पास पहुंचता है। मार्ग में ही गंगा दूध पनिया नदी से उत्पन्न डकरानाला को भी पनाह देती है जो धरहरा और सूर्यगढ़ा भूभाग को विभाजित करता है तथा मुंगेर के पश्चिमी भाग से गंगा में समाता है।

इतिहास बताता है कि मुंगेर कभी प्राचीन चंपा राज्य की सीमा में पड़ा करता था। बुद्ध काल में चंपा राज्य अंडा देश कहलाता था। यहीं से

गंगा का प्रवाह दक्षिण-पूर्व की ओर होता है, तो बायीं ओर से बूढ़ी गंडक स्थानीय जमुआरी और बागमती नदियों की जलराशि लिये गंगा की धारा को समृद्ध करता है। यहां गंगा के दाहिने ओर मुंगेर का वह पहाड़ी भाग है, जो पीर पहाड़ी के नाम से विख्यात है।

मान नदी का जल अपनी धारा में समेटे गंगा भागलपुर के लिए निकलती है और चंपानगर तक दो धाराओं में बंटकर पहुंचने से पहले पश्चिमी किनारे पर जमुलिया नदी का आलिंगन करती है। चंपानगर भागलपुर का ही पश्चिमी भाग है। माना जाता है कि कभी यहां बड़ुआ का संगम हुआ करता था, किंतु बाद में बड़ु और जमुलिया दोनों की धाराएं यहां मिलने लगीं।

प्राचीन समय में गंगा की उफनती धारा साबैर नामक गांव से सटकर बहती थी, जो भागलपुर के पूर्वी ओर गंगा के दाहिने किनारे पर स्थित है। यद्यपि बाढ़ में आज भी गंगा का पानी मरगंगा घाट तक पहुंच जाता है, लेकिन गंगा की मूलधारा प्राचीन मार्ग से काफी सिकुड़ गई है।

साबौर के पूर्व में कभी चानन नदी और गंगा का मिलन होता था, लेकिन अब यह काफी दूर से आकर घोघा नामक स्थान से गंगा को गले लगाती है, तो उत्तर-पूर्व में बहने पर गंडुआ और भेना नदियों से गंगा का मिलन होता है।

प्राचीन भारत खासकर बिहार में कभी विक्रमशिला विश्वविद्यालय शिक्षा का प्रकाश फैलता था जिसे गौड़ शासक धर्मपाल ने स्थापित किया था। देश-विदेश के ज्ञान पिपासु यहां शिक्षार्जन हेतु आते थे और साथ ही गंगा की अमृतधारा से पुण्य कमाते थे जो 31 किलोमीटर पश्चिम में बटेश्वरनाथ की पहाड़ी के बायीं ओर से प्रवाहित होती है, जिसकी उत्तर दिशा में गंगा की धारा बहती है, जो युगों से अपने निर्धारित मार्ग का अनुसरण कर रही है, किंतु युगों पहले बुद्धचल गांव में गंगा से कोसी नदी की नई धारा संगम करती है, जबकि प्राचीन काल में गंगा से संगम करने वाली इसकी प्राचीन धारा मरंगा धार कहलाती है। जिसे आज मर-गंगा-धार कहा जाता है अर्थात् गंगा की मरी हुई धारा भागलपुर की सीमा से बाहर निकलकर गंगा का अगला पड़ाव झारखंड है, किंतु वहां पहुंचने से पहले पूर्णिया जिले में मनिहारी के पास सउरा नदी और कोसी नदी की धारा ने स्वयं को कोसी से पृथक कर लिया था, किंतु आज भी गंगा में मिलने से पहले ये दोनों सखियां एक हो जाती हैं और झारखंड में पहुंचने से पहले गंगा की धारा को समृद्ध करती हैं।

झारखंड में गंगा

बिहार की भूमि से विदा लेकर जब गंगा की लहरें झारखंड में प्रवेश

करती हैं, तो साथ ही बिहार की कई लहरों की जलसंपदा भी उसकी धारा को समृद्ध करती चलती है किंतु झारखंड में नदियों की एक विचित्र भौगोलिक परिस्थिति नजर आती है। झारखंड में प्रवेश करते ही दायीं ओर साहबगंज गंगा का स्वागत करता है, जो विंध्याचल पर्वत श्रृंखला के उत्तर-पूर्वी विस्तार का अंतिम छोर है। प्रकृति ने जिसकी पर्वतीय भूमि का ढाल दक्षिण की ओर किया है और इसी भौगोलिक विषमता के कारण साहगंज की नदियां पास में बहती गंगा में सीधे नहीं मिल पाती हैं अपितु पहले दक्षिण की ओर प्रवाहित होती है और उसके बाद पूर्व की ओर मुड़ती हैं। किंतु उनका यह मिलन बंगाल की धरती पर होता है।

लेकिन गंगा इस मिलन से पहले ऋक्ष-पर्वत श्रृंखला के किनारे से दक्षिण की ओर बहती है। उसकी धारा झारखंड की सीमा से बहते हुए आगे बढ़ती है। इसी संकरे मार्ग को पुंग बंग तथा कामरूप जाने का गंगा द्वार कहते हुए आगे बढ़ती है। जिसके बायें भाग में बंगाल के मालदाह जिले की भौगोलिक सीमा का आरंभ होता है। आगे गंगा की धारा संथाल परगना के पूर्वी भाग से प्रवाहित होती है। यह बीहड़ पर्वतीय भाग 'दामिन-ई-कोह' कहलाता है। जिसके आगे जाने पर गंगा राजमहल के पूर्वी द्वार पर पहुंचती है और इससे लगभग 10 किमी. आगे उधवा नाला गांव डोमडाला पहाड़ी झील से उधवा नामक जलस्रोत भी गंगा में मिलता है। इस गांव के दक्षिण की ओर गंगा के दायीं ओर कई गांव इसके जल से पावन होते हैं। झारखंड का बर गांव गंगा का आखिरी पड़ाव है किंतु यहां दमाऊ-राजमहल के पर्वतीय वनक्षेत्र में से 380 मीटर ऊंचाई से निकलने वाली गुमानी नदी आगे बढ़ती है। और 126.40 किमी का रास्ता तय कर पश्चिम बंगाल में गंगा से मिलती है, किंतु झारखंड की भूमि से विदा लेते ही गंगा दो धाराओं में बंट जाती है और आगे का सफर तय करती है।

झारखंड से आगे की यात्रा बंगाल में जारी रहती है। बंगभूमि में प्रवेश से पहले गंगा, पाटलिपुत्र-पटना का वैभव देखकर उत्तरवाहिनी बनकर बाढ़ तथा मुंगेर आती है। बूढ़ी गंडक से संगम करती है, जो पटना के सम्मुख नेपाल से निकलती है। सुल्तानगंज में गंगा में एक अनूठा द्वीप नजर आता है जिस पर अजगैबीपाथ मंदिर है। कुरसेना के पास गंगा-कोसी से मिलती है और राजमहल की पहाड़ियों के किनारे से बहती बस्ती प्राचीन गौड़ नगर का स्पर्श करती हुई पूर्वमुखी हो जाती है। विक्रमशिला (भागलपुर; बटेश्वर) से बहते हुए गंगा की धारा बंगभूमि की सीमा में आ जाती है।

किंतु झारखंड में राजमहल से 20 मील पहले ही गंगा की धारा दो भागों में विभक्त होकर अलग-अलग मार्गों पर प्रवाहित होने लगती है,

जो 'पद्मा' और 'भागीरथी' कहलाती है। पद्मा को मूल धारा कहा जा सकता है। यह पावना होकर गोआलंद पहुंचती है। गोआलंद के पास इसमें ब्रह्मपुत्र की यमुना नामक धारा मिलती है, जिसे ब्रह्मपुत्र के साथ मिलने पर मेघना कहा जाता है, जो बंगलादेश में नोआखाली के निकट सागर में गिरती है। इसे भूगोल ग्रंथों में गंगा कहा गया है।

जबकि पद्मा से अलग हुई गंगा की दूसरी धारा भागीरथी मुर्शिदाबाद, बहरामपुर, नदिया कालना, हुगली, चंदनगर होते हुए पश्चिम-दक्षिण की ओर बढ़ती है। हुगली में द्वारका, अजय, दामोदर, रूपनारायण और हल्दी गंगा में मिलती है। गंगा यहां हुगली के नाम से जानी जाती है और नवद्वीप, मायापुर और शांतिपुर होते हुए कोलकाता में प्रवेश करती है। विसर्जन के लिए गंगासागर की ओर बढ़ती हुगली नामिन गंगा आगे तीन धाराओं में बंट जाती है। कोलकाता से आगे गंगा के नन्दीग्राम से होकर कालद्वीप पड़ता है। गंगा गंगासागर द्वीप से होकर गंगासागर में विलीन हो जाती है किंतु विसर्जन से पहले गंगा पुन: नौ मुख्य धाराओं में बंटती है और गंगा (मेघना), ब्रह्मपुत्र, हरिणघट, पुष्कर, मुर्जाटा (कागा), बडपुंग, मलिंजु, रामंगा (यमुना) तथा हुगली रूप के साथ असंख्य छोटी-छोटी धाराओं के रूप में सागर में विलीन हो जाती है। झारखंड छोटा नागपुर क्षेत्र की दामोदर, स्वर्णरेखा, शंख व दक्षिण कोयल नदियों तथा संथला परगना क्षेत्र की मयूराक्षी एवं अजय नदियों में से केवल दामोदर, मयूराक्षी और अजय नदियां ही गंगा में मिलती है, लेकिन बिहार के झारखंड के बाहर जाकर उनका यह मिलन होता है।

मयूराक्षी नदी कुल 150 मील का सफर तय कर पश्चिम बंगाल में आ कर गंगा यानी भागीरथी के बायें भाग में मिलती है, जहां गंगा को भागीरथी के नाम से जाना जाता है। यह नदी लगभग 60 मील तक संथाल परगना में ही प्रवाहित होती है और फिर उससे आगे जाकर बाकी का सफर तय करती है। भागीरथी में मिलन करते हुए यह ब्राह्मणी नदी की धारा को भी संग लेकर उत्तरी भागीरथी में संगम करती है, इसी तरह अजय नदी भी संथाल परगना में पहले 77 मील तक बहती है। तत्पश्चात पश्चिम बंगाल के वीरभूम जिले में भागीरथी के दाहिने तट पर जाकर उसमें मिलती है।

पश्चिम बंगाल में गंगा

राष्ट्रीय नदी गंगा का अंतिम पड़ाव गंगासागर यानी सुंदरवन में है। यहां पहुंचकर गंगा अपनी यात्रा को पूर्ण कर विसर्जित हो जाती है। सुंदरवन को पहले गंगासागर कहा जाता था, क्योंकि इसी स्थान पर गंगा पर्वतों से

मोक्षदायिनी गंगा

उतरकर मैदानों को लांघकर सागर में संगम करती है। सुक्खन गंगा और ब्रह्मपुत्र नदियों का पठारी भाग है, जिसकी मिट्टी लवणयुक्त है। बंगाल की खाड़ी के तट पर स्थित होने के कारण यहां आकर्षक जैव विविधता के दर्शन होते हैं। यह प्राकृतिक धरोहर गंगा की ही देन है। यह विश्व का सबसे बड़ा डेल्टा है। गंगा कोलकाता और हावड़ा होते हुए सुंदरवन के भारतीय भूभाग अर्थात् दक्षिण पूर्वी सुंदरवन वाले सागर में संगम करती है, जो इसे 350 किमी. चौड़ा डेल्टा बनाती है।

गंगा सागर में विसर्जन से पहले वह पश्चिम बंगाल की यात्रा करती है। किंतु इससे भी पहले वह झारखंड में राजमहल की पहाड़ियों के किनारे-किनारे बहती है। प्राचीन गौड़ नगर को स्पर्श करते हुए पूर्व की ओर बहती है।

झारखंड की सीमा से निकलने से पूर्व गंगा राजमहल से लगभग 20 मील पहले ही दो धाराओं में बंट जाती है। एक धारा बंगलादेश की सीमा से 80 मील दूर भागीरथी की अलग-थलग बहती है, जो मुर्शिदाबाद, बहरामपुर, नदिया, कालना, हुगली, चंदन नगर से नवद्वीप, मायापुर, शांतिपुर और कलकत्ता से होकर बहती हई पश्चिम-दक्षिण दिशा से होकर बंगाल की खाड़ी में गिरती है। हुगली में द्वारका, अजय, दामोदर रूपनारायण और हल्दी धारण गंगा में मिलती है। यह धारा हुगली नदी के नाम से प. बंगाल में प्रवाहित होती है। स्थानीय गंगाभक्त इसे आज भी भागीरथी या गंगा पुकारते हैं। यह धारा फ्रांसीसी उपनिवेश रहे चंदननगर से गुजरती रही, किंतु इसी धारा के राह बदलने से यह भूभाग उपेक्षित, सुखाग्रस्त, कहीं हरित एवं सीड़नभरा हो गया। जबकि अपने फूटने के स्थान से आगे दूसरी धारा पद्मा कहलाती है। जो पाबना से होकर गोआलंद पहुंचती है। यहां पद्मा में ब्रह्मपुत्र से निकली शाखा जमुना (यमुना) नदी मिलती है। यह धारा ब्रह्मपुत्र के साथ मिलने पर मेघना कहलाती है। ये धाराएं परस्पर मिलने पर नोआखाली के निकट बंगाल की खाड़ी में गिरती हैं। ग्रंथों में इसे ही गंगा कहा गया है, इसलिए इसे ही गंगा की मूल धारा माना जाता है। गंगा और उसकी सहायक नदियां 28,080 वर्ग मील क्षेत्रफल वाले इस त्रिकोणात्मक (मुखभूमि) डेल्टा का निर्माण करती है, जो नदियों द्वारा बहाकर लाई गई नवीन जलोढ़ मिट्टी से निर्मित निम्न एवं समतल मैदान है। इसे गंगा-सागर-संगम भी कहते हैं। जो गंगा के सौ से अधिक मुहानों में से एक सागरद्वीप के निकट स्थित है।

सुंदरवन एक विकासशील डेल्टा कहा जाता है, जो निरंतर सागर की ओर फैलता जा रहा है। इसका ढाल बहुत ही कम है, इसलिए गंगा की धाराएं यहां बहुत ही धीमी गति से प्रवाहित होती हैं और उनके द्वारा लाई गई मिट्टी से डेल्टा का विस्तार होता रहता है। 350 किमी. चौड़े सुंदरवन डेल्टा में प्रवाहित होने वाली इन दो धाराओं- हुगली और ब्रह्मपुत्र के बीच

गंगा के उद्गम स्थल की तरह ही नौ भिन्न-भिन्न धाराएं-उपधाराएं बहने लगती है। ये धाराएं हैं-मेघना (गंगा), ब्रह्मपुत्र, हरिणहाट, पुष्कर, मुर्जांटा (कागा), बडपुंग, मलिंजु, राममंगल (यमुना) एवं हुगली जो अपने इन्हीं नामों से अलग-अलग स्थान पर सागर में गिरती है। गंगा के द्वारा लाई तलछट सागर को धूसर बना देती है।

सुंदरवन का डेल्टा पिछले 1000 से अधिक वर्षों में बना है। यह गंगा और उसकी इन्हीं सहायक नदियों द्वारा बहाकर लाई गई नवीन जलोढ़ मिट्टी से बना निम्न समतल मैदान है। इस उर्वर मिट्टी ने ही यहां विविधता से भरपूर वनस्पतियों एवं जीव-जगत को संरक्षण दिया है। डेल्टा क्षेत्र में भूमि ढाल अत्यंत कम है, इसलिए यहां गंगा का प्रवाह भी धीमा है और उसके द्वारा लाई गई मिट्टी नदी के मुहाने पर जमा होकर डेल्टा को निरंतर आगे बढ़ाती है। नदी की धाराएं नई उपधाराओं में बंट जाती हैं। इसलिए यह डेल्टा प्रगतिशील डेल्टा कहा जाता है, जो धीरे-धीरे सागर की ओर बढ़ रहा है। भूविज्ञान के अनुसार पहले कोलकाता सागर तट पर ही स्थित था। समुद्र का फैलाव राजमहल और सिलहट तक था, किंतु डेल्टा के निरन्तर बढ़ने से आज यह तटवर्ती भाग से 24-32 किमी. (15-20 मील) दूर हो गया है। डेल्टा का ढाल उत्तर से दक्षिण की ओर है, इसलिए वक्र गति से बहने वाली अधिकांश उपनदियां उत्तर से दक्षिण की ओर प्रवाहित होती है और दक्षिणी भाग में अनेक धनुषाकार झीलों का निर्माण करतीं हैं। इन नदियों को प्राय: ज्वारीय नदियां कहते हैं, जिनमें ज्वार का पानी आने से ये लबालब भर जाती हैं। खारे पानी के कारण ही सुदूरवर्ती दक्षिणी भाग में मैंग्रोव प्रजाति के वृक्षों का वनक्षेत्र है, जो प्राय: दलदली एवं क्षारीय भूमि में पनपते हैं। तो सुंदरवन के कटका अभ्यारण्य में सुंदरी, केवड़ा, देवा, आमलोपी, गोरान एवं तर्मजा वृक्षों की अधिकता है। उल्लेखनीय है कि सुंदरी वृक्षों की अधिकता के कारण इस क्षेत्र का नाम सुंदरवन पड़ा।

अपने सफर में गंगा की धारा किसी नारी की भांति प्रदेश-दर-प्रदेश रूप बदलती है। गोमुख से लेकर गंगासागर में गिरने तक गंगा एक नटखट बालिका के बचपन से लेकर मातृत्व तक का रूप दर्शाती है। अपने पिता हिमालय की गोद में वह किसी नटखट बालिका की तरह कल्लोल करती दिखती है और ऋषिकेश एवं हरिद्वार तक वह बचपन एक अल्हड़ यौवन में बदलता नजर आता है, जो बिहार तक पहुंचते-पहुंचते गंभीर मातृत्व का दर्शन कराती है। इससे आगे उनकी आयु किसी महिला की भांति बढ़ती जाती है। धारा में मंथरता आने लगती है और वह किसी कांपती एवं डगमगाती वृद्ध की भांति गंगासागर तक पहुंचती है। तत्पश्चात् विभिन्न धाराओं में जीवन का त्याग कर अपना जीवन सफल बनाती है।

7. गंगा : तेरे कितने नाम

भारत की सर्वाधिक पवित्र, पुण्य सलिला नदी गंगा को शास्त्रों में कई नामों से पुकारा गया है। गंगा शिव के जटाजूट से एक पतली धारा के रूप में निकली और राजा भगीरथ के रथ का अनुगमन करते हुए गंगासागर तक पहुंची। इस सफर में गंगा अनेक स्थानों से होकर गुजरी, अनेक घटनाएं घटित हुईं, अनेक प्रसंगों की उत्पत्ति हुई। गंगा की उत्पत्ति, उद्भव, अवतरण के कारणों के कारण गंगा को अलग-अलग नाम, शीर्षक उपमाएं, संज्ञाएं मिलीं। पुराणों के आधार पर गंगा के 15 लोकप्रिय नाम बताए गए हैं किंतु गंगा से जुड़े प्रसंगों के आधार पर इसके सैकड़ों-हजारों नाम सिद्ध होते हैं। विष्णुपदी, जाह्नवी, भागीरथी, त्रिपथगा, सुरनिम्रगा, त्रिस्त्रोता, स्वरापगा, सुरापगा, अलकनंदा, मंदाकिनी, सुरनदी, भूगंगा, पातलंगात, भीष्मसू, ब्रह्मनदी, जटाशंकरी, सुरधुनि, त्रिवेणी, अलसतरंगिनी, त्रिदशदीर्घिका, सरिद्वरा, सिद्धगा, खगा, कुटिला, त्रिवेणी आदि कुछ लोकप्रिय नाम हैं।

उद्गम स्थल से विसर्जन स्थल तक गंगा अनेक नदियों एवं तालों के जल को आत्मसात् करती है। कई नदियों के नामों में गंगा का समावेश है, जो गंगा की धारा में आ मिलती है, जैसे भागीरथी गंगा, केदारगंगा, कवन गंगा (भ्यूंडार गंगा), पाताल गंगा, गरुड़ गंगा, विरही गंगा, अमृत गंगा, पिंडर (कर्ण गंगा) नदी, राम गंगा, जटा गंगा, नील गंगा, कुनाली गंगा, ऋषि गंगा, धौली गंगा (नयागंगा), विष्णुगंगा, काली गंगा (वासुकी गंगा) दूधगंगा, व्यास गंगा, बूढ़ गंगा, भविष्य गंगा, बांका गंगा, श्याम गंगा, कांचन गंगा (यमुना), सोमगंगा, मंदनीगंगा, हेम गंगा, विरही पिंडर गंगा (कुफना), पद्मा गंगा आदि। देश के अन्य भागों में भी भविष्य गंगा, धौम्य गंगा, शिवगंगा, हनुमान गंगा, गौतगी गंगा, विरही गंगा आदि किरी न किरी प्रयोजन से गंगा संबंधित है। पौराणिक स्रोतों में गंगा के नामकरण के सम्बन्ध में अनेक ऐतिहासिक संदर्भ मिलते हैं।

स्वर्ण सोपान पंक्तिम्

गंगा केवल नदी नहीं है और वह धरा की नदी न होकर स्वर्ग से उतरी है। स्वर्ग की यह नदी सागर वंश के अनेक शूरवीरों के अथक परिश्रम से धरती पर आई और उनके अनुरोध पर पाताल में जाकर उन्हें पापमुक्त किया। इसी संदर्भ में गंगा को स्वर्ग सोपान पंक्तिम् कहा गया। गंगा का पावन नाम जुड़ने से ही हमारी सभी जलधाराएं गंगा तुल्य बन गई हैं।

सप्तगंगा

वाल्मीकि रामायण में ऋषि विश्वामित्र ने राम-लक्ष्मण को यह कथा सुनाई थी कि गंगा शिव की जटा पर कैसे उतरी? भगवान शिव ने गंगा को अपने जटाजूट में समाने के उपरांत जब अपनी एक जटा खोली तो शिव ने अपनी जटाशाखा खोलकर भूमि पर छोड़ा। वह धारा बिंदू सरोवर में गिरते ही सात उपधाराओं में बंट गई, जो अलग-अलग दिशाओं में बह चली। इनमें से ह्लादिनी (या आह्लादिनी), पावनी और नलिनी पूर्व की ओर बही, वंक्षु (या सुचक्षु) सीता और सिंधु धाराएं पश्चिम की ओर। सातवीं धारा भगीरथ के पीछे-पीछे चल पड़ी, जो इसी कारणवश भागीरथी कहलाई। ब्रह्मपुराण, वायुपुराण एवं मत्स्य पुराण में इनका विवरण मिलता है।

नलिनी पूर्व की ओर बहते हुए तोमर, हंसमार्ग, हैहय, कर्णप्रावरण, अश्वमुख, सिकता पर्वत, विद्याधर, नागमंडल से होकर समुद्र में गिरती है।

वाल्मीकि रामायण में ह्लादिनी को दूरपारा भी कहा गया है। केकय देश से अयोध्या लौटते समय भरत ने इसे पार किया था। सिंधु को इंडस कहा जाता है। भागवत के पांचवें स्कन्ध के अनुसार मेरू पर्वत पर गिरने के पश्चात आकाशगंगा की सीता धारा भद्राश्व वर्ष (चीन) की गंगा कही गई है। इसके संबंध में लिखा गया है:

''सीता तु ब्रह्मसदनात् केशवाचलादि गिराशिखरेम्योडधोडध: प्रसवन्ती गन्धमादनमूर्ढसु पतित्त्वादन्तरेण भ्रदाश्वं वर्ष प्राच्यां दिशि क्षारसमुद्र अभिप्रविशति।'

जबकि 'शब्दमाला' में सीता धारा के विषय में कहा गया है:

गड्गयान्तु भद्रसोमा महाभद्राथ पाटला।

तस्या स्त्रोतासि सीता च वड्;क्षुर्मदा च कीर्तिता।।

तद्भेदेडलकनन्दापि शारिणी त्वल्पनिम्नगा।।

ऋग्वेद में भी सात गंगा रूपी नदियों का उल्लेख मिलता है, जो परुष्णी, आसिकनी, मरुद्वृधा, वितस्ता, अर्जीकया एवं सुबोमा। धार्मिक एवं तीर्थ की

मोक्षदायिनी गंगा

दृष्टि से भागीरथी, वृद्धगंगा, कालिन्दी, सरस्वती, कावेरी, नर्मदा एवं वेणी को सप्तगंगा कहा गया है।

जाह्नवी (जाह्ववी)

गंगा को यह नाम जाह्नवी ऋषि के कारण मिला। पुराण अनुसार जब राजा भागीरथ को धरती पर लाकर गंगासागर की ओर ले जा रहे थे, तब गंगा के जल में काफी हलचल एवं वेग था। मार्ग में जाह्ववी ऋषि का आश्रम था, जहां वह यज्ञ कर रहे थे। गंगा के वेग से ऋषि की साधना भंग हो गई, खेत नष्ट हो गये, उनकी यज्ञवाटिका नष्ट हो गई। इस विघ्न से ऋषि ने क्रोधित होकर गंगा को पी लिया। तब भगीरथ व अन्य देवताओं के प्रार्थना करने पर जाह्नवी ने अपनी जांघ के रास्ते गंगा को निकाला और इसी कारण से गंगा का नाम जाह्ववी पड़ गया। कालीदास ने उसे यह नाम दिया। इसे जह्नुसुता भी पुकारते हैं।

जाह्नववी के इतर उन्हें ऋषिकुल्या भी कहा गया है। क्योंकि जाह्नू ऋषि ने उन्हें अपने कान से उत्पन्न किया था। इसलिए उन्होंने गंगा को पुत्रीवत् माना और स्वीकार किया फलस्वरूप गंगा ऋषिकुल्या कहलाई।

भीष्म जननी- भीष्म की माता होने के कारण गंगा भीष्मजननी कही जाती है और गंगा पुत्र होने के कारण भीष्म गांगेय कहलाते है। भीष्म आठवें वसु थे, जिन्हें गंगा शेष सात वसुओं की भांति जब अपनी लहरों में बहाने लगी तो महाराज शांतनु ने उन्हें न केवल ऐसा करने से रोका और प्रश्न भी किया इसलिए गंगा अपने पुत्र को लेकर अपनी लहरों में समा गई और भीष्म के किशोर होने पर उन्हें शांतनु को सौंप दिया।

वसुमाता- वसु को धरती पर जन्म लेने का श्राप मिला था। उन्हें स्वर्ग में पुनः स्थापित करने के लिए गंगा ने अवतार लिया। महाराज शांतनु की रानी बनने के उपरांत उन्होंने भीष्म से पहले सात वसुओं को जन्म देकर उन्हें नवजात रूप में ही जल में बहाकर स्वर्ग भेज दिया, किंतु आठवें वसु स्वर्ग न जा सके। भविष्य में वह भरतवंश और हस्तिनापुर के संरक्षक बने।

देवताओं के गण वसु में, महाभारत के अनुसार आठ देवता माने गए – घर, ध्रुव, सोम, विष्णु, अनिल, अनल, प्रत्यूष और प्रभास। जबकि श्रीमद्भागवत् के अनुसार ये आठ वसु-द्रोण, प्राण, ध्रुव, अर्क, अग्नि, दोष, वसु एवं विभावसु है, जो दक्ष प्रजापति की पुत्री और धर्म की पत्नी वसु के गर्भ से ही जन्मे थे। भागवत् के अनुसार ऋषि वशिष्ठ की गाय

नंदिनी को चुराने पर इन्हें मनुष्य योनि में उत्पन्न होने का श्राप मिला, उनके अनुनय-विनय करने पर श्राप की अवधि एक वर्ष कर दी गई थी, किंतु द्यो नामक वसु ने अपनी पत्नी के बहकावे में आकर धेनु गाय का अपहरण किया था, इसलिए उन्हें लंबे समय तक मनुष्य योनि में रहने, स्त्री भोग परित्यागी, संतान उत्पन्न न करने का शाप मिला था। किंतु साथ ही विद्वान एवं वीर होने का गुण भी दिया था। यह आठवें वसु भीष्म थे। रामायण में वसुओं को अदिति का पुत्र बताया गया है।

हेमवती – वाल्मीकि रामायण के अनुसार गंगा हिमालय और मनोरमा पुत्री है, जिसने मैना के गर्भ से जन्म लिया था। इसी कारण वह हेमवती कहलाती है। देवी भागवत पुराण में कहा गया है:

'उमामिधानां पुरतो देवीं हैमवतीं शिवाम्।'

स्वर्गाः एक बार देवगणों ने किसी कारणवश गंगा का अपहरण कर लिया और स्वर्ग ले गए। वहां से गंगा को स्वर्गा नाम मिला। कृत्तिवास रामायण के अनुसार देवगणों ने शिव से विवाह कराने के लिये गंगा का अपहरण किया था। गंगा की माँ मैना ने जब गंगा को घर में न पाया तो क्रोधित हो गई।

जलमयी – गंगा को जलमयी भी कहा गया है, किंतु यह नाम उन्हें श्रापित होने के निमित्त दिया गया था। गंगा को उनकी मां ने जब घर में नहीं पाया तो क्रोधवश जलमयी होने का श्राप दिया था, जो उनका एक उपनाम बन गया।

स्वर्ग गंगा – भगीरथ की तपस्या के फलस्वरूप जब गंगा स्वर्ग से छूटकर शिव की जटाओं पर गिरी तो उसकी एक धारा स्वर्ग में ही रह गई और उसका नाम स्वर्ग गंगा पड़ा। पुराणों में इसे 'मंदाकिनी' भी कहा गया है।

गाम् गता – वराहपुराण के अध्याय 82 में गंगा को गाम् गता नाम से विवेचित किया गया है। गाम् गता का अभिप्राय स्वर्ग छोड़कर पृथ्वी को जाने वाली गंगा से है।

मंदाकिनी – स्वर्ग से उतरने के कारण ही इसे मंदाकिनी पुकारा गया। जो अलकनंदा के साथ मिलकर हरिद्वार में पथरीले मैदान में प्रवाहित होती है। कुछ पुराणों में स्वर्गगंगा को 'मंदाकिनी' कहा गया है।

अलकनन्दा – गंगा की तीसरी धारा अलकनंदा कहलाती है। वायुपुराण के अनुसार मेरु पर्वत पर गिरने पर गंगा की चार शाखाएं हो गई, जिन्हें अलकनंदा, सीता, चक्षु एवं भद्रा के नाम से जाना जाता है। कहीं-कहीं

उल्लेख मिलता है कि गंगा मंदाकिनी एवं अलकनंदा से मिलकर हरिद्वार के पास पथरीले मैदान में उतरती है।

सर्वापि- पुराणानुसार गंगा ब्रह्मांड से लेकर स्वर्ग तक व्याप्त है इसलिये सर्वापि। (सर्वव्यापी) कहलाती है। आकाश, पाताल और भूमिगंगा के अलावा गंगा नाम की हजारों नदियां व्याप्त हैं।

बाणगंगा- भीष्म पितामह जब महाभारत युद्धक्षेत्र में शरशय्या पर पड़े थे, तो उनकी प्यास बुझाने के लिए अर्जुन ने तीर मारकर पाताल से गंगा की धारा निकाली थी, जो 'बाणगंगा' कहलाती है।

विष्णुपदी- विष्णु के पदों (पैरों) से निकलने के कारण इसे विष्णुपदी कहा गया। राजा बलि से दान प्राप्त कर वामन ने त्रिविद्रम रूप धारण किया और दोनों लोकों को नाप डाला। उनका जो पैर आकाश नाप रहा था, उस पर जल चढ़ाकर ब्रह्मा ने उसका पूजन किया तो कमण्डल का जल विष्णु के चरण को पखारता हुआ शिव के जटाजूट पर जा गिरा। इस कारण गंगा विष्णुपदी कहलाई। यह कथा होयसल (मैसूर) की एक शिला में अंकित मिलती है।

त्रिपथगा- स्वर्ग से उतरने के पश्चात् गंगा ने आकाश सहित पृथ्वी एवं पाताल को भी पवित्र किया था। तीनों लोकों में गमन के कारण यह त्रिपथगा कहलाई। आकाश में आकाश-गंगा के अलावा पृथ्वी पर दूसरी तथा पाताल में गंगा की तीसरी धारा बहती है।

त्रिस्रोता- गंगा तीन धाराओं में प्रकट होकर तीनों लोकों में गई। इन्हीं तीन धाराओं के कारण यह त्रिस्रोता कही गई। पुराणों में स्वर्गगंगा को मंदाकिनी, भूगंगा को भागीरथी तथा पातालगंगा को भोगवती कहा गया है।

नुपूर गंगा- जब ब्रह्मा विष्णु के चरण धोने लगे तो उनके कमण्डल से निकला जल विष्णु के नुपूर पर गिरा तो उसकी एक बूंद शिव के जटाजूट पर गिरे बिना धरती पर गिरकर वहीं समा गयी। कहते हैं कि यह बूंद आज वृषभ पर्वत (अलगरमलाई) पर छोटी-सी धारा के रूप में बहती है।

सिद्धगा- सिद्धगा का तात्पर्य योग सिद्धि प्राप्तकर्ता से है।

क्षीरशुभ्रा- दूध जैसी धवल।

भीतिहति- भय दूर करने वाली।

कुटिला- कुटिला का आशय सरस्वती के समान वाली से है।

संसार विषनाशिनी- भौतिक जगत् का विष नाश करने वाली।

निरंगजना- वर्णहीन।

धर्मद्रको- वह नदी जिसका जल धर्ममय हो।

शुभांगी- सुन्दर अंगों वाली।

नागगंगा- आकाश से उतर कर नागलोक में जा पहुंची गंगा, नागगंगा कहलाती है, जहां उसके तल में नाग लोग वास करते हैं। महाबलीपुरम के सुप्रसिद्ध गंगावतरण शिला में यह प्रसंग दिखाया गया है।

गंगा की पवित्रता और माहात्म्य भारतवर्ष को प्रभावित करता है। देशभर में अनेक ऐसी झीलें, ताल-तलैया, बरोदर एवं जलधाराएं हैं, जो सीधे तौर पर गंगा से नहीं जुड़े हैं तथापि उनके नाम के साथ गंगा जुड़ा है। इसी तरह देश के कई तीर्थ स्थलों का नाम प्रयाग एवं काशी से संबंध है। यह गंगा और काशी का अद्भुत प्रभाव ही है, जो इन जल स्रोतों एवं स्थानों को पूजनीय, पवित्र और तीर्थ तुल्य बना देता है।

उत्तर भारत में कुल्लू (कांगड़ा) में धौम्लगंगा और व्यासगंगा का संगम चर्चित है। मुरादाबाद में सम्मत स्थित कबीरसराय के निकट भविष्यगंगा बहती है। बिहार में राजगृह में वैतरणी और बाणगंगा है। शिवपुरी (ग्वालियर) और बिलाड़ी (राजस्थान) में भी बाणगंगा नाम की धाराएं हैं। वैद्यनाथ धाम में श्रद्धालु शिवगंगा सरोवर से पुण्य कमाते हैं। महाभारत के युद्धक्षेत्र कुरुक्षेत्र (हरियाणा) में एक बाणगंगा है, जिसे तीरों की सेज पर पड़े पितामह की तृष्णा शांत करने के लिए अर्जुन ने तीर मारकर पाताल से प्रकट किया था। हिमालय की उपल्यका में वैतरणी और हनुमान गंगा के दर्शन होते हैं।

मैसूर की शिवगंगा, श्रीशैलम् पर मल्लिकार्जुन तीर्थ में पातालगंगा तथा तमिलनाडु के वेंकटाचलम् पर्वत पर आकाशगंगा है। ब्रह्मा के ब्रह्म कमंडल से निकली तीन धाराओं में एक है और धरती पर स्थित काशी उस आकाशगंगा के तट पर बसी काशी की ही छाया है। तीसरी धारा पातालगंगा है, जो नागलोक में प्रवाहित होती है। भगवान वामन के चरण प्रक्षालन हेतु जब ब्रह्म ने कमंडल से जल गिराया तो वह जलधार वामन के नुपुर से टकराकर नीचे गिरा, जिससे एक पतली धारा विष्णु की जटा से निकली और वृषभ पर्वत (अलगार मलाई) में प्रकट हुई, जो नुपुर गंगा कहलाई। देश ही नहीं विदेशों में भी गंगा की चमत्कारी प्रसिद्धि है, इसलिए हिन्द महासागर स्थित मॉरीशस देश में स्थित एक सरोवर का नाम शिवगंगा सरोवर है।

मूलरूप से सप्तगंगा के अंतर्गत भागीरथी, कालिन्दी (यमुना),सरस्वती, कावेरी, नर्मदा, वेणी तथा वृद्ध गंगा नदियां सप्त गंगा कही जाती है।

अल्मोड़ा के दक्षिण पूर्व की ओर 36 किमी. दूर जोगेश्वर धाम की पर्वतमालाओं को शिव जटाएं माना जाता है। जिसे जटागंगा नदी निकलकर सरयू नदी में मिलती है। इसी तरह नन्दाकोट पर्वत के दक्षिण पूर्व में नाभिक हिमनद से पूर्वी रामगंगा निकलती है और रामेश्वर में सरयू में समाहित होती है। इसका उद्गम स्थान गौमुख की प्रतिकृति स्वरूप है।

प्रयाग और काशी का माहात्म्य भी अद्भुत है, जिनका नाम लेने मात्र से ही प्राणी पाप मुक्त होकर मोक्ष का पात्र बन जाता है। लखनऊ के नैमिषारण्य में काशी के नहीं, प्रयाग और गंगोत्री के दर्शन भी होते हैं। राजस्थान में भी नारनौल स्टेशन के पास रामनाथ काशी है। उत्तर भारत की गुप्तकाशी, उत्तरकाशी और मुख्य काशी की तरह ही दक्षिण में भी काशी नाम जुड़ा है। मदुरई के पास शिवकाशी है। कुत्तालम जलप्रपात के पास दक्षिणकाशी (तेनकाशी) है। तमिलनाडु के कांचिवरम् (काशीवरम्) नगर को वस्तुत: शिवकांचि (शिवकाशी) और विष्णुकांचि (विष्णुकाशी) माना जाता है। ये सभी संयुक्त रूप से दक्षिण की पंचकाशी कही जाती हैं। जबकि राजस्थान में रामनाथ काशी, उत्तर प्रदेश में नौमिषकाशी भी इसी परंपरा के वाहक रहे हैं।

समग्र भारतवर्ष में देखें तो उत्तरांचल की गुप्तकाशी, सौम्यकाशी की उत्तरकाशी दक्षिण भारत की तेन् काशी एवं शिवकाशी तथा वाराणसी की काशी को संयुक्त रूप से प्लंकाशी कहा जाता है।

8. गंगा : एक धारा में अनेक धाराएं

गंगा को उत्पत्ति, उद्गम, संबंध, स्वरूप, प्रसंगों आदि के आधार पर विभिन्न नामों से पुकारा गया है, क्योंकि गंगा का प्रवाह कई धाराओं के मिलन से निर्मित है। विभिन्न धाराओं से मिलकर गंगा की एक विशाल धारा अपना प्रवाह बनाकर चलती है। मार्ग में विभिन्न स्थानों पर अनेक धाराएं, उपधाराएं आदि भी गंगा की धारा में आकर उसे अद्भुत गुणों से संपन्न करती हैं। इन धाराओं में मिश्रित खनिजीय, धात्विक, औषधीय विशेषताएं गंगाजल को चमत्कारी बनाती हैं। विभिन्न स्थानों से प्रवाहित होने वाली ये धाराएं अलग-अलग स्थानीय नामों से जानी जाती हैं।

केदारगंगा

भागीरथी की इस सहायक नदी का उद्गम 4050 मीटर ऊंचाई पर स्थित केदारताल से होता है। इसे 'अप्सराओं का ताल' भी कहते हैं। इसमें ग्लेशियर से आकर सिंचित हुआ पानी हिमालय की वनस्पतियों, खनिजों एवं दुर्लभ जड़ी-बूटियों के कारण दिव्य जल बन जाता है। केदारताल गंगोत्री से लगभग 19 किलोमीटर दूरी पर है। कहते हैं कि सागर मंथन से निकले विष का पान करने के पश्चात् उसकी जलन को मिटाने के लिए शिव ने इसी ताल का जल पिया था। आज भी शिव परिवार यहां स्नान करने आता है। इस नीले-हरे ताल का जल शरीर को आभा, लावण्य, कांति प्रदान करता है।

जाह्नवी

भगीरथी के वेग में अपने आश्रम के बह जाने से क्रोधित जाह्नु ऋषि ने इस नदी को पी लिया था और देवताओं के अनुनय-विनय पर अपनी जांघ से इसे उत्पन्न किया था, इसलिए यह 'जाह्नवी' कहलाती है। वारीगुनगाड़ और चोरगाड़ की दो धाराएं भैरों घाटी में भागीरथी से मिलती हैं। यहां कभी

बौद्ध धर्म के जाड़ लोगों का निवास हुआ करता था, इसलिए यह 'जाड़ गंगा' भी कही जाती है। यह नदी टकनौर मल्ला क्षेत्र के जाड़ इलाके में स्थित थामला दर्रे के समीप सुमेर घाटी में विस्तृत हिमनद से निकलती है। माणागाड़ तथा सुमालागाड़ जाड़ गंगा की सहायक नदियों में प्रमुख हैं।

असीगंगा

उत्तरकाशी में वनाच्छादित प्रदेश में डोडीताल के कोने से पर्वतीय ढाल पर अवतरित जलधारा असीगंगा कहलाती है और गंगौरी में भागीरथी में मिल जाती है। समुद्र तल से 3024 की ऊंचाई पर स्थित इस ताल पर सबसे पहले गणेश पहुंचे थे, इसलिए यह ढुंढिताल या डुंडीताल भी कहलाता है।

रुद्रगंगा

मध्य हिमालय में गंगोत्री के दक्षिण दिशा में 19,000 फीट की ऊंचाई पर रुद्रगेरा हिमनद स्थित है। यहीं से रुद्रगंगा का उद्गम होता है, जो गंगोत्री के समीप भागीरथी में मिलती है।

भिलंगना, बालगंगा व धर्मगंगा

गंगा के पृथ्वी पर अवतरित होने के पश्चात् उसकी कई धाराएं बनीं, जिनमें अलकनंदा व भागीरथी के अलावा बलखिल्य (बालगंगा) एवं धर्मगंगा भी थी। भृगुपंथ पर्वत (बूढ़ाकेदार) में बालगंगा व धर्मगंगा संगम करती हैं और घनसाली के पास लौड़िया में बहती भिलंगना में समा जाती है। नदियों के बीच स्थित बालखिल्य पर्वत धर्मराज युधिष्ठिर व अन्य ऋषियों की तपस्थली रहा है। यहीं पर शिव ने बूढ़े ऋषि के रूप में धूनी रमाई थी। इसी क्षेत्र से यक्षणी गंगा, शृंग गंगा, मेनका गंगा आदि कई जलधाराओं की उत्पत्ति होती है। यहां सहस्रताल नामक ताल के नीचे अनेक ताल हैं, जिनमें यम ताल, सिद्ध ताल, नरसिंह ताल, मातृका ताल, लिंग ताल प्रमुख हैं, जहां से अनेक जलधाराएं निकलती हैं।

जलकुर

भागीरथी की यह महत्त्वपूर्ण जलधारा सेम-गुखेग नागतीर्थ का सत् लेकर आती जलकुर नदी 22 किलोमीटर बहने के बाद भल्डियाना के पास भागीरथी से मिलती है। जलकुर की धारा में नोगड़, चवाड़, सौंद भूदरा आदि जलधाराएं भी संगम करती हैं। जलकुर का उद्गम स्थल गुखेग तीर्थ स्थान के बाईं ओर हड़ाला पर्वत पर स्थित बेलखाखाल इलाके में है।

यमुना

सूर्यपुत्री यमुना का उद्गम यमुनोत्री हिमनद से होता है, जो 500 मीटर नीचे आकर अन्य धाराओं एवं गर्म जलकुंडों का जल भी ग्रहण करती है। यमुनोत्री तीर्थ के तप्तकुंड के पानी से यह पूर्णतया यमुना हो जाती है। तप्तकुंड स्थानीय भाषा में 'मुखारबिंद' कहलाता है और यमुना उद्गम स्थल 'योनिघाट'। पछुवादून में 155 किलोमीटर लंबे प्रवाह क्षेत्र में यमुना में ऋषिगंगा, हनुमानगंगा, कुथनौरगाड़, नंदगांवगाड़, किशनागाड़, बर्नीगाड़, मद्रीगाड़, बनाड़गंगा, कमलगाड़, रिखगाड़, खुतनूगाड़, अगलारगाड़, अमलावा, टोंस तथा गिरि आदि नदियां भी मिलती रहती हैं।

हनुमान गंगा

इस नदी के शीतल जल में हनुमान ने लंका दहन के पश्चात् अपनी पूंछ की आग बुझाई थी। यह जलधारा बंदरपूंछ के हिमशिखरों से निकलकर हनुमानचट्टी के पास यमुना नदी में मिलती है, जहां संजीवनी बूटी लेने आए हनुमान रुके थे। पुराणों में इस नदी को 'कालिंदी' कहा गया है।

टोंस (तमसा) नदी

उत्तराखंड एवं हिमालय प्रदेश की सीमा पर बहती यह नदी बंदरपूंछ के हिमनद से निकलती है और त्यूड़ी में बहती पाबर नदी के जल को समेटते हुए आगे बढ़कर मियांगाड़, गड्गाड़ तथा खूनीगाड़ आदि धाराओं का भी साथ लेती है तथा कालसी के पास यमुना में समाती है।

सूपिन नदी

बंदरपूंछ पर्वत के पश्चिमी ढाल पर विस्तृत स्वर्गरोहिणी हिमनद से सूपिन नदी का उद्गम होता है किंतु वास्तव में बंदरपूंछ से निकलने वाली खिनसार व जामदार तथा वासक से निकलने वाली हरकी दूनगाड़ ओसला में मिलती है और सूपिन नाम धारण करती है। आगे प्रवाह में इसमें पंचगाई, रेवसाड़ा धार, डिगौड़ीगाड़, तालुकागाड़, घटुगाड़, हल्यारागाड़ आदि धाराएं मिलकर आगे बढ़ती हैं।

रूपिन नदी

बंदरपूंछ के मांझीवन के भराड़सर ताल से उद्गामित यह नदी नैटवाड़ (पोखू) में डोडरा क्वार एवं सूपिन से मिलती है। हिमालय में 35 किलोमीटर बहने के बाद इसमें गुरसांगु, हाटली, मसरी एवं नूराणू जलधाराएं समागम करती हैं, जो फते पर्वत एवं हिमरी घाटी से आती हैं। रूपिन और

सूपिन संगम के बाद टोंस नाम से जानी जाती है। इसका जल औषधीय गुणों से भरपूर हो जाता है।

पाबर नदी

हिमाचल प्रदेश के चांगासिल पर्वत के चंद्रनाहन ताल से निकलकर दक्षिण-पश्चिम दिशा में बहने वाली यह नदी रोहडू से दक्षिण दिशा में बहने के बाद पाबर नदी त्यूणी में टोंस में मिलती है। मार्ग में इसमें विसकल्टी, रावी, कोटी जैसी कुछ जलधाराएं भी मिलती हैं।

अलकनंदा

गढ़वाल क्षेत्र की यह सबसे बड़ी जलप्रवाहक नदी अलकापुरी बांक से अवतरित होती है। बद्रीनाथ के पास बर्फानी झील सतोपंथ के उत्तरी भाग को पुराणों में 'अलका हिमनद' कहा गया है। नयनाभिराम दुर्लभ प्राकृतिक परिवेश के कारण धार्मिक ग्रंथों में इसे अलकापुरी या स्वर्गनगरी कहा गया है। साथ ही भगत-खरक हिमनद है, जहां से निकलने वाली अलकनंदा का सतोपंथ की दो धाराओं से संगम होता है। इसी अलका जलधारा को 'विष्णुगंगा' भी कहा गया है। जैन व बौद्ध ग्रंथों में यह आलकमंदा और अलकनंदा दो नामों से वर्णित है। विष्णु पुराण के अनुसार, अलकनंदा के दक्षिण में प्रवाहित होने पर नंदा (मंदाकिनी) का संगम होता है, जिसमें आगे सत्पथी, पावीधारा व सुपौऊ मिलती हैं, तो माणा गांव में सरस्वती। बद्रीनाथ मंदिर के पास ऋषिगंगा अलकनंदा से मिलती है, तो देवदेखनी में कंचनगंगा। हनुमान चट्टी में नीलकंठ पर फैले हिमनद से निकलती क्षारिगंगा तथा पांडुकेश्वर में फूलों की घाटी से आने वाली पुष्पावती (हेमगंगा) अलकनंदा से संगम करती है। इन सभी का जल लेकर अलकनंदा विष्णुप्रयाग पहुंचती है, जहां धौलीगंगा इसमें अपना जल प्रदान कर इसे संपन्न करती है।

विष्णुप्रयाग के बाद अलकनंदा दक्षिण-पश्चिम में पीपलकोटी तक खड़े पहाड़ों की घाटी में बहती है। हेलंग चट्टी में कर्मनासा नदी मिलती है, जो कुंवारीखाल धार से आती है। टंगणी और बेलाबूची में मैना, टंगणी गाड़ एवं पागलनाला की धाराएं समाहित होती हैं, जो कालावाक मानापई बुग्याल से आती हैं, तो पैनी व हेलंगनाला बृद्धबदरी के पास अलकनंदा में मिलते हैं। अलकनंदा के आगे बढ़ने पर पातालगंगा और गरुड़गंगा का साथ मिलता है।

अपने प्रवाहपथ में अलकनंदा विष्णुप्रयाग से लेकर देवप्रयाग तक

विभिन्न नदी-नालों का जल आत्मसात करती है। विष्णुप्रयाग में धौली गंगा, नंदप्रयाग में नंदाकिनी, कर्णप्रयाग में पिंडर गंगा, रुद्रप्रयाग में मंदाकिनी एवं देवप्रयाग में भागीरथी के जल को अपने आंचल में समेटकर अलकनंदा इन पांचों प्रयागों पर अपनी कृपा बरसाती है।

चमोली एवं कर्णप्रयाग के बीच गोरसालगाड़, नगोलगाड़ एवं गिरसागाड़ दाएं ओर से अलकनंदा में मिलती हैं, जबकि बाएं तट पर जेठी, रत्ता, काफल, जयकंडी व सिरतोलीगाड़ की धाराएं आती हैं। कर्णप्रयाग से रुद्रप्रयाग के बीच खूनी गाड़, लोरा गाड़, सारी गाड़, गढ़गधेरा, धोलतीर गाड़, कौन गाड़, गड़ोरा गाड़, धुमेली गाड़, लमेड़ी गाड़ एवं चंदन गाड़ नामक धाराएं अलकनंदा की धारा को जलसंपन्न करती है।

अलकनंदा नदी तट पर कोटेश्वर तीर्थ है, जहां स्वयंभू शिवलिंगों की पूजा होती है। यहां से अलकनंदा के दक्षिण-पश्चिम दिशा में टिहरी जनपद पहुंचने पर दाईं ओर भरदारीगाड़, बड़ियारगाड़, कोलागाड़, डांगगाड़, दुंढभगाड़ एवं बगवानगाड़ धाराएं मिलती हैं। पुराणों में यहां मनादरी, देववती, मधुमती, मनोन्मती तथा जीवंती धाराओं के होने का भी उल्लेख मिलता है। रुद्रप्रयाग और श्रीनगर के बीच बछण, खोकरागाड़, नरकोटा गधेरा, क्षेत्रवनी धारा, कटकवती धारा, कालिकागाड़, खंडाह गाड़, कोलासू गाड़ प्रमुख हैं।

पातालगंगा

ऊपर से देखने पर नीले रंग के जलप्रवाह वाली यह नदी गहरी खाईनुमा घाटी में बहती है, इसलिए 'पातालगंगा' कहलाती है। रेंगते हुए सांप-सी लगने वाली यह नदी टंगणीचट्टी से दो किलोमीटर आगे चलकर अलकनंदा में मिलती है।

गरुड़गंगा

गरुड़ और सर्प का परस्पर वैर जगप्रसिद्ध है, इसलिए कहते हैं कि गरुड़गंगा के पत्थरों को घर में रखने पर सांप नहीं आते हैं। देवदार के वनों से प्रवाहित होकर गरुड़गंगा पाखी गांव में उस अलकनंदा नदी में समाती है, जो गरुड़ मंदिर को स्पर्श करती बहती है।

विरहीगंगा

विरही नदी का निर्माण हिमनदों के समीप बने उन सात जलकुंडों से होता है, जो त्रिशूल शिखर के उत्तरी ढाल पर सिंगी बुग्याल क्षेत्र में स्थित है। विरही की सप्तकुंड मिश्रित धारा में गुडितार ताल से भी एक जलधारा

आकर मिलती है, जो दशोली परगना के पट्टीमल्ला दशोली में स्थित है। ईराणी गांव से निकलने के बाद इसे वीटीगंगा एवं गोहना नाम से जाना जाता है। लगभग 29 किलोमीटर पश्चिम की ओर बहकर चमोली से लगभग नौ किलोमीटर पहले विरही अलकनंदा में मिल जाती है।

अमृतगंगा

यह जलधारा अत्रि मुनि की पत्नी सती अनुसूया के तप बल के प्रताप से उत्पन्न हुई थी, जिससे ऋषि ने तप पूरा कर अपनी प्यास बुझाई थी। चट्टानों के सहारे केवल इसी गंगा की परिक्रमा की जाती है।

बालखिल्य नदी

गोपेश्वर से 12 किलोमीटर दूर मंडल कस्बे में स्थित शिव मंदिर के पास बालखिला नदी अमृतगंगा में मिलती है। यह उपनदी बालखिल्य पर्वत से निकलती है। दोनों नदियों का संगम व्योमकेश संगम कहलाता है। यहां से आगे जाकर कोठियालसैंण में बालाखिला नदी अलकनंदा में मिल जाती है, जो मठ्याणा-चमोली के बीच पड़ता है। वास्तव में तुंगनाथ के पूर्वी और रुद्रनाथ के दक्षिणी-पश्चिमी ढाल से निकलती हुई धाराएं बालखिल्य में जल प्रदान करती हैं। इनमें अमृतगंगा, वीरगंगा, औंस गाड़, गावरी गधेरा, भौंरासी गधेरा, भृगुगंगा, देवरा गाड़, पसोली गाड़ है, जो चनगवड़ व सगंडू के मेल से सिंचित होती है। व्योमप्रयाग तीर्थ में सागर जलधारा बालखिल्य का हिस्सा बनती हैं। बालखिल्य पश्चिम से बहने के बाद पूर्व में बहती है और अलकनंदा में समाहित होती है। ये सहायक उपधाराएं ही प्राचीनकाल में तीर्थों की पहचान थीं।

नंदाकिनी

नंदा घुंघटी और त्रिशूल पर्वत श्रेणियों के बीच विस्तृत हिमनदों से निकली जलधाराएं ही नंदाकिनी की मूल स्रोत हैं। रूपकुंडों से आती रूपगंगा के अलावा सप्तकुंड से आने वाली हरसिंग गाड़, तिमुनी गाड़ जैसी अनेक धाराएं नंदाकिनी को समृद्ध बनाती है। इसके अलावा जेठा गाड़, मालागाड़, गौंड़िया गाड़, मौराल गाड़, चुफला गाड़, मांद्रा गाड़, पुनेरा गाड़, मत्वानी गदेरा एवं कर्णगदेरा जलधाराएं भी इसमें मिलती हैं। इन जलधाराओं से संपन्न नंदाकिनी नंदप्रयाग में अलकनंदा में संगम करती है। यहां कभी विरही की बाढ़ से पहले संगम हुआ करता था। अपने मूल स्रोत नंदागिरी, नंदाक क्षेत्र, नंदा पर्वत एवं मां नंदा के करण ही यह नंदाकिनी कहलाती है।

पिंडर नदी (कर्ण गंगा)

पिंडर नदी का मूल स्रोत पिंडरी ग्लेशियर है, जो 3.2 किलोमीटर लंबा और 1.5 किलोमीटर चौड़ा है। जो नंदादेवी के पूर्वी ढाल से लेकर नंदाकोट शिखर के पाद तल (तलहटी) तक फैला है और कई हिमनदों से जुड़ा है। पिंडर नदी अलकनंदा की सबसे बड़ी सहायक नदी है, जिसके ऊपरी भाग में स्थित हरित प्रदेशों में भैंसा पालने वाले पिंडारी कबीले विचरण करते थे। दक्षिण की ओर 10 किलोमीटर तक पिंडर नदी बर्फीले रूप में बहती हैं। द्वाली में कफनी ग्लेशियर से आकर कुफीनी नदी इसमें मिलती है। 15 किलोमीटर बाद सुंदरदुंगा जलधारा संगम करती है। दक्षिण-पश्चिम और फिर पश्चिम दिशा में चमोली जनपद में क्वांवारी नामक स्थान पर यह गंगाजल को समेटती है, तो आगे गहरी घाटी पार कर तलोर (देवाल) में कैलगंगा इससे मिलती है, जिसे केदारखंड में कर्णगंगा कहा गया है। यह मुलकांठा हिमनद से निकलती है और नीलगंगा का जल भी लेती है। कैल तक आते हुए कई छोटी धाराएं और नाले इसमें मिलते हैं। थराली में प्राणमती (गोपतारा) से सबसे ज्यादा जल ग्रहण करने के उपरांत यह पैठाबी के नीचे तोली गाड़ का जल पाती है। नौरागाड़ व क्यूर जलधारा से पानी लेकर यह आगे सिमली में भरारी का जल लेती है, जिसे 'आटा गाड़' भी कहते हैं। आटा गाड़ को 'वैंध्या' भी कहते हैं। पिंडर नदी का अविरल प्रवाह कुमाऊं क्षेत्र के दानपुर तथा नंदाल भू-भागों को सिंचित करके चमोली में बधाण क्षेत्र में पहुंचता है। मार्ग में यह जलधारा स्वर्ग कणों को भी समेटती चलती है। देवाल, थराली, नारायण बगड़, सिमली से होकर कर्णप्रयाग आती है और वहां कर्णशिला के पास अलकनंदा में समाहित हो जाती है।

मंदाकिनी (काली नदी)

केदारनाथ तीर्थ में केदार शिखर के दक्षिण-पूर्वी ढाल से उत्पन्न मंदाकिनी दक्षिण की ओर बहती है। सोनप्रयाग में वासुकि ताल से निकलती सोनी जलधारा लेकर यह क्यूंगाड़ में क्यूंगाड़, संगाड़, क्षेत्रस्वामी ढाल तथा रांसी पनढाल का पानी लेती है। दाएं तट पर आकर पावी, गाविनी जलधाराएं इसे अपने जल से संपन्न करती हैं। आगे त्यूं, रौत एवं दारमा नामक स्थानीय नदियों के बंद दारमागाड़ में वास्ती इसे अपना जल सौंपती हैं। परकंडी से आने वाली आकाशगंगा का जल भी इसमें मिलता है। तल्लानागपुर पट्टी क्षेत्र में पहुंचने पर बाएं तट पर सुर गाड़ तथा दायें

तट पर लस्तर गाड़ का प्रवाह इसमें समाहित होता है तो थरातले में डमार गाड़ का, जो स्थानीय भाषा में 'बनाड़' कहलाती है, किंतु इन जलधाराओं में काली गंगा एवं लस्तर प्रमुख है। त्रियुगीनारायण के उत्तर-पश्चिम से निकली लस्तर टिहरी जनपद में हिमलौ (हयोंलो) नदी को भी साथ लेती है। हिमलौ पवाली पर्वत के विरपाल शाखा के उत्तरी-पूर्वी ढलान से निकलती है और तिलवाड़ा में मंदाकिनी का जलस्तर हिमलौ के कारण ही दोगुना हो जाता है। 72 किलोमीटर की यात्रा कर यह रुद्रप्रयाग पहुंचती है। मंदाकिनी व अन्य नदियों के संगम पर कई तीर्थ हैं, जैसे– सोनप्रयाग (सोनधारा व मंदाकिनी), चंद्रप्रयाग या चंद्रापुरी (चंद्रधारा व मंदाकिनी), सूर्यप्रयाग आदि तो घाटी में केदारनाथ, गौरीकुंड, गुप्तकाशी, वासुकीताल, ऊखीमठ, देवरियाताल, रुद्रप्रयाग, कोटेश्वर, चोराबाड़ी ताल (गांची सरोवर), मदमहेश्वर आदि। रुद्रप्रयाग में मंदाकिनी और अलकनंदा का मेल होता है, जो एक प्रसिद्ध शैवतीर्थ है। रुद्रप्रयाग में चट्टान काटकर बनाई गई 132 सीढ़ियां संगम तल का सुलभ मार्ग बनाती हैं।

सरस्वती नदी

सरस्वती नदी दुनग्रीला अर्थात्– माणा दर्रे से 12 किलोमीटर पहले उत्तर-पश्चिम दिशा में स्थित देवताल से उत्पन्न होती है, जिसमें अरवाताल एवं ताराबांक से जुड़े सात अन्य हिमनदों का पानी यहां उत्तर एवं दक्षिण से दो धाराओं के रूप में आता है। यह नदी निर्जल एवं बर्फीले प्रवाह मार्ग से बहकर माणा गांव के पीछे पहुंचती है, जहां स्वर्गारोहिणी सतोपंथ पर इसका प्रवाह बहुत तेज हो जाता है। केशवप्रयाग में अलकनंदा के तीव्र प्रवाह में सरस्वती की धारा शांत होकर मिलती है। कहते हैं कि माणा में ही वेदव्यास जी के निर्देशन में गणेशजी ने महाभारत की रचना की थी। स्वर्गारोहिणी जाते समय पांडवों ने उफनती सरस्वती की पूजा कर उसे शांत किया था और भीम ने विशाल चट्टानों से उस पर एक पुल बनाया था।

लक्ष्मणगंगा

सात पहाड़ियों से घिरे हेमकुंड में सिक्खों के 10वें गुरु गोविंद सिंह ने साधना की थी। इसी हेमकुंड से निकलने वाली लक्ष्मण गंगा नदी धांधरिया में पुष्पावली नदी में विसर्जित होती है, जो गोविंदघाट में जाकर अलकनंदा में मिलती है। छांछरिया से एक मार्ग भ्यूंडार घाटी (फूलों की घाटी) की ओर तथा दूसरा मार्ग हेमकुंड (लोकपाल) को जाता है, जहां लक्ष्मण जी

का मंदिर है, जो यहां के स्थानीय निवासियों के देवता हैं।

पुष्पावती नदी

टिपरा बांक से उद्गामित यह नदी अपने निर्मल एवं शीतल जल से विश्वविख्यात फूलों की घाटी को पोषित करती है और बदले में अनेक पुष्पों, औषधीय पौधों, जड़ी-बूटियों आदि का मकरंद, सत् आदि लेकर चार किलोमीटर प्रवाहित होकर घोघारिया में लक्ष्मणगंगा में विलीन होती है।

आकाशकामिनी गंगा

देवभूमि उत्तराखंड के गढ़वाल प्रदेश में शिव के पांच प्रमुख मंदिरों को पंचकेदार कहा गया है। ये पंचकेदार हैं– केदारनाथ, मद्महेश्वर, तुंगनाथ, रुद्रनाथ और कल्पेश्वर। इनमें तुंगनाथ समुद्रतल से 3800 मीटर की ऊंचाई पर स्थित है, जहां हरे-भरे बुग्यालों से निकलती आकाशकामिनी नदी तुंगनाथ की पहाड़ियों को पार कर मंदाकिनी में मिलती है। कहते हैं कि शिव को ब्रह्मा के कटे शीश से छुटकारा दिलाने के लिए विष्णु ने शिव से स्वयं अपनी छाती पर त्रिशुल से प्रहार करवाया था, जिसके फलस्वरूप निकली तीन धाराओं में आकाशगंगा सप्तऋषियों को मिली, मंदाकिनी केदारधाम को गई तथा सरस्वती ब्रह्मा के सिर में जाकर कालीमठ में बहने लगी।

भ्यूंडार गंगा (कवनगंगा)

समुद्रतल से 16800 फीट की ऊंचाई पर तुंग शिखरों के बीच कागभ्रुसुंडी ताल नामक एक मनोरम झील से कवनगंगा का उद्गम होता है, जो भ्यूंडार गांव में पहुंचती है, तो वहां लक्ष्मणगंगा की धारा उसमें मिलती है। राजखर्क ग्लेशियर से निकली जलधाराएं इस ताल को जलसमृद्ध करती हैं। कहते हैं कौवे इस झील के पास शरीर त्यागने आते हैं।

९. गोमुख और गंगोत्री

शास्त्रों में लिखा है कि गंगा की धारा भगवान नारायण के श्रीचरण
ों से निकली और भगवान शंकर के मस्तक पर गिरी तथा उनकी एक
जटा के बीच से निकलकर पृथ्वी पर आई। पौराणिक एवं दैवीय जगत का
यह रूप भौतिक जगत में स्पष्ट दिखाई देता है। कहने को गंगोत्री से गंगा
का उद्गम माना जाता है, किंतु गंगा नदी की पावन धारा का वास्तविक
उद्गम स्रोत उससे कहीं ऊपर हिमाच्छादित एवं वनसमृद्ध भूभाग में है,
जिसे 'गोमुख' कहा जाता है किंतु गोमुख की इस हिमधारा का स्रोत भी
अन्यत्र है।

दैविक एवं भौतिक दृष्टि से श्रीबद्रीनाथ से आगे स्थित नर-नारायण
पर्वत के नीचे (चरणों) में से अलकनंदा की उत्पत्ति होती है, जो सत्पथ
प्रवाहित होकर बद्रीनाथ धाम आती है, जबकि नर-नारायण पर्वत के निचले
भाग से गंगा का हिमप्रवाह (ग्लेशियर) भी आरंभ होता है, जो भागीरथी
कहलाता है। यह हिमप्रवाह गोमुख से दो या तीन मील ऊपर चौखम्भे रूपी
पर्वतशिखर से छह मील दूर स्थित मानव सुमेरा (स्वर्ण पर्वत) के पास
शिवलिंगी शिखर पर आता है।

सरल शब्दों में गंगा का संकरा-सा उद्गम स्रोत गोमुख से 18 मील
ऊपर श्रीमुख नामक पर्वत में है। यहां गोमुख आकार का एक जलकुंड
है, जिसमें गंगा की धारा फूटती है किंतु इस हिमाच्छादित एवं दुर्गम क्षेत्र
में स्थित गोमुख का जलस्रोत भी हिमधारा अर्थात् ग्लेशियरों में स्थित है।

गंगोत्री से लगभग 10 मील ऊपर देवगाड़ नामक एक नदी गंगा में
मिलती है और उससे साढ़े चार मील आगे चीड़ के वृक्षों का वन चीड़ोवास
है। इसी से चार गील आगे गोमुख हिमनद है, जिसे 3600 मीटर ऊंचे
चिरबासा ग्राम से देखा जा सकता है। इसमें ग्लेशियर के नीचे से चांदी-सी
चमचमाती एवं जमा देने वाली हिमधारा निकलती है। अतुलनीय शोभायुक्त

भूभाग से घिरे इस हिमरूपी जलस्रोत में स्नान करना असंभव होता है। पानी में हाथ डालते ही वह जम-सा जाता है। तीव्र पर्वतीय नालों, कच्चे पहाड़ों एवं दुर्गम भूसंरचना के कारण आमजन का गोमुख से आगे जाना संभव नहीं है। आकाश पर सूर्यदेव का रथ निकलते ही हिमशिखरों से भारी बर्फीली चट्टानें टूटकर गिरने लगती हैं।

हिमगुफा से निकलती जलधारा को 'भागीरथी' कहा जाता है, क्योंकि गोमुख के गंगोत्री हिम ग्लेशियर से गंगा को लाने का श्रेय महाराजा भगीरथ को जाता है।

हिमालय के गढ़वाल प्रदेश में भागीरथी के नाम से विश्वविख्यात गंगा उद्भव की यह गुफा 12000 फुट की ऊंचाई पर स्थित है। वास्तव में यह उद्गम क्षेत्र गंगोत्री ग्लेशियर (हिमनदी) के एक किनारे पर स्थित है, जो आध्यात्मिक शांति और दिव्यता का अनुभव कराता है।

अपने पूर्वज राजा सागर के 60,000 पुत्रों के उद्धार के लिए भगीरथ ने गंगा को धरती पर लाने के लिए सफल तप किया। इंद्र का स्वर्गलोक छोड़कर भगीरथ के पथ का अनुसरण करती गंगा धरती पर उतरी, तो शिव ने उन्हें अपनी जटाजूट में समेट लिया। शिव ने गंगा के प्रचंड वेग को संभालकर संभावित प्रलय से धरती को बचाया। तत्पश्चात् जटा की एक शिखा को खोलकर गंगा की धारा को मुक्त किया, जो भगीरथ के पीछे-पीछे विभिन्न तीर्थ-स्थलों से होती हुई गंगासागर पहुंची। वहां उसकी धारा से सागर पुत्रों का उद्धार हुआ।

गंगोत्री की पहचान कराता एक छोटा-सा मंदिर है। यह देवदार के सघन वनाच्छादित मनोरम क्षेत्र में स्थित है। शिखर पर फहरती लाल ध्वजा मंदिर का संकेत देती है। इसमें गंगा और भागीरथी की प्रतिमाएं तीर्थयात्रियों एवं भक्तों को दिव्यता एवं शांति का अनुभव कराती हैं। मंदिर से कुछ नीचे ही 20 फुट चौड़ी भागीरथी प्रबल वेग से बहती दिखती है। यहीं से वह अपनी यात्रा का शुभारंभ करती है और सघन श्रद्धालुओं वाले राज्यों— उत्तराखंड, उत्तर प्रदेश, बिहार, झारखंड और पश्चिम बंगाल से बहते हुए पुण्य बरसाती हैं। अपने संपर्क में आने वालों के पापों का प्रक्षालन करती है। शरीर एवं आत्मा को शुद्ध करती है। यहां आकर तर्पण, उपवास आदि करने से वाजपेय यज्ञ का पुण्य प्राप्त होता है और प्राणी सर्वदा के लिए ब्रह्मीभूत हो जाता है।

गंगोत्री की यात्रा आरंभ होती है, तो गंगा के प्रति अपार श्रद्धा एवं आदर भाव रखने वाले भी पश्चिम से पूर्व की ओर यात्रा करते हैं। तीर्थयात्री

सबसे पहले यमुना के उद्गम स्थल के पीछे से यात्रा आरंभ करते हैं। यह स्थल बंदपूंछ की 20,720 और 20,020 फुट ऊंची दो चोटियां हैं। मन में श्रद्धा और अर्पण सामग्री लिए भक्त यमुनोत्री धाम की अंतिम 20 मील की पदयात्रा करते हैं, किंतु कुछ भक्तगण गंगासागर तक की पूरी यात्रा करते हैं। कुछ पैदल यात्रा करते हैं, तो कुछ खच्चर की पीठ पर बैठकर। कुछ वर्षों पहले तक लोग गंगासागर तक दंडवत् यात्रा भी करते थे। यह कठिन यात्रा लगभग छह वर्षों में जाकर पूरी होती थी।

गंगा का यह उद्गम स्थल गंगोत्री हिमनद 3140 मीटर ऊंचाई पर स्थित है। यहीं पर देवी गंगा को समर्पित एक मंदिर भी है। गंगोत्री हिमनद तीर्थ शहर से 19 किलोमीटर उत्तर की ओर 3892 मीटर (12,770 फुट) की ऊंचाई पर इस हिमनद का मुख है। यह हिमनद 25 किलोमीटर लंबा, चार किलोमीटर चौड़ा तथा 40 किलोमीटर ऊंचा है। इसी विशाल ग्लेशियर से भागीरथी रूपी गंगा एक छोटे से गुफानुमा मुख से निकलती है, जिसमें नंदा देवी सहित त्रिशूल पर्वत एवं कामत पर्वत आदि पर्वतों का हिमजल आता है। प्राचीनकाल में इसे 'सप्तसंगम' कहा करते थे। यह मुख्य रूप से 5000 मीटर की ऊंचाई पर स्थित एक बेसिन है, जिसका मूल पश्चिमी ढलान की संतोपंथ की पर्वतचोटियों में स्थित है। संभवत: यही 'सप्तसंगम' कहा गया था।

गंगा अपने आप में अकेली जलधारा नहीं है। इसमें अनेक छोटी-बड़ी जलधाराएं आकर इसे भागीरथी का रूप प्रदान करती हैं। अलकनंदा की सहायक नदियां धौलीगंगा, विष्णुगंगा एवं मंदाकिनी हैं। जोशीमठ में विष्णुगंगा व धौलीगंगा मिलकर अलकनंदा की संयुक्त धारा बनाती है। विष्णु प्रयाग का यह संगम क्षेत्र 1372 मीटर की ऊंचाई पर स्थित है। 2805 मीटर ऊंचाई पर स्थित नंदप्रयाग में मंदाकिनी का अलकनंदा से संगम होता है। तत्पश्चात् अलकनंदा नदी से कर्णप्रयाग में कर्णगंगा अर्थात्– पिंडर नदी आकर मिलती है। इसके पश्चात् रुद्रप्रयाग में अलकनंदा और मंदाकिनी का मिलन होता है, जो ऋषिकेश से 139 किलोमीटर दूर है।

इसके उपरांत 1500 फीट की ऊंचाई पर देवप्रयाग में भागीरथी और अलकनंदा का संगम होता है और इसके बाद इन सभी जलधाराओं के संयोग से बनी जलधारा 'गंगा' के नाम से आगे प्रवाहित होती है। इन पांच प्रयागों पर विभिन्न धाराओं का संगम 'पंचप्रयाग' कहलाता है। लगभग 200 किलोमीटर का संकरा एवं दुर्गम पर्वतीय मार्ग पार कर गंगा नदी ऋषिकेश के बाद पहली बार मैदानी भाग में कदम रखती है, जो हरिद्वार कहलाता है।

गोमुख से 18 मील नीचे स्थित गंगोत्री को ही गंगा का उद्गम स्रोत

माना जाता है। यह समुद्रतल से 10,020 फीट की ऊंचाई पर और गंगा के दक्षिण तट पर स्थित है। यहीं पर सबसे पहले गंगा का अवतरण होने के कारण यह स्थान 'गंगोत्री' कहलाया। यह हिंदुओं का एक प्रधान तीर्थ है, जो देवदार और चीड़ वृक्षों से आच्छादित है। गंगोत्री हिमालय के पर्वतीय क्षेत्र में स्थित टिहरी गढ़वाल क्षेत्र में पड़ता है। यहां गंगा की धारा केवल 44 फीट चौड़ी तथा तीन फीट गहरी है।

गंगोत्री में गंगाजी का एक मुख्य मंदिर है, जिसमें आदिशंकराचार्य द्वारा प्रतिष्ठित गंगाजी की मूर्ति के अलावा राजा भगीरथ, यमुना, सरस्वती एवं स्वयं शंकराचार्य की मूर्तियां भी हैं। गंगा की मूर्ति, छत्र आदि सब स्वर्ण निर्मित है।

यहीं पर एक भैरव मंदिर, सूर्यकुंड, विष्णुकुंड, ब्रह्मकुंड आदि तीर्थ हैं। समीप ही एक विशाल भगीरथ शिला है, जिस पर भगीरथ ने तप किया था। इस पर आजकल लोग पिंडदान करते हैं।

शीतकाल में गंगोत्री के हिमाच्छादित होने के कारण चलमूर्तियों को मार्कंडेय क्षेत्र में ले आते हैं, जो ऋषि मार्कंडेय की तपोभूमि रही है।

गंगोत्री से नीचे केदार गंगा का संगम होता है। वहां से कुछ दूरी पर मनोरम स्थान पर गौरीकुंड है, जहां गंगा की धारा बड़े वेग के साथ एक शिवाकार गोल शिलाखंड पर गिरती है। यह गंगोत्री से नौ किलोमीटर दूर भागीरथी एवं जाट गंगा के संगम पर भैरों घाटी है, जहां विख्यात भैरों मंदिर है, तो 53 किलोमीटर दूर गंगाजनी में गर्म पानी के चश्मे हैं।

महाभारत के वनपर्व खंड में गंगोत्री का माहात्म्य स्पष्ट कर कहा गया है—

'गंगोद्भेदं समासाद्य त्रिरात्रीपोषितो नरः।
वाजपेयमवाप्नोति ब्रह्मभूतो भवेत् सदा॥'

जहां से गंगा जो प्रकट होकर अवतरित होती दिखती है, उसे गंगोत्री या गंगोद्भेद तीर्थ कहते हैं। वहां जाकर तर्पण, उपवास आदि करने से वाजपेय यज्ञ का पुण्य प्राप्त होता है और मनुष्य सदा के लिए ब्रह्मीभूत हो जाता है।

गंगोत्री का माहात्म्य

तीर्थों का माहात्म्य पुण्यसलिला गंगा के कारण ही है, जिसने धरती पर उतरकर मानव जाति का उत्थान किया। ऋग्वेद से लेकर महाभारत, रामायण, पुराणों के अधिकांश भाग में गंगा माहात्म्य से समृद्ध है। तुलसीदास ने गंगा को तीर्थों का प्राण बताते हुए कहा—

'तीरथ अवगाहन सुरसरि जस।'

वस्तुतः गंगा की महिमा और माहात्म्य सभी दिशाओं में व्याप्त है,

किंतु इसे गंगोत्री, प्रयाग एवं गंगासागर में अति दुर्लभ कहा गया है, जैसा कि विदित है–

'त्रिषु स्थानेषु दुर्लभा। गंगोद्भेदे प्रयागे च गंगासागर संगमे।'

गंगोत्री का माहात्म्य बताते हुए मात्र एक श्लोक में ही गंगा के समस्त प्रवाहतंत्र को दर्शाया गया है। श्रीमद्भागवत में कहा गया है–

'धातुः कमंडलुजलं तदुरुक्रमस्य
पादावनेजनपवित्रतया नरेंद्र।
स्वर्धुन्यभून्नभसि सा पतती निमार्ष्टि
लोकत्रयं भगवतो विशदेव कीर्तिः॥'

साक्षात् भगवान यज्ञपुरुष विष्णु त्रिविक्रम (तीन पगों से) पृथ्वी, स्वर्गादि को लांघते हुए वामपाद के अंगूठे से निकलकर उनके चरण कमल का स्पर्श करती हुई भगवती गंगा, जगत के पापों को नष्ट करती हुई स्वर्ग से हिमालय के ब्रह्मसदन में अवतीर्ण हुई।

वनपर्व एवं पद्मपुराण में गंगोत्री के प्रति धार्मिक कर्मों एवं सुफल का उल्लेख मिलता है–

'गंगोद्भेदं समासाद्य त्रिरात्रीशोषितो नरः।
वाजपेयपान्नोति ब्रह्मभूतो भवेत् सदा।'

अर्थात्–_– जहां से गंगाजी प्रकट होकर अवतरित होती दिखती है, उसे गंगोत्री या गंगोद्भेद तीर्थ कहते हैं। वहां जाकर तर्पण, उपवास आदि करने से वाजपेय यज्ञ का पुण्य प्राप्त होता है और मनुष्य सदा के लिए ब्रह्मभूत हो जाता है।

यमुनोत्री

गंगोत्री की तरह ही यमुनोत्री का भी धार्मिक महत्त्व है। यमुना भगवान सूर्य और यमराज की बहन कृष्णप्रिया कालिंदी की पुत्री बताई गई है। यमुना का उद्गम क्षेत्र भी गंगा की तरह ही समुद्र स्तर से 10,000 फीट की ऊंचाई पर है। कहते हैं कि यमुना की उत्पत्ति बहुत ऊंचाई पर स्थित कालिंदी गिरि से हिम पिघलकर अनेक धाराओं में गिरता है, इसलिए यमुना कलिंदनंदिनी या कालिंदी भी कहलाती है। संकीर्ण स्थान पर ही यमुना जी का मंदिर है, जहां कभी महर्षि असित का आश्रम था। वे प्रतिदिन गंगाजी में नहाते और यमुनोत्री में वास करते थे। वृद्धावस्था में इस दुर्गम पर्वतीय मार्ग को पार करना उनके लिए कठिन हुआ तो यमुना किनारे स्थित ऋषि आश्रम पर ही गंगा ने अपनी एक छोटी-सी धारा झरने के रूप में प्रकट कर दी, किंतु मध्य में दंड पर्वत होने से गंगा-यमुना अलग-अलग ही रहीं, मिल न सकीं। यमुनोत्री में गर्म पानी के कई कुंड हैं।

धरासू से दो मील दूर यमुना किनारे एक कुंड है, जिसे गंगानयन कुंड कहते हैं। कहते हैं कि इसमें गंगाजी का ही जल है और तीर्थ यात्री यमुनोत्री की यात्रा कर यहीं लौटते हैं। यमुनोत्री में उबलते पानी के कई कुंड हैं, तो दूसरी ओर ऐसे झरने जिनका पानी बार-बार पिघलता-जमता है।

यमुनोत्री की यात्रा के लिए ऋषिकेश से तीन मार्ग जाते हैं। इन्हीं मार्गों से गंगोत्री भी जाया जाता है। ये तीन मार्ग हैं– ऋषिकेश से देवप्रयाग (टिहरी से), ऋषि से नरेंद्रघाट (टिहरी से) तथा ऋषिकेश से देहरादून (मसूरी से)। उल्लेखनीय है कि देवप्रयाग में ही गंगोत्री से आने वाली गंगा और बद्रीनाथ से आने वाली अलकनंदा का संगम होता है। संगम के ऊपर ही गंगा-यमुना, श्रीरघुनाथजी और आदिविश्वेश्वर की मूर्तियां हैं। यहां पर गृद्धाचल, नरसिंहाचल एवं दशरथाचल नामक तीन पर्वत हैं। इस भूभाग को प्राचीन सुदर्शन क्षेत्र कहा जाता है। आने वाले यात्री यहां पिंडदान एवं श्राद्ध भी करते हैं। यह मार्ग आगे बद्रीनाथ की ओर जाता है।

केदारनाथ

2805 मीटर की ऊंचाई पर नंदप्रयाग स्थित है, जहां अलकनंदा और मंदाकिनी का संगम होता है। मंदाकिनी केदारनाथ से निकलती है। यह गंगोत्री से लगभग 100 मील दूर स्थित एक पावन तीर्थ है। यहां शैव मतावलंबियों का श्री केदारनाथ का पवित्र मंदिर भी है, जिसे 12 ज्योतिर्लिंगों में नौवां माना गया है, किंतु यहां की विग्रह शिवलिंग आमतौर पर दिखने वाले शिवलिंगों से पूर्णतया भिन्न है। यह एक आकारहीन शिलाखंड है, जो शिव के वृषभ नंदी की पीठ समान प्रतीत होता है।

उत्तरकाशी से सात मील दूर मल्लाचट्टी है। यहां से एक मार्ग बूढ़े केदार होकर केदारनाथ जाता है। गंगोत्री से लौटकर यात्री इसी मार्ग से केदारनाथ जाते हैं, जो यहां से 85 मील दूर पड़ता है। अनेक यात्री यमुनोत्री या गंगोत्री न जाकर केवल केदारनाथ और बद्रीनाथ की यात्रा ही करते हैं। रुद्रप्रयाग से पैदल केदारनाथ जाते हैं। अलकनंदा और मंदाकिनी के संगम स्थल रुद्रप्रयाग से केदारनाथ और बद्रीनाथ के मार्ग अलग-अलग हो जाते हैं। रुद्रप्रयाग से केदारनाथ की दूरी 48 मील है। मार्ग के समीपवर्ती भूभागों में सूर्यप्रयाग, अगस्त्य मंदिर, छोटा नारायण मंदिर, चंद्रापुरी से मंदाकिनी का संगम, गुप्तकाशी, अषीमत, नारायण कोटि मंदिर, मैखंडा में महर्षि मर्दिनी देवी मंदिर, सरस्वती गंगा की धारा व त्रियुगी नारायण, गौरीकुंड, चिरपहिया भैरव, रामबाड़ा आदि दर्शनीय स्थान हैं।

केदारनाथ में कोई निमित्त मूर्ति नहीं है। यहां एक विशाल त्रिकोणीय

पर्वत खंड है, जिसकी पूजा-अर्चना की जाती है। पर्वत शिखर पर स्थलकमल मिलते हैं। मंदिर के बाहर परिक्रमा परिसर के पास कई जलकुंड हैं, जैसे– कि अमृतकुंड, ईशानकुंड, हंसकुंड, रेतकुंड आदि, जो तीर्थस्वरूप हैं। यहां पांच पांडवों की मूर्तियों युक्त भीमगुफा एवं भीमशिला है। कुछ देवी-देवताओं की मूर्तियां भी हैं।

कहते हैं सतयुग में यहीं पर उपमन्यु ने भगवान शिव की आराधना की थी, तो द्वापर में पांडवों ने। केदारनाथ में भगवान शंकर की विशेष कृपा बताई जाती है। यहां भगवान शिव के पांच अंग पांच स्थानों पर प्रतिष्ठित हुए थे, इसलिए पंचकेदार माने जाते हैं। जैसे– कि यहां प्रथम केदार में यानी केदारनाथ में पृष्ठ भाग और पशुपतिनाथ (नेपाल) में सिर, द्वितीय केदार (मदमहेश्वर) में नाभि, तृतीय केदार (तुंगनाथ) में बाहु, चतुर्थ केदार (रुद्रनाथ) में मुख तथा पंचम केदार (कल्पेश्वर) में जटा आदि। सर्दियों में बर्फ से ढकने के कारण केदारनाथ जी की चलमूर्ति ऊषीमठ आ जाती है और शीतकाल तक यहीं उसकी पूजा होती है।

बद्रीनाथ

केदारनाथ से लगभग 105 मील दूर बद्रीनाथ और अलकनंदा नदी के दर्शन होते हैं। उत्तर-पश्चिम में बद्रीनाथ पर्वत है, तो बिलकुल उत्तर में कामेट पर्वत। संभवत: इन्हीं दोनों को नर-नारायण पर्वत कहा जाता था।

बद्रीनाथ के दक्षिण-पश्चिम में नंदा देवी पर्वत है, जिसके पीछे से ऋषिगंगा निकलती है और आगे जाकर धौलीगंगा से मिलती है। दोनों धाराएं मिलकर प्रवाहित होती हैं और आगे जाकर अलकनंदा नदी से संगम करती हैं। जोशीमठ में स्थित देवप्रयाग में पहुंचकर अलकनंदा भागीरथी की धारा से आलिंगन करती है और इसके आगे ये संयुक्त धाराएं गंगा के नाम से पहचानी जाती हैं।

केदारनाथ से लौटकर नालाचट्टी से होकर बद्रीनाथ जाते समय ऊषीमठ, कालीमठ, कालशिला, राकेश्वर, कोटिमाहेश्वरी, तुंगनाथ, जंगलचट्टी, मंडलचट्टी, गोपेश्वर, गरुड़गंगा, पातालगंगा, खनेटी, जोशीमठ, पांडुकेश्वर, हनुमानचट्टी आदि दर्शनीय एवं धार्मिक स्थल हैं। कोटिमाहेश्वरी में पितृ-तर्पण एवं पिंडदान भी होता है। गोपेश्वर में वैतरणी नदी है। गरुड़गंगा में यह नदी अलकनंदा में मिलती है। जोशीमठ में नमगंगा, दंडधारा का स्नान होता है। आगे विष्णुप्रयाग में गंगा और अलकनंदा मिलती हैं।

जबकि बद्रीनाथ के मुख्य मंदिर के बाहर शंकराचार्य की गद्दी, बिना धड़ की घंटाकर्ण की मूर्ति, लक्ष्मी मंदिर, लिंगमूर्ति युक्त शंकराचार्य मंदिर,

आदिकेदार मंदिर, तप्तकुंड, तप्तकुंड के नीचे (गरुड़ शिला, नारद शिला, मार्कंडेय शिला, नरसिंह शिला, वाराही शिला), इंद्रपदतीर्थ, नर-नारायण की माता धर्मपत्नी मूर्ति देवी का मंदिर आदि हैं।

बद्रीनाथ के आसपास भोजपत्र के गगनचुंबी वृक्षों का संसार है। बद्रीनाथ का माहात्म्य महाभारत एवं पुराणों में भी वर्णित है। वेदों के समान ही इसे भी 'अनादिसिद्ध' कहा गया है। यह परमतीर्थ, तपोवन तथा साक्षात् परात्पर ब्रह्म है। जीवों के स्वामी परमेश्वर भी बद्री हैं। कहते हैं कि तीर्थों में स्वधर्म का विधिपूर्वक पालन करते हुए मृत्यु भी हो जाए तो मुक्ति मिलती है। केदार में शिवलिंग की पूजा करने से ही मोक्ष मिलता है। काशी में मरे हुए मनुष्य को तारकब्रह्म मुक्ति देता है, किंतु बद्रीनाथ के केवल दर्शन करने से ही मनुष्य मुक्ति का पात्र बन जाता है।

बद्रीनाथ में ही साक्षात् सनातनदेव परमात्मा नारायण का वास है। वहीं समस्त तीर्थों को विद्यमान मानना चाहिए। महाभारत का वनपर्व इसी तथ्य को प्रकट करता है–

'यत्र नारायणो देवः परमात्मा सनातनः।
तत्र कृत्स्नं जगत् सर्वं तीर्थन्यायतनानि च॥
तत् पुण्यं परमं ब्रह्म तत् तीर्थं तत् तपोवनम्।
तत् परं परमं देवं भूतानां परमेश्वरम्॥
शाश्वतं परमं चैव धातारं परमं पदम्।
पं विदित्वा न शोचंति विद्वांवः शास्त्रदृष्टयः॥'

वराहपुराण में निर्दिष्ट है कि बद्री आश्रम का स्मरण करने से ही स्मरणकर्ता दोबारा श्री वैष्णवधाम को पाने का भागी बनता है, जिसे दोबारा प्राप्त करना वर्जित कहा गया है–

'श्रीदर्याश्रमं पुण्यं यत्र यत्र स्थितः स्मरेत्।
स याति वैष्णवं स्थान पुनरावृतिवर्जितः॥'

10. हरिद्वार

हरिद्वार हिंदुओं का एक प्रसिद्ध तीर्थ और कुंभ स्थल है। यहां गंगा नदी पहली बार पर्वतीय अंचल को छोड़कर मैदानी भाग में उतरती है। इसे 'गंगाद्वार' भी कहते हैं। माना जाता है कि इस तीर्थ के एक स्नान से हरि (विष्णु) लोक के द्वार खुल जाते हैं। कुंभ और अर्धकुंभ की आयोजन स्थली होने से इस स्थान का माहात्म्य बढ़ जाता है।

हिमालय की हिमाच्छिदित पर्वतमालाओं के बीच बद्रीनाथ, केदारनाथ, गंगोत्री, यमुनोत्री आदि तीर्थ सांस्कृतिक एवं धार्मिक समन्वय का केंद्र रहे थे। इन्हीं की वजह से उत्तराखंड को देवभूमि कहा जाता है। इस पावन भूमि का प्रवेश द्वार हरिद्वार है। यहीं पर हर 12वें वर्ष में कुंभ पर्व आयो. जित होता है। हरिद्वार को मायापुरी भी कहा गया है और यह मोक्षदायी सातपुरियों– अयोध्या, काशी, कांची, उज्जैन, द्वारका, मथुरा में से एक है। इसका उल्लेख स्कंद पुराण में भी मिलता है–

'काशी कांची च मायाख्या त्वपोध्या द्वारवत्यपि।
मथुरावान्तिका चैता: सप्तपुर्योंऽत्र मोक्षदा।।'

स्कंद पुराण में ही हरिद्वार को कैलाश के समान महत्त्वपूर्ण कहा है। इसे गंगाद्वार कहकर इसका माहात्म्य बताया गया है कि–

'गंगाद्वार समं तीर्थं न कैलाश समोगिरि।'

कैलाश जैसा पर्वत तथा हरिद्वार जैसा तीर्थ कोई नहीं है। हरिद्वार का महत्त्व वहां बहने वाली गंगा नदी से है। पद्म पुराण में इसे महापुण्यदायी बताते हुए उल्लेख मिलता है–

'हरिद्वार महापुण्यं श्रृणु देवर्षिसन्तम।
यत्रं गंगा वहत्येव तत्रोक्यं तीर्थमुक्तम्।।'

गंगा और हरिद्वार युगों-युगों से प्रसन्नता और मुक्ति-फल एवं मोक्ष

प्रदान करती रही है। पुण्य सलिला नदी का संस्कृति और आस्था से निकट संबंध है। इनका साक्षात् दर्शन हरिद्वार में होता है।

हरिद्वार एक प्राचीन नगरी है, जिसकी लोकप्रियता विदेशों में भी रही है। हरिद्वार की प्रसिद्धि सुनकर ही चीनी यात्री ह्वेनसांग सातवीं शताब्दी में हरिद्वार आया था। उसने 'मोन्यु लो' नाम से इसका उल्लेख किया है। किन्तु 'मोन्यु लो' आधुनिक मायापुरी गांव कहा जाता है; जो हरिद्वार के समीप ही है, जहां आज भी प्राचीन मंदिरों एवं किलों के भग्नावशेष विद्यमान हैं।

हरिद्वार को पौराणिक समय में कपिला कहा जाता था, क्योंकि यहां कभी कपिल मुनि का तपोवन हुआ करता था, जो आज भी रमणीय और मोहक दिखाई देता है। आज का हरिद्वार पहले की अपेक्षा काफी विस्तृत हो चुका है किंतु पहले की तरह ही आज भी हरिद्वार के ब्रह्मकुंड में स्नान कर स्वयं को पवित्र करने और पुण्य कमाने के लिए तीर्थयात्री और साधु-संत आते हैं।

इतिहास में इसके प्रमाण मिलते हैं कि 796 ईसवी में हरिद्वार के कुंभ में 20 से 25 लाख लोग शामिल हुए थे। थॉमस हार्डविक ने अपने दस्तावेज एवं डायरी में इसका उल्लेख किया था। इसके 12 वर्ष के पश्चात् दूसरे कुंभ का उल्लेख कैप्टन एफ.वी. रेपर ने अपनी डायरी में किया। सातवीं सदी के कुंभ के समय स्वयं ह्वेनसांग भी उपस्थित था। कहते हैं कि कुंभ पर्व के अवसर पर सम्राट हर्षवर्धन समाज के विभिन्न वर्गों के लोगों को दान इत्यादि भेंट करते थे। गांधीजी भी कुंभ पर्व के साक्षी बने। 5 अप्रैल, 1915 को आयोजित कुंभ के अवसर पर गांधी और कस्तूरबा दोनों ने ही कुंभ का पुण्य अर्जित किया था। कुंभ, गंगा और हरिद्वार के पुण्य से अकबर और जहांगीर आदि मुगल सम्राट भी प्रभावित थे। 1603 ईसवी में सम्राट जहांगीर ने स्वयं कुंभ के प्रबंध कार्य की देखरेख की थी। गंगा ने युगों से इसी तरह हर पुण्य अभिलाषी को पुण्य प्रदान किया और अपनी गति को बनाए रखा।

हरिद्वार पहुंचने से पहले गंगा 300 मील की यात्रा करती है। पहाड़ी अंचलों से उफनती, इठलाती गंगा हरिद्वार के मैदानी क्षेत्र में पहुंचने पर थोड़ा शांत हो जाती है। एक ऊंची पहाड़ी पर स्थित मनसा देवी (दुर्गा देवी) का मंदिर है, जहां से मैदान में प्रवाहित गंगा का नयनाभिराम नजारा दिखता है। बालू भरे तटीय भाग और पथरीले किनारों के बीच सहसा गंगा लुप्त होती है और फिर शिवालिक पर्वतमाला में से निकलकर सामने आती है।

मोक्षदायिनी गंगा

कर्मकांडी मंत्रोच्चार के बीच हरिद्वार का कृत्रिम सौंदर्य लोगों को आकर्षित करता है। गंगा की धार स्नान करते यात्रियों को पुण्य प्रदान करती सुनसान प्रदेश में कदम रखती है। 100 मील तक गंगा इसी प्रदेश में बहती है, जिसके दाईं ओर खादर (खादिर) है। यह निचली भूमि वर्षा ऋतु में अगम्य दलदल में बदल जाती है। यहां उगने वाली लंबी पिच्छल घास इसे अनोखा रूप देती है, तो बाईं ओर गढ़वाल में जंगल का राज है, जो हिमालय तक फैले हैं।

इससे आगे का जलमार्ग शिवालिक पहाड़ियों से टूटकर आई चट्टानों से अटा दिखता है, जो जलमार्ग को अवरुद्ध करता है। भम्भर में नदी की चाल क्षीण हो जाती है, तो प्रति मील 20 फीट की ढलान पर उतरना पड़ता है। बीच-बीच में हर मील पर ढलान से सामना होता है। बीच-बीच में नदी अपना मार्ग बदलती है, जो कहीं-कहीं बैकवाटर में बदलता है, किंतु सूखे के मौसम में नदी पल-पल सूखती रहती है, जिसके सूखने पर जंगली जीवों को नदी पार कर आबादी वाले गांवों में अतिक्रमण करने में कोई असुविधा नहीं होती। दिसंबर में सूखी नदी आधा मील तक सिमट आती है, तो वर्षा में 20 मील तक कब्जा कर लेती है। पानी 30 फीट तक बढ़ जाता है। नदी की यह विषमता धरातल को असमान बनाती है और तटवर्ती गांव, नगरों आदि का उत्थान-पतन करता है। नदी तट से 18 मील दूर बसा ध्वस्त पटियाली नगर, महलों, मंदिरों-मस्जिदों के खंडहर नदी के रौद्र स्वभाव की गाथा सुनाते हैं।

किंतु विनाशकारी धारा मिट्टी को उपजाऊ बनाकर उन जीव-जंतुओं एवं जल-जीवों के जीवन निर्वाह का आधार बनाती है, जो उसके क्षेत्र में वास करते हैं।

हरिद्वार का माहात्म्य

पद्मपुराण एवं महाभारत में हरि का द्वार कहे जाने वाले हरिद्वार का सर्वोच्च माहात्म्य बताया गया है—

'स्वर्गद्वारेण तत् तुल्यं गंगाद्वारं न संशयः।
तत्रोभिषेक कुर्वीत कोटितीर्थे समाहितः॥
लभते पुण्डरीकं च कुल चैव समुद्धरेत्।
तत्रैकरात्रिवासेन गोसहस्राफल लभेत्॥
सप्तगंगे त्रिगंगे च शक्रावर्ते च तर्पयन्।
देवान् पितृंश्च विधिवत् पुण्ये लोके महीयते॥

तत्: कनरवले स्नात्वा त्रिरात्रोपोषितो नरः।
अश्वमेधमवाप्नोति स्वर्गलोकं च गच्छति।।'

अर्थात्—- हरिद्वार स्वर्ग के द्वार के समान है। इसमें संशय नहीं है। वहां जो एकाग्र होकर कोटितीर्थ में स्नान करता है, उसे पुण्डरीक-यज्ञ का फल मिलता है। वह अपने कुल का उद्धार कर देता है। वहां एक रात निवास करने से सहस्र गोदान का फल मिलता है। सप्तगंगा, त्रिगंगा और शकावर्त में विधिपूर्वक देवर्षि पितृतर्पण करने वाला पुण्यलोक में प्रतिष्ठित होता है। तदंतर कनखल में स्नान करके तीन रात उपवास करें। ऐसा करने वाला अश्वमेध यज्ञ का फल पाता है और स्वर्गगामी होता है।

हरिद्वार के तीर्थस्थल

हरिद्वार को हरद्वार, हरिद्वार, कुशावर्त, गंगाद्वार आदि नामों से भी जाना जाता है। पौराणिक संदर्भों के अनुसार, हरिद्वार अपने आप में एकल तीर्थ नहीं है, बल्कि यह पांच पुरियों— मायापुरी, हरिद्वार, कनखल, ज्वालापुर और भीमगोड़ा— से मिलकर संयुक्त रूप से बनी है। ये सभी विशेषकर, मायापुरी हरिद्वार के विस्तार के अंतर्गत आते हैं। ये सभी वस्तुत: अपने आप में संपूर्ण तीर्थ हैं। कहते हैं कि हरिद्वार में ही मैत्रेय जी ने विदुर को श्रीमद्भागवत् की कथा सुनाई थी। मुनिवर नारद ने सप्तर्षियों से श्रीमद्भागवत सप्ताह कथा सुनी थी। संभवत: इसलिए यह वैष्णव तीर्थ कहा जाता था, तथापि सभी धर्मों के लोगों के लिए यह एक आस्थामयी एवं पावन तीर्थ है।

हरिद्वार में हर छठे और 12वें वर्ष में क्रमश: अर्धकुंभ और कुंभ का आयोजन होता है। हर 12वें वर्ष में जब सूर्य और चंद्र मेष राशि पर तथा बृहस्पति कुंभ राशि में होते हैं, तो हरिद्वार में कुंभ पर्व आयोजित होता है। देवासुर संग्राम में अमृत मंथन में प्राप्त कलश को असुरों से बचाते हुए उसकी कुछ बूंदें छलककर हरिद्वार में भी गिरी थीं, इसलिए तीर्थयात्री अमृत का सत् पाने के लिए कुंभ में यहां स्नान करते हैं।

प्रतिवर्ष चैत्र माह में मेष संक्रांति पर यहां मेला लगता है। कुंभ में लाखों तीर्थयात्री गंगा में स्नान कर विष्णुचरण की पूजा-अर्चना करते हैं। जनश्रुति है कि हरिद्वार में मृत्यु को पाने वाला प्राणी परमपद पाता है। जबकि स्नान करने पर उसके जन्म-जन्मांतर के पाप कट जाते हैं और परलोक जाने पर उसे हरिपद की प्राप्ति होती है। अनेक पौराणिक धर्मग्रंथों में हरिद्वार की प्रशंसा एवं माहात्म्य का वर्णन है।

हरिद्वार के तीर्थ एवं दर्शनीय स्थल

हरिद्वार में अनेक तीर्थस्थल एवं दर्शनीय स्थान हैं, जो आस्था एवं अर्चना का केंद्र हैं। इनके बारे में कहा गया है–

'गंगाद्वारे कुशावर्ते बिल्वके नीलपर्वते।

स्नात्वा कनखले तीर्थे पुनर्जन्म न विद्यते।।'

अर्थात्– गंगाद्वार (हरि की पौड़ी), कुशावर्त, बिल्केश्वर, नील पर्वत तथा कनखल– ये पांच तीर्थ हरिद्वार में हैं। इनमें स्नान करने एवं दर्शन से पुनर्जन्म नहीं होता है।

हरि की पौड़ी

हरि की पौड़ी को 'ब्रह्मकुंड' भी कहा जाता है। इसके संबंध में प्रचलित है कि राजा भगीरथ द्वारा गंगाजी को धरती पर लाने के पश्चात् राजा श्वेत ने इसी जगह पर ब्रह्माजी की आराधना की। ब्रह्माजी ने प्रसन्न होकर वर मांगने को कहा तो राजा ने कहा कि यह स्थान आपके नाम से प्रसिद्ध हो। आप भगवान विष्णु और शिव के साथ यहां वास करें। यहीं पर सभी तीर्थों का वास हो। ब्रह्माजी के एवमस्तु कहने पर इसका नाम ब्रह्मकुंड हुआ और वर स्वरूप यहां स्नान करने वाले परमपद के अधिकारी बनते हैं।

हरि की पौड़ी की प्रसिद्धि भर्तृहरि से जुड़ी है, जो राजा विक्रमादित्य के भाई थे। तपस्या कर परमपद पाने वाले भर्तृहरि की स्मृति में विक्रमादित्य ने यहां कुंड और पौड़ियां (सीढ़ियां) बनवाई थीं। कुंड में एक ओर से गंगा आती है और दूसरी ओर से निकल जाती है। कुंड में ही हरि (विष्णु) की चरण पादुका के अलावा मनसादेवी, महादेव, गंगाघाट एवं साक्षीश्वर के मंदिर भी हैं। सायंकाल में होने वाली आरती गंगा की शोभा एवं आस्था को सर्वोच्च स्तर पर ले जाती है।

कुशावर्त

ब्रह्मकुंड से दक्षिण दिशा में स्थित कुशावर्त में विशेषकर मेष की संक्रांति पर पितरों को पिंडदान देने से उनका पुनर्जन्म नहीं होता है। कहते हैं यहां दत्तात्रेयजी ने एक पैर पर खड़े होकर 10000 वर्ष तक तप किया था। तप के दौरान गंगा की एक प्रबल धारा ने उनके कुशा चीर, कमंडल और दंड को बहा कर ले जाने का प्रयास किया, जो घाट पर रखे थें, किंतु तप के प्रभाव से वह बहने की बजाय भंवर (आवर्त) रूप में वहीं घूमने लगी। समाधि खुलते ही ऐसा दृश्य देख वह गंगा को भस्म करने

को आतुर हुए तो ब्रह्मा सहित सभी देवों ने आकर उन्हें मनाया। तब ऋषि ने देवों से वहीं निवास करने का आग्रह किया। चूंकि उनकी कुश आदि वस्तुएं वहां आवर्त रूप में घूमी थीं, इसलिए उस स्थान का नाम कुशावर्त रखने का निवेदन किया।

बिल्केश्वर

हरि की पौड़ी के मार्ग में ललतारों नदी से कुछ दूरी पर बिल्केश्वर पर्वत पर बिल्केश्वर महादेव मंदिर है। जहां मंदिर के भीतर और मंदिर के बाहर बेल के विशाल वृक्ष के नीचे एक-एक मूर्ति है। मंदिर के बाईं ओर स्थित गुफा में देवी की प्रतिमा है। इन दोनों मंदिरों के बीच शिवधारा नामक कल्याणकारी नदी है, जिसमें स्नान कर शिवलिंग का दर्शन करने वाला शिवतुल्य हो जाता है। केदार खंड के अनुसार शिवलिंग के दक्षिण में अश्वतर नामक महानाग का वास है, जो पशु एवं मानव रूप में तीर्थों पर स्नान करता है और बिल्व के माध्यम से पाताल गमन भी करता है।

नीलपर्वत

हरिद्वार के समीप नीलपर्वत के नीचे प्रवाहित होने वाली धारा नीलपर्वत कहलाती है, जिसे गंगा की मूल धारा कहा जाता है। जबकि घाटों पर बहने वाली धारा कृत्रिम व मानव निर्मित है, जिसमें प्रवाहित गंगाधारा के बाद बचा शेष जल कनखल के समीप इसी नीलधारा में प्रवाहित कर दिया जाता है। इस धारा में स्नान कर पर्वत पर स्थित नीलेश्वर महादेव के दर्शन करना पुण्यदायी कहा गया है। इस पर्वत पर महादेव के नील नामक गण ने शिवलिंग स्थापित कर शिव को प्रसन्न करने के लिए घोर तप किया था। नील गण के कारण ही पर्वत को नील पर्वत, जलधारा को नीलधारा तथा स्थापित शिवलिंग को नीलेश्वर कहते हैं।

कनखल

यहां पर गंगा की नहरधारा और नीलधारा दोनों का संगम होता है। कहते हैं कि खल नामक गण को यहां आकर ही मुक्ति मिली थी, इसलिए इसका नाम कनखल पड़ा।

इन पांच प्रधान तीर्थों के अलावा यहां अन्य कई तीर्थस्थल हैं, जिनमें 10वीं शताब्दी में बने माया देवी के मंदिर में देवी की तीन मस्तक व चार हाथों वाली प्रतिमा है, जिसके एक हाथ में त्रिशूल एवं एक में नरमुंड है। मायाघाट पर भैरों एवं अष्टभुजी शिव की मूर्तियां हैं। रामघाट पर वल्लभ

मोक्षदायिनी गंगा

संप्रदाय के श्रीमहाप्रभु की बैठक, विष्णुघाट पर विष्णुतप स्थली, गणेशघाट पर गणेश प्रतिमा, पिंडदान कर प्रेतयोनि से मुक्ति दिलाने वाली नारायणी शिला, नीलपर्वत के शिखर पर चंडीदेवी मंदिर एवं मार्ग में काली मंदिर है। ब्रह्मकुंड से दक्षिण दिशा में स्थित गऊघाट पर स्नान करने से गौहत्या से मुक्ति मिलती है। महात्मा श्रवणनाथ जी के मंदिर में पंचमुखी महादेव की प्रतिमा है। चंडीदेवी मंदिर के पास पवनपुत्र हनुमान की माता अंजनी देवी का मंदिर तथा बिल्व वृक्षों के समूह के पास गौरीशंकर मंदिर है।

हरि की पौड़ी से ऋषिकेश मार्ग की ओर बीच में भीमगोड़ा तीर्थ है, जिसके कुंड में पहाड़ी सोते का पानी आता है। कहते हैं कि तपस्या के दौरान भीमसेन के घुटनों की चोट से यह कुंड बना था। इससे आगे कांगड़े के राजा द्वारा निर्मित मंदिर में 24 अवतारों की मूर्तियां हैं। सप्तधारा से आगे कुंडयुक्त सत्यनारायण का मंदिर है। हरिद्वार से कुछ आगे दक्ष प्रजापति का मंदिर है। शिव इनके जमाता थे। जब सती ने योगाग्नि द्वारा स्वयं को भस्म किया, तो शिव ने क्रोधवश दक्ष का सिर काटकर उसे हवनकुंड में भस्म कर दिया था और बाद में देवों के कहने पर बकरे का सिर लगाकर उन्हें जीवित किया था।

हरिद्वार के ऊपर वाले भूक्षेत्र अर्थात्- हिमालयी भाग को इसी कारण देवभूमि पुकारा गया है, क्योंकि हिमालय में स्थित चार धामों की यात्रा यहीं से आरंभ होती है। यही यात्रा पथ का प्रवेश द्वार है। इसी को वैष्णव संप्रदाय ने 'हरिद्वार' कहा, तो शैव लोगों ने इस मायापुरी को 'हरद्वार' पुकारा। हरिद्वार की हरितिमा, प्राकृतिक सौंदर्य के कारण ही एलिंपट नामक लेखक ने इसे स्विट्जरलैंड की संज्ञा दी थी।

11. प्रयाग

हरिद्वार की पावन धरती को अपने जल से निर्मल करके गंगा आगे बढ़ जाती है। मार्ग में उसका पावन जल गढ़मुक्तेश्वर, सोरों, फरुखाबाद, कन्नौज, बिठूर, कानपुर आदि की धरती को सिंचित करता है। हरिद्वार से लगभग 800 किलोमीटर की धरती को पार कर गंगा की धारा प्रयाग में प्रवेश करती है और यहां सदानीरा यमुना और गुप्तमार्ग से प्रवाहित होती सरस्वती नदी से मिलती है। इन तीनों नदियों के मिलन स्थल को ही संगम कहा जाता है, तो यहां बहती इनकी धारा त्रिवेणी नाम धारण करती है। एक साथ तीन नदियों के अमृत सत् जल में स्नान करना किसी सौभाग्य से कम नहीं। यदि अवसर कुंभ और अर्धकुंभ का हो, तो इस नहान की महानता और पुण्य कई गुना अधिक हो जाता है।

तीनों नदियों का संगम ही इस स्नान की महता को बढ़ाता है। प्रयाग हिंदुओं का एक विश्वविख्यात महत्त्वपूर्ण तीर्थ है; जहां देश-विदेश के श्रद्धालु स्वयं को पापमुक्त करने के लिए आते हैं, इसलिए प्रयाग को तीर्थराज कहा जाता है।

वेदों में शुद्ध जल वाले स्थानों, नदियों और पुष्कर (तालाबों) आदि को तीर्थ कहा गया है। तीर्थ का मूलार्थ है– वह स्थान जो भवसागर यानी इस जन्म-मरण के जीवन से पार उतारे। स्कंद पुराण में विशुद्ध चेतना की प्राप्ति के स्थानों को तीर्थ कहा गया है, तो दूसरी ओर जिस भूभाग में संत-महात्मा निवास करते हैं, उसे भी तीर्थ की संज्ञा दी गई है। तीर्थ को पवित्र करने वाला भी कहा गया है। गंगा की धारा जहां भी बही, वही स्थान तीर्थ बन गया।

प्रयाग को तीर्थराज कहा गया। यहां प्राचीनकाल से ही नित-प्रतिदिन संत-साधुओं का आगमन होता रहा है। आज का इलाहाबाद ही कल का प्रयाग है। 1583 ईसवी में सम्राट अकबर ने प्रयाग का नाम बदलकर

मोक्षदायिनी गंगा

इलाहाबाद रखा था, जो इलाह और आबाद दो शब्दों से मिलकर बना था। अरबी शब्द इलाह का अर्थ 'अल्लाह के लिए' है, जो अकबर द्वारा चलाए गए नए धर्म दीन-ए-इलाही के संदर्भ में था, तो पारसी शब्द 'आबाद' का तात्पर्य 'ईश्वर द्वारा बसाया हुआ' अर्थात्–ईश्वर का शहर से था। किन्तु हिंदू धर्मावलंबी आज भी इसे प्रयाग ही पुकारते हैं।

प्राचीनकाल में इस शहर को प्रयाग (बहु-यज्ञ स्थल) कहा जाता था। सृष्टिकर्ता ब्रह्मा ने सृष्टि का निर्माण करने के बाद इसी स्थान पर पहला यज्ञ किया था। उसके पश्चात् संगम स्थल पर अनेक यज्ञ हुए, इसलिए प्रजापति के इस क्षेत्र को तीर्थराज कहा गया, जहां स्नान करने वाला स्वर्ग पाता है। माघ माह में संगम पर स्नान का विशेष माहात्म्य है, क्योंकि वनवास जाते हुए श्रीराम प्रयाग भी पधारे थे।

भौगोलिक दृष्टि से प्रयाग एक प्रायद्वीप रूप में है, जो तीन ओर से नदियों से घिरा है और एक ओर भूमि से। इस क्षेत्र को प्राचीन वत्स देश कहते हैं। गंगा-यमुना दोआब क्षेत्र के इस विशेष भाग में यमुना नदी अपना अंतिम पड़ाव डालती है। दोनों नदियों के बीच का दोआब भूक्षेत्र कृषि योग्य है, जबकि दक्षिण एवं पूर्वी गैर-दोआब क्षेत्र शुष्क व पथरीले हैं, जैसे कि समीपवर्ती क्षेत्र बुंदेलखंड और बोलखंड।

गंगा के भूजल ने अपने संपर्क में आने वाले हर स्थान को पावन किया है। पुराणों के अनुसार जो प्रयाग का दर्शन करके उसका नाम उच्चारण करता है तथा वहां की मिट्टी लेकर अपने शरीर पर आलेप करता है, वह पापमुक्त हो जाता है और तत्पश्चात् गंगा में स्नान करके स्वर्ग के पुण्य का भागी बनता है। यदि वह सौभाग्यवश वहां मृत्यु को प्राप्त होता है, तो संसार में दोबारा उसका जन्म नहीं होता है। वह जन्म और मरण के सांसारिक चक्र से मुक्ति पा जाता है। जो व्यक्ति प्रयाग में कदम रख देता है, वह भी कदम-कदम पर अश्वमेध यज्ञ से प्राप्त फल पा लेता है।

प्रयाग शब्द की उत्पत्ति यज् धातु से मानी जाती है, जिसका उल्लेख महाभारत के वनपर्व (87.18-19) में मिलता है। पुराणों में प्रयाग, प्रयाग. मंडल, वेणी तथा त्रिवेणी की कई व्याख्याएं की गई हैं किन्तु तीनों लोकों में प्रयाग की ख्याति प्रजापति की पुण्यस्थली के नाम से है।

पद्मपुराण के अनुसार वेणी क्षेत्र (गंगा-यमुना के मिलन क्षेत्र) प्रयाग की सीमा में प्रयोग, प्रतिष्ठान (झूंसी) एवं अलर्कपुर (अरैल) नामक तीन कूप हैं। वहां तीन अग्निकुंड भी हैं, जिनके बीच से होकर गंगा की धारा प्रवाहित होती है। गंगा-यमुना के बीच की भूमि को पृथ्वी का कटिप्रदेश

(जघन) कहा गया है, यानी पृथ्वी का सबसे समृद्ध भाग या मध्य भाग।

विभिन्न पुराणों में प्रयाग का महात्म और ऐतिहासिकता का उल्लेख मिलता है। रामायण के अनुसार यहां के जल से ही प्राचीनकाल में राजाओं का अभिषेक होता था। 'नरसिंह पुराण' (65.17) में विष्णु को प्रयाग में योगमूर्ति के रूप में स्थित बताया गया। मत्स्य पुराण (111.4-10) में कहा गया है कि रुद्र (शिव) द्वारा एक कल्प के उपरांत प्रलय करने पर भी प्रयाग नष्ट नहीं होता। उस समय प्रतिष्ठान के उत्तरी भाग में स्वयं ब्रह्मा छद्म वेश में, विष्णु वेणीमाधव रूप में तथा शिव अक्षय वटवृक्ष रूप में आवास करते हैं। वट की रक्षा स्वयं शूलपाणी करते हैं और यहां मरने वाला शिवलोक प्राप्त करता है। इंद्र प्रयाग की रक्षा करते हैं।

कहा जाता है कि यहां माघ महीने में सभी तीर्थों का वास रहता है, इसलिए इस महीने में यहां रहने का बहुत शुभ फल मिलता है। यहां सिद्ध, गंधर्व, देवता और ऋषियों का आवास रहता है, जो पापी शक्तियों से प्रयाग की रक्षा करते हैं। यहां पर कभी ऋषि भारद्वाज का आश्रम हुआ करता था, जिसके कुछ चिह्न आज भी देखे जा सकते हैं। तीर्थयात्रियों को प्रयाग जाकर एक मास तक निवास करने तथा संयमपूर्वक देवताओं एवं अपने पितरों की पूजा करने पर मोक्षकारी एवं अभीष्ट फल प्राप्त होता है। धर्मग्रंथ कहते हैं कि अपने घर में ही यदि मृत्यु शय्या पर पड़ा व्यक्ति प्रयाग का नाम स्मरण कर ले, तो वह ब्रह्मलोक पहुंचकर सिद्ध मुनियों की संगत पाता है।

पद्मपुराण में कहा गया है–

'प्रयागं तु नरो यस्तु माघस्नानं करोति च।
न तस्य फलसंख्यास्ति शृणु देवर्षिसत्तम॥'

अर्थात्– प्रयाग में जो माघ स्नान करता है, उसके पुण्य फल की कोई गणना नहीं है।

प्रयाग का माहात्म्य बताते हुए पद्मपुराण (23.34-35) में कहा गया है–

'ब्राह्मीनपुत्रीत्रिपथास्त्रिवेणी
समागमेनाक्षतयोगमात्रान्।
यत्राप्लुतान् ब्रह्मपदं न्यन्ति
स तीर्थराजो जयति प्रयागः॥
श्यामो वटाडश्यामगुणं वृणोति
स्वच्छायया श्यामलया जनानाम्।

श्याम: श्रमं कृन्तति या दृष्ट:
स तीर्थराजो जयति प्रयाग:।।'

अर्थात्– सरस्वती, यमुना और गंगा का जहां संगम होता है, जहां स्नान करने वाले ब्रह्मपद को प्राप्त होते हैं, उस तीर्थराज प्रयाग की जय हो। जहां श्यामल अक्षयवट अपनी छाया से मनुष्यों को दिव्य सत्वगुण प्रदान करता है, जहां भगवान माधव अपने दर्शन करने वालों का पाप-ताप काट डालते हैं, उस तीर्थराज प्रयाग की जय हो।

तीर्थराज प्रयाग के माहात्म्य वैदिक साहित्य विशेष पद्मपुराण में अधिक मिलता है। सातों मोक्षदायी पुरियों– अयोध्या, मथुरा, माया (हरिद्वार), काशी, कांची, अवंतिका (उज्जैन) तथा द्वारका को इनकी रानियां कहा गया है जैसे– ग्रहों में सूर्य तथा तारों में चंद्रमा है, वैसे ही तीर्थ में प्रयागराज सर्वोत्तम है।

गंगा-यमुना और गुप्त रूप से बहती सरस्वती की धारा प्रयाग क्षेत्र को तीन भागों में बांटती है, जो अग्निस्वरूप यज्ञवेदी कहे जाते हैं। गंगा-यमुना के मध्य का भाग गार्हपत्याग्नि, गंगापार का भाग प्रतिष्ठानपुर (झूंसी) आह्वनीय अग्नि तथा यमुनापार का भाग (अलर्कपुर अरैल) दक्षिणाग्नि माना जाता है, जिनके बीच से होकर गंगा की धारा प्रवाहित होती है। इन भागों में पवित्र होकर एक-एक रात्रि निवास से इन अग्नियों की उपासना का फल यात्री को मिलता है।

पद्मपुराण में प्रयाग की तुलना सूर्य, चांद से की गई है कि जैसे– ग्रहों में सूर्य तथा तारों में चंद्रमा है, वैसे ही तीर्थों में प्रयाग सर्वोत्तम है। तभी कहा गया है–

'ग्रहाणां च यथा सूर्यो नक्षत्राणां यथा शशि।
तीर्थानामुत्तमं तीर्थं प्रयागाख्यमनुत्तमम्।।'

प्रयाग में प्रति माघ महीने में मेला लगता है। यह 'कल्पवास' कहा जाता है। भक्तजन प्रतिवर्ष गंगा-यमुना के मध्य में कल्पवास करते हैं। कुछ लोग कल्पवास को सौर मास की मकर संक्रांति से कुंभ की संक्रांति तक मानते हैं, तो कुछ इसे चंद्र मास के अनुसार पूरे माघ महीने की संक्रांति मानते हैं। इसी के आधार पर तथा बृहस्पति, सूर्य आदि ग्रह-नक्षत्रों के आधार पर हर 12वें वर्ष कुंभ तथा हर छठे वर्ष अर्धकुंभ मेला लगता है।

कहते हैं कि सम्राट हर्षवर्धन प्रयाग में हर पांचवें वर्ष धर्म-सभा का आयोजन करते थे और उसमें अपना सर्वस्व दान किया करते थे।

प्रयाग के मुख्य कर्म

भारतीय संस्कृति में तीर्थों और नदियों को आदरणीय माना गया है, जहां पूजा-पाठ, कर्म-कांड, दान-दक्षिणा, स्नानादि से विशेष फल प्राप्त होता है। लगभग हर तीर्थ में स्नान की परंपरा का निर्वाह होता है, किंतु हर तीर्थ का कुछ-न-कुछ विशेष कर्म होता है। प्रयागराज का विशेष कर्म क्षौरकर्म अर्थात्– शिरोमुंडन है और सभी तीर्थों में केवल प्रयाग में ही मुंडन कराने की विधि है। 'त्रिस्थलीसेतु' के अनुसार त्रिवेणी संगम के पास निश्चित स्थान पर मुंडन होता है। विधवा स्त्रियां भी मुंडन करा सकती हैं। साथ ही बच्चे एवं सधवा स्त्रियां अपने पति की आज्ञा से अपनी वेणी के अग्रभाग का वेणीदान कर सकती हैं। सौभाग्यवती स्त्रियां अपने पति के साथ त्रिवेणी तट पर वेणी का संकल्प लेती हैं। तत्पश्चात् हल्दी लगाकर त्रिवेणी में स्नान करती हैं और फिर बाहर आकर पति अपनी पत्नी की वेणी के किनारे पर मंगल-द्रव्य बांधता है और वेणी का अग्रभाग बंधे हुए मंगल-द्रव्य सहित काटकर स्त्री के हाथ में रखता है। स्त्री उस कटी हुई वेणी को अंजलि में लेकर तथा समस्त आवश्यक सामग्री रखकर त्रिवेणी की धारा में प्रवाहित करती है और नमस्कार एवं स्नान कर अपने सभी पापकर्मों से मुक्ति पाती है। स्त्रियों के लिए केवल प्रयाग में ही क्षौरकर्म का विधान है।

उल्लेखनीय है कि संगम का स्थान ऋतु के अनुसार बदलता रहता है। वर्षा के दिनों में गंगाजल सफेदी लिए मटमैला हो जाता है, तो यमुना का जल लालिमायुक्त रहता है। शीत ऋतु में गंगाजल अत्यंत शीतल और यमुना जल कुछ गर्म लगता है।

स्नान और अन्य धार्मिक कर्मों के अलावा श्रद्धालु प्रयाग की परिक्रमा भी करते थे। इसमें प्रयाग की अंतर्वेदी परिक्रमा दो दिन में होती है तो बहिर्वेदी परिक्रमा 10 दिन में। परिक्रमा में कुछ गंगा और कुछ यमुना के तीर्थ शामिल रहते थे, जिनमें से कुछ तो अब लुप्त हो चुके हैं।

प्रयाग के प्रमुख देव स्थानों के बारे में कहा गया है–

'त्रिवेणी माधव सोम भरद्वाज च वासुकिम्।
वंदेऽक्षयवटं शेषं प्रयागं तीर्थनायकम्॥'

अर्थात्– त्रिवेणी, बिंदुमाधव, सोमेश्वर, भरद्वाज, वासुकिनाग, अक्षयवट और शेष (बलदेवजी) ये प्रयाग के मुख्य स्थान हैं।

संगम से या सोमेश्वरनाथ का दर्शन करने गंगा पार जाने पर मुंशी के बाग में बिंधुमाधव का दर्शन होता है। यमुनापार अरैलग्राम में बिंदुमाधव मंदिर के पास यह छोटा शिव मंदिर है। शिवकुटि (कोटितीर्थ) गंगातट पर स्थित तीर्थ है, जहां श्रावण मेला लगता है। बिंदुमाधव के पास सोमनाथ

का छोटा शिव मंदिर है और उससे एक मील दूर नागवासुकि मंदिर पर नागपंचमी मेला भरता है। प्रयाग के तीर्थों में अक्षयवट मुख्य है, जिसके पत्ते पर विष्णु शयन करते हैं। यह त्रिवेणी संगम से थोड़ी दूर संगम तट पर स्थित एक किले के भीतर है, जिसे जैन मतावलंबी भी पूजनीय मानते हैं। अक्षयवट का दर्शन करने से ब्रह्महत्या नष्ट हो जाती है। यह आदिवट कल्पांत में देखा जाता है। कहते हैं इसके नीचे ऋषभदेव जी ने तप किया था। नागवासुकि से आगे लगभग दो मील पश्चिम पर गंगा किनारे शेष (बलदेव जी) का मंदिर है।

इनके अलावा यहां लेटे हनुमान, मनकामेश्वर, अलोपी देवी, ललिता देवी, शक्तिपीठ दर्शनीय स्थल हैं। तंत्रचूड़ामणि के अनुसार ललिता देवी प्रयाग के 51 शक्तिपीठों में से एक शक्तिपीठ हैं। यहीं पर सती की हाथों की उंगलियां गिरी थीं। सलिला देवी और भव भैरव को यहां की शक्ति कहा जाता है, जबकि ललिता देवी का मूल शक्तिपीठ अलोपी देवी माना जाता है।

प्रयाग के आसपास और गंगा के तटवर्ती स्थानों पर अनेक तीर्थस्थान अपना-अपना इतिहास लिए हैं और भक्तगणों की आस्थाओं को मजबूत करते हैं।

दुर्वासा आश्रम– संगम से छह मील दूर गंगा किनारे पर दुर्वासा मुनि का मंदिर है, जहां श्रावण मास में मेला लगता है। यहीं पर कभी दुर्वासा मुनि का आश्रम हुआ करता था।

सीतामढ़ी– वाल्मीकि रामायण के विवरणों से महर्षि वाल्मीकि आश्रम का गंगा किनारे और प्रयाग के आसपास होने का पता चलता है, जहां लक्ष्मण ने सीता को वन में छोड़ा था। यहीं लव-कुश का जन्म हुआ था, इसे ही सीतामढ़ी वाल्मीकि आश्रम कहा जाता है।

शृंगवेश्वर विभाजक कुंड– शृंगवेश्वरपुर गांव से कुछ दूरी पर रामचौरा गांव में गंगा किनारे बने एक मंदिर में श्रीराम के चरणचिह्न हैं।

सीताकुंड– प्रयाग से 41 मील दूरी पर भैरव और शंकर जी के स्थान हैं और सामने गंगा के दूसरे तट पर कुटई बसती है। इन दोनों स्थानों के बीच गंगा नदी में सीताकुंड है; जो अद्भुत है, क्योंकि गंगा की धारा दक्षिण तट पर हो तो इस कुंड में जल उत्तर की ओर रहता है और जब धारा उत्तर की ओर रहती है, तो कुंड में जल दक्षिण की ओर रहता है।

गंगा, तीर्थ और प्रयाग परिक्रमा

गंगा के कारण ही प्रयाग का महत्त्व रहा है। यहां के अनेक तीर्थ गंगा,

यमुना और सरस्वती की गोद में हैं और जो कुछ दूर हैं, वे किसी-न-किसी तरह इन पावन नदियों के जल से सिंचित होते हैं। भक्तगण प्रयाग आकर त्रिवेणी और वहां स्थित तीर्थों का दर्शन कर समग्र लाभ उठाना चाहते हैं और इसलिए वर्षों से वे प्रयाग एवं गंगा से पावन होते तीर्थों की परिक्रमा करते रहे हैं, जिसके द्वारा वे गंगा-यमुना की गोद में स्थित इन तीर्थों का पुण्य कमा सकें। यहां विधि-विधान से अंतर्वेदी एवं बहिर्वेदी परिक्रमा की जाती रही है। हालांकि कुछ तीर्थ मंदिर आदि केवल सांकेतिक रह गए हैं, फिर भी इसका माहात्म्य यथावत बना हुआ है। परिक्रमा के कई तीर्थ गंगा में पड़ते हैं, तो कई यमुना में।

अंतर्वेदी परिक्रमा

इसके अंतर्गत त्रिवेणी स्नान करके द्रौपदीघाट के पास जलरूप में विराजमान बिंदुमाधव का पूजन होता है और फिर परिक्रमा प्रारंभ होती है। यमुना नदी में मधुकुल्या, घृतकुल्या, निरंजनतीर्थ, आदित्यतीर्थ और विले. तक ऋणमोचन तीर्थ हैं। इनमें स्नान या मार्जन करते हैं। यमुना किनारे ही आगे पापमोचन तीर्थ, सरस्वतीकुंड के नीचे परशुराम तीर्थ, गोधट्टन तीर्थ, पिशाचमोचन तीर्थ, कामेश्वर या मनकामेश्वर तीर्थ, कपिल तीर्थ, इंद्रेश्वर, शिव, तक्षककुंड, तक्षकेश्वर शिव, बरुआघाट के आगे दरियाबाद मोहल्ले में यमुना किनारे कालीयह्रद, चक्र तीर्थ, ककहराघाट के पास सिंधुसागर तीर्थ, आगे पांडवकूप, गढ़ईसराय में वरुणकूप, इससे आगे कश्यपतीर्थ, चौक में द्रव्येश्वरनाथ शिव, सूर्यकुंड होते हुए भरद्वाज आक्षय (कर्नल गंग) में रात्रि विश्राम करें।

प्रात:काल भरद्वाज आश्रम में स्थित भरद्वाजेश्वर, सीताराम आश्रम, विश्वामित्र आश्रम, गौतम आश्रम, जमदग्नि आश्रम, वशिष्ठ आश्रम, वायु आश्रम के दर्शन करें और उसके बाद गंगा में स्थित तीर्थ स्थलों– उच्चै: श्रद्धा स्थान, नागवासुकि, ब्रह्मकुंड, दशाश्वमेधेश्वर, लक्ष्मीतीर्थ, महोदधितीर्थ, मलापहतीर्थ, उर्वशीकुंड, शुक्रतीर्थ, विश्वामित्रतीर्थ, बृहस्पतितीर्थ, अत्रितीर्थ, दत्तात्रेयतीर्थ, दुर्वासातीर्थ, सोमीतीर्थ, सारस्वत तीर्थ को प्रणाम कर त्रिवेणी में स्नान करें।

बहिर्वेदी

अंतर्वेदी परिक्रमा पूर्ण करके अगले दिन बहिर्वेदी परिक्रमा का विधान है, जो 10 दिनों में पूरी होती है।

पहले दिन– त्रिवेणी स्नान एवं पूजन आदि कर अक्षयवट का दर्शन कर किले के नीचे से यमुना को पार करें। उस पार शूलककेश्वर, सुधारसतीर्थ,

यमुनाजी में उर्वशीकुंड, आदिमाधव बिंदु के दर्शन करें। किनारे-किनारे हनुमानतीर्थ, सीताकुंड, रामतीर्थ, वरुणतीर्थ एवं चक्रमाधव को प्रणाम करने के उपरांत सोमेश्वरनाथ में रात्रि को विश्राम करें।

दूसरे दिन– नदी के किनारे-किनारे सोमतीर्थ, सूर्यतीर्थ, कुबेरतीर्थ, वायुतीर्थ, धारा में विद्यमान अग्नितीर्थ– को प्रणाम करने के बाद देवरिख गांव में महाप्रभु श्रीवल्लभाचार्य की बैठक का तथा नैनी गांव में गदामाधव का दर्शन करके कंबलाश्वतर होने के पश्चात् रात्रि में रामसागर में विश्राम करें।

तीसरे दिन– वीकर देवरिया में यमुना तट पर रात्रि में ठहरें और श्राद्ध कर्म कर अनंत फल प्राप्त करें। यहां यमुना नदी के मध्य स्थित एक पहाड़ी पर महादेव का मंदिर है।

चौथे दिन– वीकर में यमुना पार करके करहदा के पास वनखंडी महादेव में रात्रि में ठहरें।

पांचवें दिन– बेगमसराय से आगे नीमाघाट होते हुए द्रौपदी घाट में रात्रि को विश्राम करें।

छठे दिन– शिवकोटि तीर्थ पर रात्रि में ठहरें।

सातवें दिन– पडि़ला महादेव के दर्शन कर मानस तीर्थ पर रात्रि विश्राम करें।

8वें दिन– झूसी होते हुए नागेश्वरनाथ क्षेत्र में नाग तीर्थ का दर्शन करें और रात्रि में शंकरमाधव में विश्राम करें।

नवें दिन– व्यास आश्रम, समुद्रकूप, ऐलतीर्थ, संकष्टहर माधव (हंसतीर्थ), संध्यावद, हंसकूप, ब्रह्मकुंड, उर्वशी तीर्थ एवं अरुंधती होकर रात्रि में प्रतिष्ठानपुर (झूसी) में ठहरें।

10वें– दिन झूसी से त्रिवेणी जाकर परिक्रमा समाप्त होती है। कहते हैं बहिर्वेदी परिक्रमा करने वालों को 10वें दिन त्रिवेणी तट पर जाकर पुन: अंतर्वेदी परिक्रमा करनी चाहिए।

हालांकि आज दर्शनार्थी केवल संगम स्नान को ही प्राथमिकता देते हैं, किंतु गंगा आज भी प्रयाग की धरती को पहले की तरह ही पावन करती कल-कल बहती है और आने वाले लोगों को त्रिवेणी का माहात्म्य प्रदान करती है।

कुंभ, प्रयाग और त्रिवेणी का संगम

माघी अमावस को जब बृहस्पति (गुरु) वृष राशि में हो तथा सूर्य व चंद्रमा मकर राशि पर हों, तो प्रयाग में कुंभ स्नान का योग बनता है। जहां देश-विदेश के श्रद्धालु आकर सामूहिक स्नान, दान, पुण्यकर्म की

परंपरा का पालन करते हैं। जो भारत की साधना, चिंतन, दर्शन, ज्ञान, अध्यात्म की परंपरा का निर्वाह करते हैं। प्रयाग का कुंभ पर्व सभी मेलों में सर्वाधिक महत्त्वपूर्ण माना जाता है, क्योंकि प्रयाग में ही गंगा और यमुना नदी के साथ सरस्वती की धारा गुप्त रूप से मिलती है। इन तीन नदियों के मिलन के कारण ही यह स्थान संगम या त्रिवेणी कहलाता है। संगम स्थल पर गंगा और यमुना नदियों का पानी दो अलग-अलग रंगों की धारा में स्पष्ट दिखाई देता है, किंतु सरस्वती की धारा दिखाई नहीं देती है। इन तीन नदियों के संगम के कारण ही यहां होने वाला कुंभ अत्यंत पावन और वृहद् माना जाता है, क्योंकि यहां के पवित्र जल में स्नान करने से आत्मा भी पवित्र और निर्मल हो जाती है तथा स्नान करने वाले को सीधे मोक्ष प्राप्त होता है। कुंभ के दौरान इलाहाबाद में नदी के किनारे खाली पड़ा स्थान भी अस्थायी नगर बन जाता है। दूर-दूर तक उत्सव का वातावरण दिखाई देता है।

प्रयाग को हिंदू धर्म का एक महत्त्वपूर्ण तीर्थ स्थल कहा गया है, जिसे तीर्थराज प्रयाग कहा जाता है। गंगा हरिद्वार से आगे लगभग 800 किलोमीटर की यात्रा करती है। इस दौरान वहां गढ़मुक्तेश्वर, सोरों, फर्रुखाबाद, कन्नौज, बिठूर, कानपुर से होते हुए इलाहाबाद यानी प्रयाग पहुंचती है।

परंपरास्वरूप त्रिवेणी तट के जल और स्थल पर समस्त प्रकार के पूजा-कर्म एवं दान-दक्षिणा का अधिकार प्रयागवालों को है, जो उच्चकोटि के ब्राह्मण जाति के हैं। इसमें सरयू पार के और कान्यकुब्ज दोनों समुदायों के लोग हैं। कहते हैं कि इनके कविरापुर (अयोध्या) निवासी पूर्वजों को ही त्रेता युग में भगवान राम ने लंका विजय के उपरांत रघुकुल का पुरोहित बनाया था। उनके मिश्रकुल के तीर्थ पुरोहित ही प्रयाग में तीर्थगुरु हैं। यहां के प्राचीन निवासी होने के कारण ही इनका नाम प्रयागवाल पड़ा। तीर्थगुरु प्रयागवाल, पंडा जाति शब्द वास्तव में एक ही जाति प्रयागवाल का पर्यायवाची है।

प्रयागवाल दो प्रकार के होते हैं– पीढ़ियां, जो मूल प्रयागवाल हैं तथा परदेसी, जो मूल प्रयागवाल के संबंधी हैं, जो कालांतर में आकर यहां बसे। प्रयागवाल द्वारा ही समस्त प्रकार के कर्म-कांड और दान-उपदान करवाए जाते हैं। प्रयागवाल अपने यजमानों की वंशावलियां रखते हैं, इसलिए प्रयाग में हर तीर्थ यात्री का एक विशेष पुरोहित होता है और यात्री का धार्मिक गुरु होने के कारण प्रयागवाल को ही त्रिवेणी क्षेत्र में दान लेने का अधिकार होता है। यद्यपि यहां अन्य प्रांतों के प्रांतपति तीर्थ पुरोहित भी

प्रयाग में वास करने आए हैं।

जिला गजेटियर में भी उल्लेख मिलता है कि—

'जो यात्री प्रयाग में आता है, उसका समस्त प्रकार का धार्मिक कर्म-कांड प्रयागवाल ही कराता है...।'

त्रिस्थलीसेतु में त्रिवेणी व गंगा के बारे में कहा गया है—

गंगा, यमुना और सरस्वती के त्रिवेणी संगम को 'ओंकार' नाम से ही अभिहित किया गया है, क्योंकि ओंकार का 'ओ३म' परब्रह्म परमेश्वर की ओर एक रहस्यात्मक एवं आध्यात्मिक संकेत करता है और वास्तव में यही सर्वसुख प्रदान करने वाली त्रिवेणी का सूचक है। ओंकार का अकार सरस्वती का प्रतीक है। अकार यमुना का प्रतीक है और मकार गंगा का प्रतीक है। ये तीनों ही क्रमश: प्रद्युम्न, अनिरुद्ध तथा संकर्षण अर्थात्— (हरि के व्यूह) को दर्शाने वाली है। इस तरह से इन तीनों का संगम त्रिवेणी कहा गया है।

महाभारत के वनपर्व एवं मत्स्यपुराण के अनुसार प्रयाग में नित्य स्नान का 'वेणी' अर्थात्— दो नदियों (गंगा और यमुना) का संगम स्नान कहते हैं। अन्य धर्मग्रंथों में गंगा और यमुना के मध्य की भूमि को पृथ्वी का जहान या कटिप्रदेश कहा गया है, जिसका अर्थ है पृथ्वी का सबसे अधिक समृद्ध प्रदेश या मध्य भाग, जो 'दोआब' भी कहा जाता है।

कहते हैं कि प्रयाग में तीर्थयात्रा के लिए आते समय यदि आरंभ में ही मृत्यु हो जाए और वह मृत्यु आने से पूर्व प्रयाग का नाम ले ले, तो उसे पुण्यफल प्राप्त होता है। यदि अपने घर में भी मरते समय प्रयाग का स्मरण करें, तो भी पुण्यफल की प्राप्ति होती है। वह ब्रह्मलोक पहुंचता है और वहां सिद्ध, मुनियों और संन्यासियों के बीच रहता है। यही विचारधारा आस्थावान लोगों में गहरे तक पैठ कर गई। वे अंतिम समय में प्रयाग की ओर आते थे, किंतु इसी आस्था ने आत्महत्या की कुरीति को जन्म दिया। यद्यपि सामान्य सिद्धांत के अनुसार प्रयाग में आत्महत्या करना निषिद्ध एवं निषेध है, किंतु मध्यकाल में यह प्रवृत्ति बड़ी तेजी से बढ़ी। पुराणों के अनुसार प्रयाग में आत्मघात करने वाले को मोक्ष की प्राप्ति होती है।

आदिपुराण एवं अत्रिस्मृति में कहा गया है कि ब्राह्मण के हत्यारे, सुरापान करने वाले, ब्राह्मण का धन चुराने वाले, असाध्य रोगी, शरीर की शुद्धि में असमर्थ, वृद्ध जो रोगी भी हों, रोग से मुक्त न हो सकता हो— ये सभी प्रयाग में आत्मघात कर सकते हैं।

नारद पुराण में भी कुछ ऐसा ही उल्लेख मिलता है कि जो गृहस्थ

संसार के बंधन से मुक्त होना चाहता हो, वह भी त्रिवेणी संगम पर जाकर वटवृक्ष के नीचे आत्मघात कर सकता है। पत्नी के लिए पति के साथ सहमरण या अनुकरण का भी पता चलता है, लेकिन गर्भवती स्त्री के लिए यह विधान नहीं है।

कूर्म पुराणों में आत्महत्या से मोक्ष की प्राप्ति तथा गंगा-यमुना के संगम पर आत्महत्या करके स्वर्ग प्राप्त करने का विवरण मिलता है और ऐसा व्यक्ति पुन: नरक नहीं देखता।

हालांकि प्रयाग में वैश्यों और शूद्रों के लिए आत्महत्या विवशता की स्थिति में यदा-कदा ही मान्य थी, किंतु ब्राह्मणों एवं क्षत्रियों के द्वारा आत्म-अग्न्याहुति दिया जाना एक विशेष विधान के अनुसार उचित कहा गया था। ऐसी इच्छा करने वाले गृहण के लिए ऐसा करते थे या फिर किसी व्यक्ति को पैसा देकर डूबने के लिए क्रय कर लेते थे। ऐसे विवरण भारत आने वाले यात्री अलबरुनी ने भी दिए हैं।

किंतु संगम, गंगा में या प्रयाग में आत्महत्या के पीछे सामान्य धारणा यह थी कि इस धार्मिक आत्मघात से मनुष्य जन्म-मरण के बंधन से मुक्ति पा जाता है और उसे स्थायी अमरत्व (मोक्ष) या निर्वाण की प्राप्ति हो जाती है। इसी प्रवृत्ति से अहिंसावादी जैन धर्मावलंबी भी इस धार्मिक आत्मघात को बढ़ावा देने लगे। आस्था के साथ चरम अपराधबोध का मेल कालांतर में कम होता गया, किंतु गंगा के प्रति आस्थाएं अटूट एवं अडिग ही रहीं।

12. विंध्याचल

प्रयाग से दक्षिण-पूर्व से पूर्व को प्रवाहित होकर गंगा मिर्जापुर पहुंचती है। मिर्जापुर जिले में गंगा के तट पर विंध्याचल देवी पहाड़ फोड़कर निकली थी। यहां शरद ऋतु में आश्विन-शुक्ल प्रतिपदा से नवमी तक तथा वसंत में चैत्र शुक्ला प्रतिपदा से नवमी तक का समय नवरात्र कहा जाता है, जहां इस दौरान मेला आयोजित किया जाता है। गंगातट से विंध्यवासिनी देवी का मंदिर केवल दो फर्लांग है। गंगा की धारा चाहे कितनी भी नीचे रहे, किंतु मंदिर के कुंड में गंगाजल हमेशा मौजूद रहता है, जो आश्चर्य का विषय है, क्योंकि यह मंदिर काफी ऊंचाई पर है। विंध्यवासिनी की गणना 108 शक्तिपीठों में की जाती है।

मार्कंडेय पुराण में देवीमाहात्म्य में इसका वर्णन मिलता है कि—

'देवताओं! वैवस्वत मन्वंतर के 28वें युग में शुंभ और निशुंभ नामक दो अन्य महादैत्य उत्पन्न होंगे। तब मैं नंदगोप के घर में उनकी पत्नी यशोदा के गर्भ से अवतीर्ण हो विंध्याचल में जाकर रहूंगी और उन दोनों असुरों का नाश करूंगी।'

वामनपुराण के 56वें अध्याय में इन दोनों महादैत्यों के हनन की कथा मिलती है। श्रीमद् देवीभागवत के दशमस्कंध में कथा मिलती है कि मनु ने क्षीरसागर के तट पर 100 वर्षों तक देवी की आराधना करते हुए घोर तपस्या की तो भगवती ने उनके सामने प्रकट होकर वर मांगने को कहा। मनु ने उनसे सारस्वत मंत्र जपने वाले के लिए भोग मोक्ष की सुलभता, जाति समरता, जन्म-जन्मांतर का ज्ञान, सद्भाषणकला आदि वर मांगे, तो देवी ने इनके साथ मनु को निष्कंटक का राज भी दिया और विंध्याचल पर जाकर विंध्यवासिनी हो गई।

श्रीदुर्गासप्तशती में उल्लेख मिलता है कि शुंभ-निशुंभ नामक दैत्यों से पीड़ित देवता देवी की प्रार्थना कर रहे थे, तो वहां से गुजरती पार्वती देवी

ने पूछा कि वे किसकी स्तुति कर रहे हैं? तभी पार्वती के शरीर कोश से निकली एक तेजोमयी देवी ने बताया कि ये मेरी स्तुति कर रहे हैं। इस कारण उस देवी को 'कौशिकी' कहा गया, जिन्होंने शुंभ-निशुंभ का वध किया था, किंतु कौशिकी के अवतरण से पार्वती देवी का शरीर काला पड़ गया, तो वह काली कहलाईं। देवी के ललाट से भयानक मुख वाली चामुंडा देवी ने प्रकट होकर राक्षसों का वध किया और रक्तबीज नामक असुर का रक्त पी गईं। कौशिकी देवी को ही 'विंध्यवासिनी' कहा जाता है।

मिर्जापुर में गंगा नदी पर 20 घाट हैं, जिन पर अनेक मंदिर हैं, जिनमें श्री तारकेश्वरनाथ महादेव का मंदिर सबसे प्रसिद्ध है। विंध्याचल में देवी के तीन मंदिर मुख्य हैं– विंध्यवासिनी, महाकाली और अष्टभुजा। विंध्यवासिनी मंदिर से थोड़ी दूरी पर विंध्येश्वर महादेव का मंदिर है। विंध्याचल के उत्तर गंगा के पार रेत में एक छोटी चट्टान पर विंध्येश्वर शिवलिंग है, जो गंगा नदी में बाढ़ आने पर जलमग्न हो जाता है।

विंध्याचल में रजवाड़ी स्टेशन से लगभग तीन मील दूर गोमती का गंगा से संगम होता है, जो अत्यंत पावन माना जाता है। गंगा का जल गोमती से मिलकर उसे भी अपने औषधीय गुणों से युक्त कर एकाकार कर देता है। संगम के पास ही मार्कंडेश्वर महादेव का मंदिर है। कहा जाता है यहां मार्कंडेय ऋषि की तपोभूमि रही है।

मुगलसराय से 28 मील दूर गंगा किनारे जमदग्नि ऋषि का आश्रम है। यहां कभी मदा नामक नरेश ने यज्ञ कर दो मील दूर मदनेश्वर-शिवमंदिर बनवाया था।

गंगा के दाहिने तट पर आधा मील लंबी और एक मील चौड़ी पहाड़ी है, जो देखने में किसी विशाल चरण की भांति लगती है। कहते हैं यह भगवान वामन का उन तीन चरणों में से पहला चरण था, जिसमें उन्होंने राजा बलि से तीन पग भूमि मांगी थी। यह स्थान चुनार कहलाता है; जिसका प्राचीन नाम चरणाद्रि है, जो राजा भर्तृहरि की तपोभूमि रही है। यहां गंगा नदी में जरगो नामक छोटी नदी मिलती है, जो गंगा तट के दृश्य को अत्यंत मनोरम बनाती है। गंगा तट पर बने अनेक मंदिर यहां की शोभा बढ़ाते हैं।

13. काशी

तीर्थराज प्रयाग की धरती को पार करके मोक्षदायिनी गंगा विंध्याचल क्षेत्र से होकर हिंदू धर्म की एक अन्य पवित्र नगरी काशी में पहुंचती है, जिसे आज 'वाराणसी' कहा जाता है। यह हिंदुओं का एक महत्त्वपूर्ण तीर्थ है; जहां गंगा एक वक्र मार्ग ग्रहण करती है, जिससे यह यहां 'उत्तरवाहिनी' कहलाती है। किन्तु यहां से पलायन करने से पूर्व गंगा अनेक तीर्थों एवं भक्तों का उद्धार करती है। काशी को मंदिरों का शहर कहा जाता है। कहा जाता है कि काशी सात पुरियों में से प्रमुख है। शेष पुरियों– अयोध्या, मथुरा, हरिद्वार, कांची, उज्जैन एवं द्वारका कही गई हैं, किंतु केवल काशी ही साक्षात् मोक्ष देती है।

काशी में गंगा की पश्चिमवाहिनी धारा अत्यंत पावन मानी गई है। प्रयाग, हरिद्वार और गंगासागर के समान ही काशी में प्रवाहित गंगाधारा का माहात्म्य भी है। प्रयाग में गंगा पश्चिमवाहिनी बनकर यमुना को साथ लेती है, लेकिन यह पश्चिमवाहिनी धारा नाममात्र की है। वास्तव में काशी से 15 मील आगे जाने पर बलुआ नामक बाजार से ही गंगा पश्चिमवाहिनी हो जाती है। यहां से यह 4 मील तक पश्चिमवाहिनी रहकर बहती है और चंद्रावती में उत्तर की ओर मुड़ती है। बलुआघाट पर ही मकर संक्रांति के अवसर पर पश्चिमवाहिनी स्नान का मेला लगता है।

काशी लगभग 3000 वर्षों से भारत के हिंदुओं का पवित्र तीर्थस्थान रहा है, तो दूसरी ओर धार्मिक आस्था का केंद्र भी। यह महत्ता गंगा और यहां बहती अन्य नदियों के कारण मिली, जिनके कारण इसे कभी काशी तो कभी वाराणसी पुकारा गया। स्कंद पुराण के काशीखंड के अनुसार काशी के 12 नाम हैं, यथा– काशी, वाराणसी, अविमुक्त, आनंदकानन, महाश्मशान, रुद्रावास, काशिका, तप:स्थली, मुक्तिभूमि (क्षेत्रपुरी) और

शिवपुरी (त्रिपुरारि राजनगरी)।

काशी और गंगा के माहात्म्य के बारे में स्कंद पुराण में कहा गया है–

'जो पृथ्वी पर होने से भी पृथ्वी से संबद्ध नहीं है (साधारण पृथ्वी नहीं है– तीन लोकों से न्यारी है), जो अधःस्थित (नीची होने पर भी) स्वर्गादि लोकों से भी अधिक प्रतिष्ठित एवं उच्चतर है, जो जागतिक सीमाओं से आबद्ध होने पर भी सभी का बंधन काटने वाली मोक्षदायिनी है, जो सदा त्रिलोकपावनी भगवती भागीरथी के तट पर सुशोभित तथा देवताओं से सुसंवित है, वह त्रिपुरारि भगवान विश्वनाथ की राजनगरी संपूर्ण जगत को नष्ट होने से बचाए।'

कहा जाता है कि यह नगरी भगवान शंकर के त्रिशूल पर बसी है और प्रलय में भी इसका नाश नहीं होता है। इसका काशी नाम काश् धातु से निर्मित है, जिसका तात्पर्य प्रकाशित होना या करना है। इस आधार पर यह मनुष्य के निर्वाण एवं मोक्ष पथ को प्रकाशित करती है। भगवान शिव की परम सत्ता यहां प्रकाशित होती है। धर्म में आसक्ति रखने वाला काशी में मृत्यु प्राप्त कर मोक्ष पाता है। जहां देह त्यागने से प्राणी जन्म-मरण के चक्र से मुक्त हो जाए, यह वही अविमुक्त क्षेत्र है। भगवान शंकर मरणोन्मुख प्राणी को तारलमंत्र सुनाते हैं, जो उसे तत्त्वज्ञान प्रदान करता है। वह अपना ब्रह्मस्वरूप जान लेता है।

ब्रह्म और कूर्म पुराण में वर्णित है कि किसी समय यहां वरुणा और असी नामक दो नदियां बहा करती थीं, जिनके बीच में यह भूप्रदेश स्थित था। इसी कारण इसका नाम 'वाराणसी' पड़ा। ये दोनों नदियां गंगा में मिलती थीं। इनके नाम पर 'वरुणा संगम घाट' एवं 'असी संगम घाट' वाराणसी में बने हैं। जाबालोपनिषद् में वरुणा को त्रुटिनाशिनी और असी को पापनाशिनी कहा गया है।

भगवान शिव ने अपनी प्रिय काशी को 'आनंदकानन' कहा। काशी का अंतिम नाम 'श्मशान' और 'महाश्मशान' है, क्योंकि प्राणी मृत्योपरांत इस सर्वाधिक पवित्र भूमि पर लेटकर सांसारिक बंधनों से मुक्ति पाता है।

इतिहासकार काशी को अत्यंत प्राचीन नगरी मानते हैं; जो उस गंगा की धारा से पावन होती रही है, जिसका शिव की जटाओं में वास रहा है। जब शिव ने यहां वास किया होगा तो गंगा की धारा सीधे जटाओं से निकलकर काशी की धरती पर गिरी होगी। पहले यह भगवान की माधवपुरी थी, जिसका वर्णन वेदों में भी मिलता है, जैसे–

'आप इव काशिना संगृमीताः', 'मधवन्! काशीरिते', 'यज्ञः काशीनां

भरतः सात्वतामिव।'

पद्मपुराण में भगवान शंकर ने स्वयं कहा है कि 'अविमुक्त प्रसिद्ध प्रेतभूमि है और संहारक के रूप में यहां रहकर मैं संसार का विनाश करता हूं।'

अविमुक्त वस्तुत: उस पवित्र स्थल को कहते हैं, जो 1200 फीट में विश्वेश्वर के मंदिर में चारों दिशाओं तक फैला होता है। इसे काशीखंड में पंचकोश तक विस्तृत बताया है, किंतु यहां अविमुक्त का अर्थ काशी से है। उस काशी प्रदेश से, जिसका संपूर्ण अंतर्वृत्त पश्चिम में गोकर्णेश से लेकर पूर्व में गंगा की मध्यधारा तक तथा उत्तर में भारभूत से दक्षिण में ब्रह्मकोश तक फैला है। काशी भागीरथी के बाएं तट पर अर्धचंद्राकार रूप में तीन मील तक फैला है और निरंतर विस्तृत होता जा रहा है।

पुराणों के अनुसार, वाराणसी को उत्तर से दक्षिण तक वरुणा और असी से घिरी हुई बताया गया है, जिसके पूर्व में गंगा और पश्चिम में विनायक तीर्थ है। इसके धनुषाकार विस्तार का गंगा भी अनुसरण करती है। इसी तरह अन्य धर्मग्रंथों में भी इसका वर्णन मिलता है। कुछ धर्मग्रंथों में काशी और वहां प्रवाहित होने वाली नदियों के संबंध में रहस्यात्मक संकेत भी मिलते हैं। जैसे– काशीखंड के अनुसार असी को इडा, वरुणा को पिंगला तथा अविमुक्त के सुषुम्ना कहा गया है और इन तीनों का सम्मिलित रूप काशी है किंतु लिंग पुराण में असी, वरुणा और गंगा को क्रमश: पिंगला, इडा और सुषम्ना कहा गया है।

काशी का कण-कण शिव और गंगा से आच्छादित है। इसी कारण यहां भक्तगण पापमुक्त हो जाते हैं। स्वयं शिव भी काशी में प्रवेश करते ही ब्रह्मा हत्या से मुक्त हो गए थे और जहां उनके द्वारा काटा और उनके हाथों में चिपका ब्रह्मा का एक सिर छूटकर गिरा, वही 'कपालतीर्थ' कहलाया। काशी का माहात्म्य जानकर शिव ने इसे विष्णु से मांग लिया और यही बिंदुमाधव नाम से प्रतिष्ठित हुए।

मंदिरों के इसी शहर में भगवान शंकर का विश्वनाथ नामक ज्योतिर्लिंग है। काशीखंड में यहां 64 शिवलिंगों के होने का वर्णन मिलता है। ह्वेनसांग ने यहां 100 मंदिर देखे थे और एक मंदिर में भगवान महेश्वर की 100 फीट ऊंची तांबे की प्रतिमा भी थी, किंतु यवनों के आक्रमण ने काशी को ध्वस्त कर दिया। औरंगजेब ने इसका नाम मुहम्मदाबाद रख दिया, किंतु काशी का गौरव और वैभव नष्ट नहीं कर सका। थोड़े समय बाद काशी अपने पूर्व रूप में पुन: स्थापित हो गयी।

मणिकर्णिका का महत्त्व

कहते हैं कि शिव और गंगा ने काशी को मिटने नहीं दिया। अत: यह विधान है कि प्रत्येक काशीवासी को नित्य गंगाजल से स्नान कर विश्वनाथ का दर्शन करना चाहिए। यद्यपि औरंगजेब के शासनकाल के बाद से 100 वर्षों तक शिवलिंग को तीर्थयात्रियों की सुविधानुसार इधर-उधर स्थानांतरित किया जाता रहा, किंतु यह अमिट ही रही।

काशी में गंगा सभी मनुष्यों के बीच जात-पात का भेद मिटाती है। कोई भी, चाहे वह अस्पृश्य ही क्यों न हो, शिवलिंग को स्पर्श कर सकता है, क्योंकि विश्वनाथजी प्रतिदिन प्रात: ब्रह्मवेला में मणिकर्णिका घाट पर गंगा स्नान कर प्राणियों द्वारा ग्रहण की गई अशुद्धियों को धो डालते हैं।

काशी के अवांतर पांच तीर्थ

काशी में मणिकर्णिका घाट सहित पांच प्रमुख घाट हैं– वरुणा-संगमघाट, पंचगंगाघाट, दशाश्वमेध घाट, असी-संगमघाट। इन्हें पंचतीर्थ कहा जाता है। इनके अलावा गंगा तट के आसपास लगभग 50-60 घाट और भी हैं। तीर्थयात्री प्राय: मणिकर्णिका या दशाश्वमेध घाट पर ही स्नान करते हैं। इन घाटों का अलग महत्त्व है। वरुणा-संगमघाट पर पश्चिम से आने वाली वरुणा नाम की छोटी नदी गंगा में मिलती है। पहले वरुणा नदी के बाएं किनारे पर वशिष्ठेश्वर तथा ऋतीश्वर शिवमंदिर है। संगम के पास विष्ण गुपादोदक एवं श्वेतद्वीप तीर्थ है। संगम पर भाद्रशुक्ल 12 तथा महावारुणी पर्व के दिन मेला लगता है।

पंचगंगाघाट

इस घाट के संबंध में प्रचलित है कि यहां यमुना, सरस्वती, वरूणा एवं धूमतापा नदियां गुप्त रूप से गंगाजी में आकर मिलती हैं। यद्यपि इनमें से दो अदृश्य हैं। इस पंचन10ंगम पर स्नान करने वाला पंचभौतिक पदार्थयुक्त जीवनचक्र से मुक्त हो जाता हैं पांच नदियों के इस संगम को विभिन्न युगों में अलग-अलग नामों से अभिनिहित किया गया था, जैसे– सतयुग में धर्ममय, त्रेयायुग में धूतपातक, द्वापर में बिंदुतीर्थ तथा कलियुग में पंचनद।

मणिकर्णिकाघाट

इस घाट को 'वीरतीर्थ' भी कहते हैं। इस घाट के ऊपर मणिकणि का कुंड है, जिसमें चारों ओर सीढ़ियां हैं और उन सीढ़ियों से नीचे जाने पर जल प्राप्त होता है। कहते हैं कि हर 8वें दिन इस कुंड का पानी निकाल दिया जाता है और एक छिद्र से स्वच्छ जल की धारा अपने आप

मोक्षदायिनी गंगा

निकलकर कुंड को भरती है। मणिकर्णिका घाट का स्नान प्राणियों की अशुद्धियां धो डालता है।

दशाश्वमेधघाट

यह काशी का एक प्रमुख एवं प्रशस्त घाट है, जहां ब्रह्मा ने 10 अश्वमेध यज्ञ किए थे। यहां जल के भीतर रुद्र सरोवर तीर्थ है। यहां स्थित एक मंदिर में गंगा, यमुना, सरस्वती व अन्य देवों की मूर्तियां हैं। गंगा दशहरा पर यहां स्नान करने का विशेष माहात्म्य है। पहले यह स्थान रुद्रासर कहलाता था, किंतु ब्रह्मा द्वारा 10 अश्वमेध यज्ञ करने के कारण दशाश्वमेधघाट कहलाया।

असी-संगम घाट

इस घाट पर असी नामक नदी गंगा नदी में मिलती है। इसे हरिद्वार तीर्थ कहा गया है, जहां कार्तिक कृष्ण को स्नान का विशेष महत्त्व है। अन्य तीर्थों में ज्ञानवापी का नाम भी प्रमुख है। यहां भगवान शिव ने शीतल जल में स्नान करके यह वर दिया था कि यह तीर्थ अन्य तीर्थों से उच्चतर कोटि का होगा। मणिकर्णिका का तात्पर्य मुक्तिक्षेत्र है। इसलिए यह काशी का सर्वाधिक पावन तीर्थ एवं वाराणसी के धार्मिक एवं सांस्कृतिक जीवनक्रम का केंद्र रहा है। इसके संबंध में एक अत्यंत रोचक वृत्तांत मिलता है।

एक बार विष्णु ने अपने चिंतन एवं लौकिक शक्ति से यहां पर एक पुष्करिणी निर्मित की। वह यहां लगभग 50 हजार वर्षों तक घोर तप करते रहे। उनकी तपस्या से भगवान शिव प्रसन्न हुए। उन्होंने साक्षात् आकार तपरत् विष्णु के शीश को स्पर्श किया। इसी दौरान उनका एक मणिजड़ित कर्णभूषण (कान का आभूषण) नीचे जल में गिर पड़ा। इसी कारण से इस स्थान का नाम 'मणिकर्णिका' पड़ गया।

काशीखंड के अनुसार, भगवान शंकर यहां मृत्युशय्या पर पड़े सज्जन लोगों के कान में 'तारक मंत्र' फूंकते हैं और उनके लिए मोक्ष का मार्ग प्रशस्त करते हैं। जो संभवतः 'राम नाम' कहा गया है। इस कारण से यहां स्थित शिवमंदिर का नाम 'तारकेश्वर' पड़ा। काशीक्षेत्र के एक-एक पग में एक-एक तीर्थ की पवित्रता व्याप्त है।

प्रचलित है कि काशी में प्रवेश करने मात्र से ही इस जीवन के पापों की समाप्ति हो जाती है। साथ ही विविध पवित्र स्थलों पर स्नान करने से व्यक्ति को पूर्व जन्मों के पापों रो भी मुक्ति मिल जाती है।

काशी और गंगा के संबंध में काशीखंड का विशेष महत्त्व है। काशीखंड

वस्तुत: स्कंद पुराण का एक भाग है, जिसमें काशी के बहुसंख्यक तीर्थों, उनके इतिहास एवं माहात्म्य का विस्तारपूर्वक वर्णन मिलता है। विद्वान इसे काशीप्रदर्शिका कहते हैं। काशीखंड में तीन प्रकार के तीर्थ बताए गए हैं– जंगम, मानस और स्थावर।

पवित्र स्वभाव, सर्वकामप्रद ब्राह्मण और गौ जंगम तीर्थ हैं।

सत्य, क्षमा, शय, दय, दया, दान, आर्जव, संतोष, ब्रह्मचर्य, ज्ञान, धैर्य, तपस्या आदि मानस तीर्थ हैं।

गंगा आदि नदी, पवित्र, सरोवर, अक्षय वट आदि पवित्र वृक्ष, गिरि, कानन, समुद्र, काशी आदि पुरियां स्थावर तीर्थ हैं।

इनके अलावा जहां कहीं किसी महात्मा ने अवतरण लिया हो, हिंदू धर्म में उसे भी तीर्थ माना गया है। इस तरह से भारत की पुण्यभूमि में ऐसे असंख्य स्थान है, जो पुण्यदायी है। फलत: तीर्थयात्राएं पुण्यकारी कही गई हैं, जहां महापुरुषों के सत्संग से ज्ञान, बुद्धि, सत्कर्म में वृद्धि होती है।

काशी यद्यपि शिव नगरी है, किंतु यहां सभी संप्रदायों की गंगा प्रवाहित होती है, जो काशी की सीमा में पहुंचते ही एकरूप हो जाती है। तीर्थों की महत्ता का आधार उनका माहात्म्य है, जो पुण्यदायी एवं पाप विनाशक है। काशी के देवालयों में शिवालय अधिक हैं। काशीखंड में काशी में गण्य शिवलिंगों की कुल संख्या 511 बताई गई है, जिनमें 287 प्रधान शिवलिंग है, किंतु यह संख्या कम या अधिक भी हो सकती है। साथ ही सात नदियों, गंगा तट के पांच मुख्य तीर्थों, 14 कुंड एवं सरोवरों, दो वापी, 29 कूपों, दो स्तंभों, 32 तपस्थलों व स्थलतीर्थों तथा दो गुफाओं का भी बोध होता है।

काशी के हर स्थान की अपनी महत्ता है। आज भी दूरस्थ अंचलों से लोग जीवन के अंतिम प्रवास में मुक्ति की कामना लिए यहां आते हैं, जैसा कि हजारों वर्षों से परंपरा रही है। आठवीं शती का एक अभिलेख दर्शाता है कि लोग यहां मोक्ष की कामना लिए तप किया करते थे। गुप्तकाल में बनारस की पवित्रता एवं मोक्षधाम के रूप में प्रतिष्ठा के प्रति लोगों में विश्वास दृढ़ हो चुका था।

अग्नि पुराण के अनुसार यहां स्नान, जप, हवन, मरण, देव पूजा, श्राद्ध, दान एवं निवास करना मुक्तिदायक कृत्य है।

मत्स्य पुराण में गंगा के विषय में कहा गया है– 'हे विशालाक्षि जहां देव हैं, देवी हैं, गंगा नदी हैं, मिठाइयां हैं और शुभगति है, ऐसी वाराणसी किसे रुचिकर न होगी।'

मुक्ति के विषय में चाहे पुराणों में भिन्न मत हों, तथापि... 'काश्याम्

मरणान्मुक्ति' यानी काशी में मरने से मुक्ति मिलने के बारे में कोई संदेश नहीं है।

'अन्य मुक्तिक्षेत्र काशी को प्राप्त कराते हैं, किंतु काशी स्वत: मुक्ति देने वाली है, क्योंकि इसमें सातों पुरियां निवास करती हैं। अन्य तीर्थों पर निरंतर योगाभ्यास करने पर सैकड़ों जन्मों में भी योगी को मुक्ति मिले या न मिले, किंतु काशी में तो बिना प्रयत्न के केवल मरने से ही निश्चय ही मोक्ष लाभ मिलता है...।'

काशीखंड में जन्म-मरण से मुक्ति के संबंध में बताया गया है कि 'काशी में समय पर शरीर त्यागने वाले प्राणी सांसारिक विषय-वासना से लिप्त होने पर तथा धर्म का त्याग करने पर पुन: संसार में प्रवेश नहीं करते हैं... इसलिए सायुज्य मुक्ति काशी में ही संभव है। अन्यत्र सान्निध्य आदि मुक्तियां मिलती हैं, जबकि काशी में मरने वालों को अनायास ही मुक्ति मिल जाती है।'

किंतु काशी में रहकर पाप करने वाला भैरवी यातना का भागी बनता है। ऐसे लोगों को शिव की आज्ञा से दंडपाणी भैरव काशी से बाहर कर देते हैं। जो काशी में पाप करके अन्यत्र मरते हैं, वे राम नामक शिव गण द्वारा यातना पाते हैं और कालभैरव द्वारा दी गई भैरव यातना को हजारों वर्षों तक भोगते हैं। पुन: मनुष्य योनि में जन्म लेते हैं और काशी में मरकर तारकमंत्र ग्रहण कर मुक्ति पाते हैं।

वस्तुत: पौराणिक एवं ऐतिहासिक ग्रंथ काशी और वाराणसी को भिन्न मानते हैं। धर्मक्षेत्र काशी लौकिक दृष्टि से वाराणसी जनपद में है, जिसकी राजधानी वाराणसी है। काशी शिव का स्थाई निवास है, जो शिव के त्रिशूल पर भूतल से पृथक होकर टिकी है। अलौकिक दृष्टि से काशी अविनाशी है।

कहते हैं कि पूर्वकाल में इस जनपद या राज्य का नाम काशी था और वाराणसी इसकी राजधानी थी। रामायण एवं महाभारत में भी काशी को जनपद कहा गया है, तब यह वैदिक हिंदू धर्म का तीर्थ नहीं बना था। धर्मतीर्थ का सम्मान कालांतर में मिला तो काशी और वाराणसी एक-दूसरे के पर्यायवाची बन गए, क्योंकि काशी धर्मक्षेत्र का अधिकांश भाग एवं अधिकांश तीर्थ वाराणसी के भीतर ही थे परंतु आज काशी हिंदू धर्म का सर्वाधिक मान्य और सर्वोच्च तीर्थ है और इसका एक कारण काशी की धरती को पावन करती गंगा है। प्रयाग तीर्थराज माना जाता है। हरिद्वार भी सर्वमान्य तीर्थ है। इनके समान तीर्थ काशी भी है, जिसे पुराणों ने मोक्षपुरियों में सर्वश्रेष्ठ माना है। अग्नि पुराण के अनुसार काशी पूर्व-पश्चिम में ढाई

योजन (10 कोस) लंबी तथा दक्षिण-उत्तर में आधा-योजन (दो कोस) चौड़ी है। स्वयं शंकर ने काशी को वरुणा से शुष्क नदी असी तक फैला बताया है। इसके उत्तर में अयन तथा तिमिचंडेश्वर एवं दक्षिण में शंकफल एवं ओंकारेश्वर है।

काशी भौतिक रूप में उत्तर प्रदेश के पूर्वांचल में उत्तरवाहिनी गंगा के पश्चिम तट पर स्थित है, जिसमें अध्यात्म, धर्म और संसार तथा मोक्ष कण-कण में विराजमान है। यह धार्मिक और वैचारिक दृष्टि से भारत की प्रतिनिधि है। यहीं गौतम बुद्ध, महावीर, पार्श्वनाथ का धर्मक्षेत्र है।

काशी स्टेशन के पास ही गंगा नदी पर राजघाट स्थित पुल है, जहां से गंगा की दूरी नाममात्र की है। यहां से निकलती एक चौड़ी सड़क और गंगा के बीच का भाग पक्का महाल कहलाता है। शेष भाग को आज भी कच्चा महाल ही कहते हैं। काशी के अधिकांश मंदिर, मठ, संस्कृत पाठशालाएं पक्के महाल में ही स्थित है और अधिकांश लोग इसी स्थान पर रहना पसंद करते हैं, चाहे वे तीर्थयात्री हों, पंडे-पुजारी हों, संन्यासी हों या काशी में बसने वाली विधवाएं, क्योंकि यहां से गंगा और देवालय पास होते हैं। यद्यपि यह क्षेत्र राजघाट से लेकर अस्सी क्षेत्र तक लगभग पांच मील लंबा है, जिसके आगे गंगातट पर पक्के बड़े घाट, मंदिर और काशी के ऐतिहासिक वैभव को दर्शाते महल स्थित हैं।

काशी का वैदिक एवं पौराणिक इतिहास

काशी के माहात्म्य पर पौराणिक काल में विपुल साहित्य रचा गया, जिनसे ज्ञात होता है कि काशी प्राचीनकाल से एक समृद्ध राज्य था और वाराणसी इसकी राजधानी थी। पुराणों के अनुसार, काशी राज्य की स्थापना ऐल (चंद्रवंश) के क्षत्रवृद्ध नामक राजा ने की थी। उपनिषदों में काशी के राजा का नाम अजातशत्रु मिलता है।

जबकि महाभारत के अनुशासनपर्व के आधार पर महाराज सुदेव के पुत्र सम्राट दिवोदास ने गंगा तट पर वाराणसी की स्थापना की थी। दिवोदास धन्वंतरि का पौत्र था, जिसने आक्रमण कर भद्रश्रेण्य के 100 पुत्रों का वध कर वाराणसी क्षेत्र पर अधिकार कर लिया था, तब शिव ने क्रोधित होकर अपने गण निकुंभ को भेजकर काशी का विनाश करवा दिया और काशी हजारों वर्षों तक खंडहर ही पड़ी रही, तब शिव ने स्वयं आकर काशी वास किया तथा इसकी पवित्रता को समृद्ध किया।

जबकि एक अन्य कथा के अनुसार भगवान शंकर ने अनुभव किया

कि पार्वती को अपने पितृग्रह में रहना रुचिकर नहीं लगता था। पार्वती की प्रसन्नता के हेतु शिव ने हिमालय छोड़कर अन्यत्र बसने का मन बनाया। उन्हें काशी बहुत रमणीय लगा। उन्होंने अपने गण निकुंभ को आदेश देकर काशी (वाराणसी) को निर्जन करवा दिया, जिसे दिवोदास ने बसाया था। शिव अपने गणों के साथ वहां वास करने लगे। उनके सान्निध्य में देवता और नागलोग भी वहां बस गए।

दु:खी दिवोदास ने ब्रह्माजी की तपस्या कर वरदान मांगा कि 'देवता अपने दिव्यलोक में रहें और नाग पाताल लोक में। पृथ्वी मनुष्यों के लिए रहे।' ब्रह्मा के कथनानुसार ऐसा ही हुआ किंतु शंकर यहां विश्वेश्वर रूप से बस गए और शेष देवगण श्रीविग्रह रूप में स्थित हो गए किंतु मंदराचल जाने पर भी शिव का बनारस के प्रति आकर्षण कम न हुआ। उन्होंने दिवोदास को वहां से निकालने के लिए 64 योगिनियां भेजीं। दिवोदास ने उन्हें घाट पर स्थापित कर दिया। सूर्य भी वहां आने पर काशी का वैभव देख 12 रूपों में वहीं बस गए। तब शंकरजी की प्रेरणा से ब्रह्मा को वहां आना पड़ा। उन्होंने दिवोदास की सहायता से 10 अश्वमेध यज्ञ किया और स्वयं भी वहीं बस गए।

शंकरजी का मोह काशी के प्रगाढ़ ही रहा। यह देख ब्रह्माजी ब्राह्मण वेश में पधारे और दिवोदास को ज्ञानोपदेश दिया, जिससे दिवोदास का मन संसार से विरक्त हो गया। तब उसने स्वयं शिवलिंग की स्थापना की। विमान में बैठकर स्वयं मंदराचल पर्वत से शिव को अनुग्रह कर काशी में लाए और वहां स्थापित किया, तब से शिव काशी के कण-कण में बस गए।

काशी में ही राजा हरिश्चंद्र के सत्यवादिता की परीक्षा हुई थी। जब विश्वामित्र ने राजा हरिश्चंद्र से उनका सारा राजपाट दान में ले लिया, तब राजा हरिश्चंद्र काशी आ गए। यहीं के एक ब्राह्मण के घर उन्होंने अपनी पत्नी को दासी कर्म हेतु बेचा तथा स्वयं को चांडाल के हाथों बेचकर ऋषि को दक्षिणा देकर अपने धर्मपथ का पालन किया। कहते हैं कि आठवीं शती में शंकराचार्य को ब्रह्मज्ञान भी काशी में ही एक चांडाल से मिला था।

काशी में ही शिव को ब्रह्महत्या से मुक्ति मिली थी। विद्वान शिव को वैदिक देवता मानते हैं। सनातन धर्म वैदिक धर्म का ही रूपांतरण है। कहते हैं कि बहुत पहले काशी अनार्यों का प्रदेश था और शिव अनार्यों के देवता थे, किंतु शिवस्थल होने से पहले यह वैष्णव क्षेत्र था।

हर युग में काशी और शिव की जटाओं से बहती गंगा ने मनुष्य के निर्वाण पथ को प्रशस्त किया और भगवान शिव की परमसत्ता को प्रकाशित

किया, किंतु काशी केवल हिंदुओं के लिए ही नहीं अपितु बौद्ध एवं जैन मतावलंबियों के लिए भी श्रद्धा का स्थल है। भगवान बुद्ध ने यहां की भूमि पर ही पहला उपदेश दिया था। यहीं पर जैन धर्म के तीन तीर्थंकरों का जन्म हुआ था।

काशी की सभ्यता एवं संस्कृति का वर्णन विभिन्न धर्मग्रंथों में मिलता है। भारतीय ही नहीं, भारत आने वाले विदेशी यात्रियों ने भी काशी के वैभव का आकर्षक वृत्तांत दिया है।

'काशी का इतिहास' नामक पुस्तक में मोतीचंद्र ने काशी का सातवीं शताब्दी का वर्णन किया हैं, उस समय सातवीं शताब्दी के उत्तरार्द्ध में यहां हर्षवर्धन का शासन था। तब चीनी यात्री युवान च्यांग यहां आया था। उस समय वाराणसी की आबादी घनी थी, जिसमें बौद्ध धर्मावलंबी कम थे और अधिकतर जनसाधारण तथा अन्य धर्मों के अनुयायी थे। जनपद में 30 बौद्ध विहार थे, जहां सम्मिति निकाय के 3000 से ज्यादा भिक्षु निवास करते थे। मंदिरों की संख्या 100 से अधिक थी, जिनमें 20 विशेष मंदिर थे। उनके अनुयायी 10 हजार से अधिक थे। इनमें शैव मतावलंबियों की संख्या अधिक थी। एक मंदिर में कांसे की 100 फीट से ऊंची प्रतिमा भी थी। यहां के लोग काफी धनवान, शिष्ट एवं ज्ञानी थे, ज्ञानपिपासु थे। औरंगजेब ने काशी का नाम मुहम्मदाबाद तक रख दिया था, किंतु काशी की संस्कृति को दबा नहीं सका।

दूसरी शताब्दी ईसा पूर्व से ही वाराणसी दुनिया में एक प्रमुख नगर था। यह बात गल्लक जातक से पता चलती हैं। बनारस यानी वाराणसी के व्यापारी रेशम के वस्त्रों, सौंदर्य प्रसाधनों, सजावटी वस्तुओं और कलाकृतियों के विक्रय हेतु समुद्री यात्राएं करते थे। उनके माध्यम से वाराणसी की ख्याति दूर देशों तक फैली और वाराणसी के साथ-साथ गंगा का माहात्म्य भी दूर-दूर तक फैला।

दसवीं शताब्दी तक उत्तर भारत के मध्य देश में मगध गुप्त वंश, पाल वंश, कल्युरि वंश, गुर्जर प्रतिहार और गाहड़वाल वंश आदि का शासन रहा, किंतु 1033 में कल्चुरि नरेश गांगेयदेव का मध्य देश पर शासन रहा था। इसी समय महमूद गजनवी ने वाराणसी पर आक्रमण किया, किंतु ग्यारहवीं सदी के अंत तक गाहड़वालों का उदय हुआ, जो लगभग 100 वर्षों तक रहा। गाहड़वालों ने वाराणसी को अपनी दूसरी राजधानी बनाया तो यह नगर धार्मिक, सांस्कृतिक एवं व्यापारिक संबंधों में प्रमुख बन गया।

1194 ईसवी में मुहम्मद गोरी ने गाहड़वाल शासकों को पराजित किया

मोक्षदायिनी गंगा

वाराणसी के मंदिरों को धराशायी किया। इस पराजय से सारे उत्तर भारत में तुर्कों का शासन स्थापित हो गया। इसके पश्चात् वाराणसी ने निरंतर विदेशियों के आक्रमण झेले। अनेक मंदिर गिरे और बने, किंतु वाराणसी की आध्यात्मिक एवं सांस्कृतिक धरोहर का महत्त्व कम न हुआ।

औरंगजेब के पतन से दिल्ली पर मुगलों की पकड़ कमजोर पड़ गई। 1737 ईसवी में वाराणसी की जमींदारी एक हिंदू शासक को सौंप दी गई, जो अवध के नवाब के निर्देशों में यहां का स्थानीय शासन चलाता रहा।

कहते हैं कि भगवान विश्वनाथ काशी की रक्षा करते हैं। प्रत्येक कण उनकी छत्रछाया में सुरक्षित रहता है। इसलिए विधान है कि प्रत्येक काशी वासी को प्रतिदिन गंगा स्नान कर बाबा विश्वनाथ के दर्शन करने चाहिए।

अंतर्वेदी एवं पंचकोशी परिक्रमाएं

पौराणिक मत है कि काशी में प्रवेश करते ही मनुष्य के जन्म-जन्मांतर के पाप नष्ट हो जाते हैं और काशी में रहकर पाप करने वाला भैरवी यातना भोगता है। इससे बचने के लिए पंचकोशी यात्रा का विधान है, जो ब्रह्मवैवर्त पुराण में काशी रहस्य के अंतर्गत दिया गया है, यद्यपि भक्तों के लिए नित्ययात्रा एवं अंतर्वेदी परिक्रमा के भी निर्देश हैं, किंतु पंचकोशी परिक्रमा महत्त्वपूर्ण मानी गई है।

नित्ययात्रा प्राय: श्री गंगा में या मणिकर्णिका में स्नान करके भगवान विष्णु दंडपाणि, महेश्वर, ढुंढिराज, ज्ञानवापी, नंदिकेश्वर, तारकेश्वर तथा महाकालेश्वर का दर्शन करने के पश्चात् दंडपाणि, श्रीविश्वनाथ और अन्नपूर्णाजी का दर्शन कर पूरी होती है।

अंतर्वेदी परिक्रमा में प्रात:काल स्नान करके पंचविनायक एवं विश्वना. थजी का दर्शन कर निर्वाणमंडप में जाकर नियम-ग्रहण करने के उपरांत मणिकर्णिका में स्नान करके मौन होकर मणिकर्णिकेश्वर का पूजन करते हैं और तत्पश्चात् विभिन्न तीर्थों एवं देवों का दर्शन कर विश्वनाथजी का दर्शन कर मौन रूप से यात्रा समाप्त होती है।

जो लोग अंतर्वेदी परिक्रमा नित्य नहीं कर सकते और न ही नित्य यात्रा करने में सक्षम हों, वे प्रतिदिन मणिकर्णिका पर गंगा स्नान कर ढुंढिराज गणेश, श्रीविश्वनाथजी और कालभैरव का दर्शन करते हैं।

महत्त्वपूर्ण पंचकोशी के यात्रा मार्ग की लंबाई लगभग 47 से 50 मील है। इसके मार्ग पर सैकड़ों मंदिर, धर्मशालाएं आदि हैं। यात्री मणिकर्णिका केंद्र से वाराणसी की अर्धवृत्ताकार में परिक्रमा करता है, जिसका अर्धव्यास

पंचकोश है। यह यात्रा सामान्यत: कभी भी की जा सकती है, किंतु मार्गशीर्ष एवं फाल्गुन में इसका विशेष महत्त्व है। यह यात्रा प्रात: पांच दिनों में पूरी होती है। पहले दिन मणिकर्णिका घाट पर स्नान कर गंगा के किनारे-किनारे चलकर अस्सीघाट के पास मणिकर्णिका से छह मील दूर खांडव (कंदवा या कंड़वा) नामक गांव पहुंचते हैं। दूसरे दिन धूपचंडी के लिए दस मील चलकर धूपचंडी मंदिर पहुंचते हैं। तीसरे दिन 14 मील चलकर रामेश्वर गांव पहुंचते हैं। चौथे दिन आठ मील दूर शिवपुर पहुंचते हैं तथा पांचवें दिन, छह मील दूर कपिलधारा पहुंचकर पितरों का श्राद्ध करते हैं। छठे दिन वरुणा-संगम होते हुए छह मील की यात्रा कर मणिकर्णिका आते हैं और गंगा स्नान कर पुरोहितों को दान-दक्षिणा देते हैं। तत्पश्चात् साक्षी विनायक मंदिर में जाकर अपनी पंचकोशी यात्रा की पूर्ति की साक्षी देते हैं। यात्रा के दौरान विभिन्न देवों एवं तीर्थों के दर्शन होते हैं और अंत में दंडपाणि और कालभैरव का दर्शन करना पड़ता है।

काशी में अन्य तीर्थ की भी महत्ता है; जिनमें एक ज्ञानवापी उल्लेखनीय है। यहां भगवान शिव ने शीतल जल में स्नान कर वर दिया था कि यह तीर्थ अन्य तीर्थों से भी उच्चतर कोटि का होगा। काशी में दुर्गाकुंड पर एक विशाल दुर्गा मंदिर है, जिससे संबद्ध दुर्गास्तोत्र का उल्लेख काशीखंड में मिलता है। विश्वेश्वर मंदिर से एक मील उत्तर में भैरवनाथ का मंदिर है, जिसे काशी का कोतवाल, कहते हैं। काशी के आसपास ही रामनगर, सारनाथ, चंद्रावती, मार्कंडेय, जमनिया, कौलेश्वरनाथ और विंध्यांचल तीर्थ हैं।

रामनगर गंगा के दाहिने तट पर असी-संगम घाट से एक मील दूर स्थित है। बनारस छावनी स्टेशन से पांच मील की दूरी पर सारनाथ नामक बौद्ध तीर्थ है। यहां भगवान बुद्ध ने अपना प्रथम उपदेश दिया था और धर्मचक्र-प्रवर्तन प्रारंभ किया था, जिसे जैन ग्रंथों में 'सिंहपुर' या अतिशय क्षेत्र भी कहा गया है। 13 मील दूर जैन तीर्थ चंद्रावती है।

पश्चिम-वाहिनी गंगा

गंगा के पश्चिम की ओर बहने वाली धारा पुण्यरूपा मानी जाती है। इसका माहात्म्य भी हरिद्वार, प्रयाग और गंगासागर के समकक्ष है। वास्तव में प्रयाग में गंगा की धारा पश्चिमवाहिनी होकर यमुना के साथ मिलती है, लेकिन वहां पश्चिमवाहिनी धारा नाममात्र की है। काशी से 15 मील आगे जाकर बलुआ नामक बाजार से गंगा वास्तविक रूप में पश्चिमवाहिनी रूप धारण करती है। इसी रूप में वह चार मील तक बहती है और उसके बाद

चंद्रावती में उत्तर की ओर मुड़ जाती है। विदित है कि बलुआ नामक घाट पर ही मकर संक्रांति के अवसर पर पश्चिमवाहिनी स्नान मेला लगता है।

उत्तरकाशी

भागीरथी, असि और वरुणा नदियों के बीच भूभाग पर उत्तरकाशी स्थित है। यहां से गंगोत्री की दूरी तीन मील है। यहीं पर मनोरम डोडीताल से निकली असिगंगा और भागीरथी का संगम होता है। उत्तरकाशी के पूर्व में वारणावत पर्वत पर विमलेश्वर महादेव का मंदिर है। साथ ही अनेक प्राचीन मंदिरों के दर्शन होते हैं, जैसे- विश्वनाथजी का मंदिर, जिसके सामने एक त्रिशूल है। कहते हैं कि यह एक शक्ति है, जो देवासुर संग्राम के समय छूटी थी। इनके अलावा गोपेश्वर, परशुराम, दत्तात्रेय, अन्नपूर्णा, भैरव, रुद्रेश्वर, लक्षेश्वर, जड़भरत, शिवदुर्गा मंदिर भी दर्शनीय हैं।

उत्तरकाशी की पंचकोशी परिक्रमा के दौरान पहले वरुणा संगम पर स्नान कर विमलेश्वर को जलाभिषेक करते हैं। यहीं जड़भरत का आश्रम है और ब्रह्मकुंड भी, जो हमेशा गंगाजल से भरा रहता है, चाहे गंगा घाटों या कुंडों से दूर ही क्यों न चली गई है। यहां पर आने वाले तीर्थयात्री स्नान, तर्पण एवं पिंडदान करते हैं।

14. गंगासागर

झारखंड से विदा लेकर गंगा पश्चिम बंगाल में अपनी अंतिम यात्रा की ओर बढ़ती है और गंगासागर में जाकर अपनी अथाह जलराशि को विसर्जित करती है। गंगासागर को आज बंगाल की खाड़ी के क्षेत्र में स्थित सुंदरवन भूभाग के रूप में जाना जाता है। यहीं पर गंगा का सागर से संगम होता है; इसलिए यह गंगासागर कहलाता है; जो हिंदुओं का एक पावन तीर्थ है, जिसकी महत्ता प्रयाग, काशी, हरिद्वार आदि के समान ही मानी जाती है।

गंगासागर कोलकाता से दक्षिण-पूर्व सुंदरवन में स्थित है। यहां पहुंचने के लिए कोलकाता से 38 मील दक्षिण की ओर डायमंड हार्बर और फिर उससे आगे 90 मील नाव या जहाज से जाते हैं। 150 वर्गमील क्षेत्र का सागरद्वीप वनाच्छादित एवं प्राय: जनहीन रहता है। केवल कुछ साधुजन वास करते हैं, किंतु मकर संक्रांति के लिए यहां पांच दिन का मेला लगता है, जिसमें तीन दिन स्नान पर्व होता है। वनाच्छादित क्षेत्र में लगभग एक मील इलाके को मेले से कुछ दिन पूर्व काटकर मेले का आयोजन स्थल बनाया जाता है।

हालांकि गंगासागर में कोई मंदिर नहीं है, लेकिन मेला स्थल से कई मील उत्तर में वामनखल स्थान में एक प्राचीन मंदिर है। उसके निकट ही चंदनपीड़ी वन में एक जीर्ण-शीर्ण मंदिर है तथा बुड़बुड़ीर तट पर विशालाक्षी मंदिर है।

गंगासागर में तीर्थयात्री प्राय: रेत पर ही विश्राम करते हैं। संक्रांति के दिन समुद्र की पूजा-अर्चना होती है, प्रसाद चढ़ता है। भक्तगण दोपहर को समुद्र स्नान करते हैं। मुंडन कर्म, श्राद्ध एवं पिंडदान होता है। स्नान के पश्चात् तीर्थयात्री कपिल मुनि के दर्शन करते हैं। कहते हैं कि यहीं पर कपिल मुनि का आश्रम था। कपिल मुनि ने यहीं पर अपने अपमान पर कुपित होकर राजा सागर के 60,000 पुत्रों को भस्म कर दिया था। इन्हीं

के उद्धार हेतु उनके वंशज भगीरथ गंगा को धरती पर लेकर आए थे।

संक्रांति के अलावा कार्तिक पूर्णिमा पर भी कुछ तीर्थयात्री गंगासागर जाते हैं। हालांकि तब मेला नहीं होता है, इसलिए भक्तों को भोजनादि की स्वयं व्यवस्था करनी होती है। यद्यपि पेयजल के लिए यहां मीठे पानी का एक कच्चा सरोवर है, जिसमें स्नान करना वर्जित है।

गंगासागर में कभी कपिल मुनि का मंदिर हुआ करता था, जिसे समुद्र ने बहा दिया। लेकिन कपिल मुनि की मूर्ति कोलकाता में रखी जाती है और मेले से लगभग एक-दो सप्ताह पूर्व पुरोहित को पूजा कार्य हेतु दी जाती है। उस मूर्ति को रेत का 4 फीट ऊंचा चबूतरा बनाकर एक मंदिर निर्मित कर उसमें स्थापित करते हैं और उसकी उपासना की जाती है।

झारखंड में राजमहल से 20 मील पहले ही गंगा दो भागों में बंट जाती है। एक भागीरथी, जो हुगली कहलाती है तो दूसरी पद्मा। हुगली मुर्शिदा. बाद से गुजरते हुए इतिहास का दर्शन करती है। बैरकें, नील कारखानों के अवशेष और अंग्रेजों, डच एवं नवाबों की कब्रगाहें इतिहास के पन्नों को पलटने लगती हैं। चंदन नगर नामक जगह में आज भी फ्रांसीसी उपनिवेश की यादें ताजा होती हैं, किंतु यहां का परिवेश पूरी तरह बदला दिखता है। नदी में अब नावों और मालवाहक पोतों की भरमार दिखाई देती है।

गंगासागर तक पहुंचने में गंगा को अनेक पड़ावों पर अनेक दर्शनीय स्थल मिलते हैं, जो गंगा के कारण ही महत्त्वपूर्ण एवं उल्लेखनीय बने हैं। विशेषकर गंगातट पर स्थित कोलकाता; जिसे 51 शक्तिपीठों में से एक माना जाता है, क्योंकि यहां सती के दाहिने पैर की 4 उंगलियां (अंगूठे को छोड़कर) गिरी थीं। आदिकाली नामक इस प्राचीन स्थान पर एक देवी मंदिर है। यहां शिवलिंग युक्त 11 रुद्रमंदिर हैं, जो शक्तिपीठ का मुख्य स्थान है। गंगा किनारे दक्षिणेश्वर में रानी रासमणि का निर्मित मंदिर है, जिसके घेरे में 12 शिव मंदिर हैं। इसी मंदिर में रामकृष्ण परमहंस ने आराधना की थी। हावड़ा के समीप गंगा किनारे बेलूर मठ है, जो स्वामी विवेकानंद ने स्थापित किया था।

कोलकाता के आसपास भी गंगा सिंचित तीर्थ स्थल हैं, जैसे– गंगा किनारे बड़नगर के पास किरीट स्थान पर बना देवी मंदिर 51 शक्तिपीठों में गिना जाता है। कुछ पवित्र ताल भी हैं, किंतु उत्तरी भारत की तरह यहां गंगा को उतना महत्त्व व उतनी पवित्र नहीं माना जाता है।

बालागढ़ से पांच मील पर चकदह में पातपाड़ा मंदिर महत्त्वपूर्ण है। कहते हैं कि गंगा को लाते समय महाराज भगीरथ के रथ के पहियों के

निशान यहां पड़े थे। इसी स्थान पर वारुणी मेला लगता है।

गंगा के दाहिने तट पर श्रीरामपुर में प्राचीन शीतला मंदिर, श्रीजगन्नाथजी और श्री राधावल्लभजी के मंदिर हैं, जबकि मायापुर से 9 मील दूर गंगा के बायें तट पर फाल्टा नगर के सामने दामोदर नदी है। यहीं जलमारी रेत समूह है, तो दूसरे सिरे पर रूपनारायण नदी का गंगा संगम है। रूपनारायण नदी के तट पर बौद्ध तीर्थ तामलुक नगर है। इस प्राचीन नगर को चीनी यात्री ह्वेनसांग द्वारा एक बंदरगाह बताया गया है, किंतु आज समुद्र यहां से 60 मील दूर बहता है। नदी के तट पर वर्गभीमा काली का विशाल मंदिर है, जो 51 शक्तिपीठों में गिना जाता है।

कोलकाता के बड़ाशीग्राम में बद्रिका नामक एक प्राचीन शिवलिंग है, जिसे प्राचीन समय में अंबुलिंग कहा जाता था, जिसकी महिमा चैतन्य भागवत में वर्णित है। इसके संबंध में प्रचलित है कि जब भगीरथ गंगा को लेकर धरती पर आए तो शिव गंगा के वियोग में अधीर हो गए और गंगा के साथ ही आकर यहां छत्रभाग में उनमें जलरूप में समा गए। इनके अलावा इस स्थान पर अन्य अनेक मंदिर आदि भक्तों के पूजन केंद्र हैं।

कोलकाता में चकदह से पांच मील दूर त्रिवेणी नामक स्थान है, जो बंगाल के चार प्राचीन विद्या केंद्रों में नवद्वीप, शांतिपुर, गुप्तीपाड़ा शामिल हैं। इसे प्रयाग की युक्त त्रिवेणी के विपरीत मुक्त-त्रिवेणी कहा जाता है, क्योंकि प्रयाग में गंगा, यमुना एवं सरस्वती एकधारा बनकर बहती हैं, किंतु यहां पृथक्-पृथक् होकर अलग-अलग मार्ग पर प्रवाहित होती हैं। भागीरथी कोलकाता से होकर गंगासागर जाती है, तो यमुना पूर्व की ओर 'इच्छामती' नाम से बहती है, जबकि सरस्वती सप्तग्राम होकर संकराइल स्थान में दोबारा से गंगा में मिल जाती है। इस मुक्त-त्रिवेणी का पुराणों में माहात्म्य सिद्ध है। यहां एक जगह पर सात छोटे मंदिरों के बीच श्रीवेणीमाधव का मंदिर है। मुक्त-त्रिवेणी में गंगा दशहरा, वारुणी पर्व, मकर संक्रांति, माघपूर्णिमा आदि विभिन्न अवसरों पर मेले आयोजित होते हैं। जिन दिनों प्रयाग और हरिद्वार में मेला होता है, उन्हीं दिनों बंगाल की खाड़ी क्षेत्र के नीचे का यह बलुई तट भी मेले के रंग में रंग जाता है। हजारों यात्री यहां पुण्य लाभ कमाते हैं। सागर के 60,000 पुत्रों के नरक से उद्धार के बदले में यहां सागर को रत्नादि भेंट चढ़ाते हैं।

15. सभ्यता एवं संस्कृति

(काशीखंड, भविष्य पुराण, विष्णु पुराण, अथर्ववेद)

गंगा भारतीय धर्म, दर्शन, सभ्यता, संस्कृति की वाहक रही है। गंगोत्री से गंगासागर तक उसका निर्मल प्रवाह वर्षों से भारतभूमि को पोषित करता रहा है। कंकड़-कंकड़ में शंकर की आस्था के पूरक होकर गंगा ने हर संस्कृति को समृद्ध किया है। गंगा के विभिन्न जलप्रवाह भारतीय संस्कृति के प्रत्येक तत्त्व में एक अद्भुत शक्ति का संचार करते हैं। हर तत्त्व में एक पारलौकिक, अदृश्य ईश्वरीय सत्ता का बोध होता है। गंगा की धार्मिक यात्रा ने परंपराओं और संस्कृति को जीवंत किया और एक आस्थापरक अभिव्यक्ति प्रदान की, इसलिए गंगा प्रार्थना ही नहीं, जन्म से लेकर मृत्युपरांत मोक्ष संस्कृति की वाहक रही है।

गंगा स्वयं एक अद्भुत संस्कृति की धारा है, जो वर्षों से प्रवाहमान है। स्वर्ग से आकर उसने धरती पर सागर के वंशजों को मुक्ति दिलाई। आस्था का सर्वोच्च शिखर गंगा ने ही स्थापित किया। हर युग में गंगा का नाम ही मोक्षदायी कहा गया। गंगा के तट पर एक नैसर्गिक सभ्यता का विकास हुआ और वह तीर्थराज प्रयाग, काशी, हरिद्वार और गंगासागर स्थानों पर प्रत्यक्ष गोचर हुआ। प्रत्येक स्थान, गंगा के प्रेम, दुलार, वात्सल्य का भागी बना। गंगा ने आकाश से लेकर मृत्युलोक और पाताल तक पावनता का प्रसार किया। भारतीय संस्कृति की प्रेरणास्रोत गंगा परम मोक्षकारी कहलाई। गंगा के मोक्षदायी गुणों के आधार पर समूचे भारतवर्ष में एक अनूठी संस्कृति का विकास, प्रचार -प्रसार होता रहा। तीर्थस्थलों का विकास इसी प्रगति का अभिन्न अंग था।

दुनिया के सबसे प्राचीन ग्रंथ ऋग्वेद में भी गंगा के बारे में, उसके सम्मान में नदी स्तुति के अंतर्गत उल्लेख मिलता है। मनीषियों ने अनेक

पावन ग्रंथों का सृजन नदियों के किनारे बैठकर किया, किंतु गंगा भारत की सभ्यता एवं संस्कृति की आत्मा है, जिसने परोपकार विशेषकर निःस्वार्थ परोपकार का आदर्श प्रस्तुत किया। उसके प्रत्येक पक्ष में मां समान वात्सल्य, प्रेम, कृपा लक्षित होती है।

उसके अंतर्गत प्रकट आस्था मोक्षकारी है। उसका जल आचमन योग्य है। स्वर्ग को छोड़कर उसका धरती पर अवतरित होना त्याग एवं परोपकार का सर्वोच्च उदाहरण है। भक्त वत्सला रूपी गंगा ने भगीरथ की पुकार सुनकर स्वर्ग को त्यागा।

नदियों की अपनी पृथक संस्कृति एवं सभ्यता होती है, जो उसके आसपास फलती-फूलती है। उसे सींचती है, पालन-पोषण करती है, संरक्षण करती है। अपने जल से उसने अन्य जलधाराओं का जलभंडार आत्मसात किया और वे भी गंगा का स्पर्श पाकर पावन हो गईं। गंगा के अंचल में ही भारत की संस्कृति को समृद्धि की नई दिशा मिली, वह पुष्पित एवं पल्लवित होती रही। गंगा जहां से भी बही, वहां की स्थानीय संस्कृति ने उसे सहर्ष अपनाया और अपनी सांस्कृतिक परंपराओं में अंगीकार किया। निरंतर नई मिथक कथाओं से गंगा और उसकी सहायक नदियों ने स्थानीय संस्कृतियों को पोषित किया। विभिन्न रूपों में गंगा का माहात्म्य उकेरा गया, कभी कला में, कभी काव्य में, कभी शिल्प में, तो कभी शिलाओं में।

गंगा का लोककल्याणकारी रूप उसे मोक्षदायी बनाता है। उसका यही रूप उसे विश्व में अभिन्न एवं विशेष बनाता है। विश्व में गंगा ही भारत की संस्कृति, आस्था तथा धर्म की पहचान है। गंगा भारतभूमि के प्रत्येक तत्त्व में समावेशित है। यह भारत की पौराणिक, ऐतिहासिक, भौगोलिक, धार्मिक विरासत ही नहीं है, अपितु आध्यात्मिक एवं सांस्कृतिक धरोहर भी है। गंगा जीवनदायिनी, पापमोचिनी, पतितपावनी है, जो युगों से लोक संस्कृति को समृद्ध करती आई है। भारतीय संस्कृति में गंगा के साथ-साथ गणेश, गौ, गायत्री, गीता, गौरी, गोकुलेश्वर आदि का भी माहात्म्य है। गंगा का माहात्म्य सर्वोच्च, सर्वोत्तम, सनातन है, वहीं इसकी सांस्कृतिक पहचान है। गंगा का नाम स्मरण करना ही मोक्ष प्रदान करता है। यह पवित्रता एवं लोक कल्याण का प्रतीक है। आध्यात्मिक प्रेरणा एवं शक्तिपुंज के रूप में भागवत पद तक पहुंचा देता है। पुराणों में विदित है—

'देवि सुरेश्वरी भगवती गंगे, त्रिभुवन तारिणी तरले गंगे।
भीष्मजननि हे मुनिवर कन्ये, पतित निवारिणी त्रिभुवन धन्ये।।'

मोक्षदायिनी गंगा

अर्थात्– हे देवी भगवती गंगा! तुम देवगण ईश्वरी हो। तरल, तरंगमयी, त्रिभुवन तारने वाली हो। हे भीष्म जननी! जान्हु ऋषि कन्या पतित पावनी होने के कारण तुम त्रिभुवन में धन्य हो।

भारतीय धर्म एवं संस्कृति के आदि ग्रंथों एवं पुराणों में गंगा का वृहद उल्लेख मिलता है। जो हमेशा सामाजिक, आर्थिक, धार्मिक एवं सांस्कृतिक जीवन का अभिन्न अंग बनी रही है। यहां तक कि विष्णु अवतार श्रीकृष्ण ने भी स्वयं को नदियों में गंगा कहा। गंगा के समान वह भी जन्म-मरण के चक्र से मुक्ति पाते हैं। मनुस्मृति में गंगा और कुरुक्षेत्र को सर्वाधिक पवित्र स्थान माना गया है। गंगा में स्नान करने से प्राणी के समस्त पाप धुल जाते हैं। तीर्थयात्री दूर देशों से आकर गंगा में स्नान करते हैं, आचमन करते हैं, परिजनों की अस्थियों को गंगा में बहाकर मोक्ष दिलाते हैं और स्वयं भी पापमुक्त होकर पुण्य एवं मोक्ष की कामना करते हैं। यही गंगा की सभ्यता है और यही संस्कृति भी, जो गंगा के जल, नाम स्मरण, आचमन, अस्थि विसर्जन विभिन्न रूपों में प्रकट होती है। विभिन्न धर्मग्रंथों में इसी का प्रतिबिंब एवं माहात्म्य नजर आता है।

गंगा की बहते रहो-बहते रहो की संस्कृति अध्यात्म, ज्ञान, आस्था व धर्म का प्रतीक बन गई है। भारतीय संस्कृति को अनेक अर्थों में गंगा ने कृतार्थ किया है। वह गंगा की ऋणी है।

स्कंद पुराण (काशीखंड)

गंगा स्वर्ग से धरती पर अवतरित हुई, तब वह देवी गंगा थी, आकाशगंगा थी, किंतु धरती पर आते ही वह विभिन्न 7 धाराओं में बिखर गई। आगे प्रवाहित होते हुए उसने मार्ग में आने वाले स्थानों को सींचा, पावन किया, पापमुक्त किया और अंतिम छोर से पहले पुनः एकधारा में एकत्र हो गई। उसने धरती को पापमुक्त करने का निहितार्थ उद्देश्य पूरा किया। परमपूज्या बनी।

स्कंद पुराण, विशेषकर काशीखंड में गंगा के प्रवाह के साथ बहती संस्कृति एवं सभ्यता का उल्लेख मिलता है। स्कंद पुराण में 'सप्त सामुद्रिक तीर्थ' का वर्णन मिलता है। यह पावन तीर्थ वस्तुतः गंगा ही है। यहां गंगा की पावन धारा के सृजन का वृत्तांत है। जिन 7 नदियों के समागम से गंगा बनती है, वे नदियां भारतवर्ष की धरती का उद्धार करती रही हैं। ये धाराएं विष्णुगंगा (अलकनंदा), भागीरथी, मंदाकिनी, धौलीगंगा, नंदाकिनी पिंडर, नयार, जो मार्ग में प्रवाहित धारा में संगम करती हैं और गंगा का

अभिन्न अंग बन उसे प्रवाहमान करती हैं। ये नदियां ही गंगा का मूल स्रोत एवं मूल आधार बनती हैं।

इनके सम्मेलन से ही गंगा निरंतर गतिमान रही है। आर्य संस्कृति का पालन-पोषण एवं विकास को समृद्ध किया है। जीवनशक्ति और आध्यात्मिक शक्ति को निरंतर गतिमान किया है।

स्कंद पुराण का काशीखंड पावन नगरी काशी, उसके घाटों एवं वहां प्रवाहित संस्कृति का दर्पण है। काशीवासियों के लिए गंगा जीवन है, गंगा मां है। गंगा को हटा देने पर काशी अर्थात् बनारस रसविहीन हो जाएगा। गंगा काशी की नदी नहीं है, वहां की जीवनरेखा है, जो काशी को जीवंत, मोक्षदायी बनाती है। गंगा न हो तो काशी मोक्षदायी नहीं रहेगी। काशी का जीवन ही 'गंगा नहाय' से आरंभ होता है। काशी आने वालों को वहां आने पर गंगा स्नान करना अनिवार्य है, अन्यथा तीर्थयात्रा पूरी नहीं होती।

काशी की सुबह ही गंगा दर्शन से होती है। गंगाजल से स्नान, गंगाजल से ही आचमन और गंगाजल से ही गंगापूजा। काशी के घाट संस्कारों के प्रत्यक्ष साक्षी रहते हैं, जहां शिशु संस्कार से लेकर मोक्ष संस्कार तक आयोजित होते हैं। दशाह-त्रयोदशाह, अस्थि विसर्जन, पितर-तर्पण, श्राद्ध-कर्म आदि की गवाह होती हैं गंगा और काशी। धर्मग्रंथ कहते हैं कि गंगा तो अन्यत्र भी प्रवाहमान है, किंतु काशी की गंगा में मरने पर मुक्ति मिलती है।

धार्मिक मान्यता है कि— 'काश्यां मरणान्मुक्ति:' अर्थात् काशी में मरने पर मुक्ति मिलती है। यदि अन्य पुरियों में मृत्यु हो तो काशी में जन्म मिलता है, लेकिन काशी में मृत्यु मोक्षदायी कहलाती है। तभी कहा गया है— 'अन्यानि मुक्तिक्षेत्राणि काशी प्राप्तिकराणि हि।' काशी में कहीं भी मृत्यु मिले मोक्षकारी होती है। यहां मरने वाले के कानों में भगवान शंकर स्वयं तारकमंत्र फूंकते हैं। काशी के मणिकर्णिका स्थित महाश्मशान में तारकमंत्र की दीक्षा मिलती है। मृत्यु पुनर्जन्म एवं पुनर्जीवित की अनन्तता का एक उत्सव मात्र है।

गंगा सभी प्रकार के पतितों का उद्धार करती है। गंगा स्नान के विषय में काशीखंड कहता है— 'जो लोग गंगा के तट पर खड़े होकर दूसरे तीर्थों की प्रशंसा करते हैं और अपने मन में उच्च विचार नहीं रखते, वे नरक में जाते हैं। इसलिए गंगा में नहाते समय किसी अन्य नदी का स्मरण नहीं करना चाहिए।'

आस्थावान एवं गंगास्नान का पुण्य कमाने वाले को स्मरण रखना आवश्यक है कि हर मुहूर्त, हर योग, हर अवसर में गंगास्नान का

भिन्न-भिन्न फल मिलता है। नित्य स्नान की तुलना में शुक्ल प्रतिपदा का स्नान 100 गुना, संक्रांति का स्नान हजार गुना, चंद्र एवं सूर्य ग्रहण का स्नान लाख गुना फलदायी होता है, किंतु सोमवार को पड़े चंद्रग्रहण और रविवार को पड़े सूर्यग्रहण का फल अनेक गुना पुण्यकारी एवं लाभकारी होता है।

महाभारत में भी कहा गया है, 'हे भरत श्रेष्ठ! काशीश्वर तीर्थ में स्नान कर तुम सब रोगों से मुक्त हो गए हो।'

काशी का माहात्म्य गंगा से है और गंगा का काशी से। गंगा का नाम लेने से ही प्राणी पापमुक्त होता है तो काशी का नाम स्मरण भी मोक्ष देता है।

'काशी काशीति काशीति जपतो यस्य संस्थिति।
अन्यत्रापि सतस्तस्य पुरो मुक्ति प्रकाशते॥'

अभिप्राय है कि जो काशी से दूर रहकर भी सदा काशी-काशी जपता रहता है, वह अन्यत्र रहकर भी मोक्ष प्राप्त कर लेता है।

काशी का नाम संसार के विष से प्राणी की रक्षा करता है और वह व्यथा कथा से बचता है। वस्तुत: काश का अर्थ है ज्योतित होना या करना, इसलिए यह मनुष्य के निर्वाणपथ को प्रकाशित करती है अथवा परोक्ष रूप में भगवान शिव की परमसत्ता यहां प्रकाश करती है। प्रिय काशी को भगवान शिव ने ही आनंदकानन कहा। श्मशान से इतर काशी महाश्मशान भूमि संसार में सर्वाधिक पवित्र है, जहां शिव स्वयं रहकर संसार का विनाश करते हैं। काशीक्षेत्र के एक-एक पग में एक-एक तीर्थ की पवित्रता है। अत: काशी में रहकर पापकर्म करना निषिद्ध है अन्यथा पिशाच रूप में कठोर दंड का विधान है।

काशी के उत्तर में स्थित धर्मक्षेत्र (सारनाथ) में ही विष्णु ने महात्मा बुद्ध का रूप धारण किया था। काशीखंड में गंगा और काशी के बहुसंख्यक तीर्थों एवं उनके रोचक ऐतिहासिक वृत्तांत का वर्णन मिलता है। काशीखंड को वास्तव में काशी प्रदर्शिका कहा गया है।

काशीखंड में ही शिव के ब्रह्महत्या से मुक्त होने का उल्लेख मिलता है। शिव ने काशी के प्रति आकर्षित होकर भगवान विष्णु से उसे मांगा तो प्रभु नेत्रों से गिरे आनंद भरे आंसू से बिंदुसरोवर का निर्माण हुआ और भगवान विष्णु बिंदुमाधव कहलाए।

काशी को 12 विभिन्न नामों से पुकारा गया है– काशी, वाराणसी, अविमुक्त, आनंदकानन, महाश्मशान, रुद्रावास, काशिका, तप:स्थली, मुक्तिभूमि (मुक्तिक्षेत्र या मुक्तिपुरी) तथा श्रीशिवपुरी (त्रिपुरारि-राजनगरी)।

काशी को तीन लोकों से न्यारी बताते हुए कहा गया है–

'भूमिष्ठापि न यात्र भूस्त्रिदिवतोऽव्युच्चैरधः स्थापि या
या बद्धा भुवि मुक्तिदा स्युरमृतं यस्यां मृता जन्तवः।
या नित्यं त्रिजगत्पवित्रतटिनी तीरे सुरैः सेव्यते
सा काशी त्रिपुरारिराजनगरी पायादपायाजगत्।'

अर्थात्–– जो पृथ्वी होने पर भी पृथ्वी से संबद्ध नहीं है (यह साधारण पृथ्वी नहीं है–तीन लोक से न्यारी है), जो अधास्थित (नीची होने पर भी) स्वर्गादि लोकों से भी अधिक प्रतिष्ठित एवं उच्चतर है, जो भौगोलिक सीमाओं से आबद्ध होने पर भी सभी का बंधन काटने वाली मोक्षदायिनी है, जो सदा त्रिलोकपावनी भगवती भागीरथी के तट पर सुशोभित तथा देवताओं से सुसेवित है, वह त्रिपुरारि भगवान विश्वनाथ राजनगरी संपूर्ण जगत् को नष्ट होने से बचाए।

जो व्यक्ति यह सोचता है कि मैं कब काशी जाऊंगा और कब शंकरजी का दर्शन करूंगा, उसे सर्वदा काशीवास का फल मिलता है, इसलिए काशीखंड कहता है–

'कदा काश्यां गमिस्यामि कदा द्रक्ष्यामि शंकरम्।
इति ब्रुवाणः सततं काशीवासफलं लभेत्।।'

काशीखंड और केदारखंड के अनुसार काशी में मृत्यु और जीवन के सफल होने और मणिकर्णिका में मोक्षदायी मंत्र पाकर स्वर्ग में जाने का लाभ मिलता है–

'मरणं मंगलं यत्र, सफलं यत्र जीवनम्
स्वर्गस्तुणायते यत्र, सैषा श्रमणिकर्णिका।
आ गङ्गा केशवाच्यैव, आहरिश्चंद्रमंड पात्
आमध्यादुदैवसरितः स्वर्द्वारन्मणिकर्णिका।
गङ्गा च संगता यत्र सागरेण महत्यते
गङ्गा च स्थास्यतेऽत्रैव सत्य मेताच्छिवेतिरम्।'

अथर्ववेद की पैप्पलाद शाखा से ज्ञात होता है कि ऋषि तक्मा के समय में काशी शत्रु प्रदेश था। ऋषि ने जूड़ी बुखार से कहा कि 'काशीम्यो' अर्थात्– काशी में जाकर विजय करो और वहां बसो, किंतु बाद में काशी ऋषि भूमि में बदल गया, तो अथर्ववेद की शैनकादि शाखा में काशीम्यो की जगह अंगेम्यो का निर्देश मिला। उन्हें काशी का अंग बनने का निर्देश मिला।

भविष्य पुराण

भविष्य पुराण में गंगा और काशी के संदर्भ में उल्लेख मिलता है–

मोक्षदायिनी गंगा

'गङ्गा सर्वतः पुण्या ब्रह्महत्यापापहारिणी।
वाराणस्या विशेषेण यत्रचोत्तरवाहिनी।'

गंगा हर स्थान पर ब्रह्महत्या का पाप हरती है, किंतु वाराणसी में विशेष तौर पर उत्तर की ओर बहती गंगा में यह विशेष गुण विद्यमान है। कहते हैं कि एक बार किसी कारणवश शिव ने ब्रह्मदेव का एक सिर काट डाला तो वह उनकी बांह पर चिपक गया। घूमते-घूमते जब शिव ने काशी की धरती पर कदम रखा तो वह ब्रह्मशीश स्वयं ही अलग हो गया और शिव को ब्रह्महत्या से मुक्ति मिल गई। शिव ने स्वयं अपने शरीर को काशी और ज्ञान को गंगा बताया है।

गंगा का नाम लेना, सुनना, देखना, स्पर्श करना, पीना आदि तीन जन्मों के पापों से मुक्ति दिलाता है। यदि 100 योजन दूर से भी गंगा का नाम लिया जाए, तो वह ऐसा ही पुण्य फल देता है।

भविष्य पुराण के अनुसार, किसी आस्थावान को यदि गंगा का ध्यान करना हो, तो निम्न तरीके से करना चाहिए, जो एक संपूर्ण विधान है :

'सितमकरनिषण्णां शुक्लवर्णां त्रिनेत्राम्
करघृतकमलोत्पत्सूत्पलाऽभीत्यष्टाम्।
विधिहरिहररूपां सेन्दुकोटीरचूड़ाम्
कलितसितदुकूलां जाह्नवीं तां नमामि।'

आधुनिक जीवन एवं सुख-सुविधाएं प्रत्यक्ष और परोक्ष रूप से जल प्रदूषण को बढ़ाता है। स्वच्छ गंगा का तात्पर्य है प्रदूषण एवं गंदगीमुक्त गंगा। जो उत्पादन वृद्धि की रफ्तार में अपनी स्वच्छता खोती जा रही है। मशीनों का अधिकाधिक प्रयोग खाद्य पदार्थों के संरक्षण एवं प्रसंस्करण पर भी प्रभाव डालता है और यह असंभव है कि गंगा एवं अन्य नदियां प्रदूषण का यह बोझ हमेशा सहन कर पाएंगी।

विष्णु पुराण की तरह भविष्य पुराण में भी गंगाजल का माहात्म्य लिखा है। चाहे कोई मनुष्य गंगा के महत्त्व को माने या न माने, किंतु गंगा के समीप आए या लाया जाए और मृत्यु को प्राप्त हो तो भी स्वर्ग को पाता है।

भविष्य पुराण साधारण जल में स्नान करते हुए गंगा का नाम लेने पर गंगा के सान्निध्य की बात करता है, किंतु मंत्रोच्चार में जाह्नवी का नाम लिया जाता है।

श्रीकृष्ण कहते हैं कि स्नान के बिना मन की प्रसन्नता और देह को शुद्धि नहीं मिलती है, इसलिए नदी आदि या घर में ही शुद्ध जल के बीच 'ॐ नमो नारायणम' मंत्र से तीर्थ की कल्पना करते हुए हाथ में कुशा

लेकर गंगा को स्मरण करने वाला यह मंत्र पढ़ें—

'विष्णु पादप्रसूतासि वैष्णवी विष्णुदेवता।
पाहि नश्चैसस्तस्मादाजन्ममरणान्तिकात्॥
तिस्रः कोटयोर्द्धकोटिश्च तीर्थानां वायुरब्रवीन्।
दिविभुव्यन्तरिक्षे च तानि ते संति जाह्नवि॥
नंदिनीत्येव तेनाम देवेषु नलिनीति चं।
क्षमा पृथ्वी च विहागा विश्वकायाशिवा स्मृता॥
विद्याधरी सुप्रसन्ना तथा लोक प्रसाविनी।
हेमाह्वया जाह्नवी च शांता शांतिप्रदायिनी॥'

इस मंत्र का 7 बार उच्चारण कर गंगा का आह्वान करें, तो गंगा का सान्निध्य हो जाता है। नित्य स्नान करते हुए गंगा का स्मरण साधारण जल को भी जलतुल्य बना देता है और जातक को गंगा का सान्निध्य प्राप्त होता है।

विष्णु पुराण

पुराणों में गंगा की 3 धाराओं का उल्लेख मिलता है, जो स्वर्गगंगा (मंदाकिनी), भूगंगा (भागीरथी) एवं पातालगंगा (भोगवती) कहलाती है। भगवान विष्णु के बाएं चरण के अंगूठे के नाखून से गंगा का जन्म हुआ और वह शिव की जटाजूट में समा गई, ऐसा वर्णन पुराणों में मिलता है।

विष्णु पुराण गंगा की संस्कृति एवं पवित्रता के बारे में बताता है कि गंगा का नाम लेने, गंगा को देखने, उसके जल को स्पर्श करने, पीने और स्नानादि करने से तीन जन्मों के पाप नष्ट हो जाते हैं। यदि व्यक्ति गंगा से 100 योजन दूर रहकर भी गंगा का नाम जप ले, तो भी ऐसा ही फल पाता है।

अथर्ववेद

आदि संस्कृति के वैदिक ग्रंथों में भी गंगा के माहात्म्य एवं उसकी कृपा का उल्लेख मिलता है। ऋग्वेद में नदियों की नामावली में गंगा का नाम मिलता है कि— 'इमं में गङ्गे-यमुने-सरस्वतीं'। साथ ही समुद्र में समाने वाली सभी नदियों को भी गंगा कहा गया है। वेदों में ही गंगा के अवतरण से पहले की काशी का रोचक वृत्तांत मिलता है। अथर्ववेद में गंगा की कृपा को पाने के लिए कहा गया है—

'सं मा सिंचन्तु नद्यः सं मा सिंचन्तु सिंधवः।
समुद्रः समस्मान् सिंचतु प्रजया च धनेन च॥'

अर्थात्—— नदी सिंधु और समुद्र मुझे प्रजा और धन से संपन्न करें। यहां गंगा को सिंधु कहकर कृपा करने की प्रार्थना है।

मोक्षदायिनी गंगा

एक अन्य स्थान पर उल्लेख किया गया है—

'हिमवंतः प्रस्रवन्ति सिंधौसमह संगमः।

आपोह महां तद्देवीर्दन्द्धधोतभेषजम्।'

अथर्ववेद का एक अन्य श्लोक वेदवाणी स्वरूप कहता है—

'ता अपः शिवा अपोऽयेक्ष्मं करेणीरपः।

तथैव तृप्यते मदस्तास्त आदत भेषजीः॥'

अर्थात्—— आकाश से बरसने वाले और स्रोतों से उत्पन्न होने वाले तथा अन्यान्य जलों को शुद्ध कर सेवन करने से आप अश्वों के समान शीघ्रकारी तथा बल से युक्त बने रहें।

यह तथ्य गंगा में बढ़ते प्रदूषण और उससे गंगा को बचाने के महत्त्व को दर्शाता है।

अथर्ववेद से इतर रामायण काल में भी काशी के इतिहास व संस्कृति का पता चलता है। ब्रह्मांड पुराण के अनुसार काशी मध्यदेश का एक राज्य था, जो वरुणा और असी के बीच गंगा किनारे बसा था। रामायण काल में भी काशी काफी अच्छी स्थिति में थी। अयोध्यापति दशरथ तथा उनके ज्येष्ठ पुत्र श्रीराम एवं काशीराज में निकटता का भाव था, किंतु महाभारत का आदिपर्व पांडव वंश एवं काशीराज में वैर का संकेत देता है, क्योंकि भीष्म पितामह काशीराज इंद्रद्युम्न की तीनों कन्याओं— अम्बा, अम्बिका, अम्बालिका का अपहरण कर लाए थे।

वामन पुराण में काशी को एक सप्तपुरी, समृद्धशाली नगर तथा मंदिरों का शहर बताया गया है। अंग्रेजी इतिहासकारों ने भी इसे मंदिरों का शहर बताया है। चीनी यात्री फहियान ने भी काशी को काफी अच्छी नगरी बताया है।

भारत की संस्कृति गंगा से संबद्ध रही है, स्नान से जुड़ी रही है। हर मंगल पर्व पर स्नान की परंपरा है। अंतिम संस्कार से पूर्व एवं पश्चात् भी स्नान कर्म हिंदू धर्म की विशेषता है। तीर्थों पर नहाना यात्रा में पुण्य दिलाता है। कहते हैं काशी में गंगा में पंचतीर्थ करते हैं, तो अस्सी संगम में स्नान कर प्रयागतीर्थ दशाश्वमेध में स्नान, उसके बाद गंगासागर तीर्थ वरुणा में (संगम) स्नान, तत्पश्चात् पंचगंगा (धर्मनद बिंदुतीर्थ) में स्नान और अंत में मणिकर्णिका में करते हैं। पंचकोशी यात्रा में भी क्रमशः स्नान की परंपरा है। तीर्थ कोई भी हो, नदी कोई भी हो, आस्थावान पुण्य कमाने का अवसर नहीं गंवाते हैं। भारत के अलावा अन्य देशों में भी नदियां अविरल बहती हैं, फिर भी लोग वहां से गंगा नहान को आते हैं। गंगा

नहान के बाद कुछ शेष नहीं रहता, प्राणी मुक्त हो जाता है, पाप धुल जाते हैं, क्षमा मिल जाती है। काशी के तो कहने ही क्या, यहां गंगा स्नान का विधान है, दिन की शुरुआत गंगा से होती है और सांझ का सूरज गंगा में प्रवाहित दीपकों में अपनी रोशनी खोजता है। गंगा में, गंगा के इर्द-गिर्द, गंगा के आर-पार, एक आस्थापरक संस्कृति का परिवेश झलकता है। त्रिभुवन त्रैलोक्य के दर्शन होते हैं।

गंगा स्नान करना हो, पवित्र भाव से संकल्प कर गंगा में प्रवेश कर स्तुति करें–

'नम: शिवायै, गंगायै, शिवदायै नमो नम:।'

यह संस्कृति, यही भाव, यही सभ्यता अन्य पवित्र नदियों में स्नान करते हुए भी रहती है और यह श्लोक गंगा की पावनता का सभी नदियों में समावेश करता है। कहा गया है कि पवित्र नदियों में नहाते समय निम्न श्लोक पढ़ना चाहिए–

'गङ्गे च, यमुनै चैव, गोदावरी, सरस्वती।
नर्मदे सिंधु, कावेरी, जलेऽस्मिन् संनिधिं कुरु।।'

यह भावनात्मक स्तुति सभी नदियों को गंगामय समकक्ष बनाती है। गंगा का इतना ही प्रभाव है कि एक लोटा गंगाजल किसी भी जलभंडार को गंगास्वरूप बना देता है।

16. हिंदू धर्म की प्रतीक

'गंगा त्रिपथगा नाम दिव्या भागीरथी च।
तीन पथो भावयन्तीन तस्मात् त्रिपथगा स्मृता।।'

गंगा की प्रतिष्ठा को समर्पित ये शब्द उसके प्रति आस्था को सुदृढ़ करते हैं। गंगा को त्रिपथगा, भागीरथी जैसे— दिव्य नामों से जाना जाता है। यह त्रिपथगा यानी स्वर्गलोक, मृत्युलोक और पाताललोक को पवित्र करती प्रवाहित होती है।

वस्तुत: गंगा हिंदू धर्म एवं भारतीय संस्कृति से भावनात्मक एवं धार्मिक रूप से जुड़ी है। यह आस्था का नहीं, परम आस्था, परमार्थ, मोक्ष, कल्याण एवं पापनाश का प्रतीक है। हिंदू धर्म में गंगा नदी का पावन जल प्रत्येक कर्म-कांड, पूजन, मंगलकार्य का अभिन्न अंग रहता है। जन्म से लेकर मृत्यु तक की राह में गंगा अनेक (अनेकों कोई शब्द नहीं होता, एक का बहुवचन अनेक होता है) बार मनुष्य के जीवन का हिस्सा बनता है और मृत्योपरांत पापकर्मों से मुक्ति दिलाकर मोक्ष का पथप्रदर्शन करती है। भारत का प्रत्येक प्राणी गंगा के प्रति हृदय से आस्थावान है। युगों-युगों से गंगा के प्रति उसकी आस्था आज भी सुदृढ़ है। गंगा नदी का देवत्व ही उसे आस्था योग्य बनाता है।

गंगा के प्रति आस्था और उसके माहात्म्य की अनेक गाथाएं पुराणों एवं धर्मशास्त्रों में मिलती हैं। इसे महाभारत में 'त्रिपथगामिनी', रामायण में 'त्रिपथा', रघुवंश एवं कुमारसंभव में 'त्रिस्त्रोता' तथा विष्णु धर्मोत्तर पुराण में 'त्रैलोक्य व्यापिनी' कहा गया है। पुराणों में गंगा को लोकमाता पुकारा गया है, जो विष्णु के परमपद से निकली और भारतवर्ष के विभिन्न भू-भागों में अलग-अलग नामों से जानी गई, जैसे— विंध्यागिरि के उत्तर में भागीरथी, दक्षिण गें गोगती और पूर्व में हुगली।

हर युग में लोगों ने गंगा को एक नदी की बजाय एक देवी मानकर इसकी आराधना की। पापमुक्त होकर मोक्ष कमाने के लिए इसमें स्नान किया।

धर्मसूत्रों के अनुसार, सतयुग में ध्यान की महत्ता और प्रधानता थी। त्रेतायुग में पुष्कर परमतीर्थ था तथा तपस्या का बल एवं तेज मुख्य था। द्वापर युग में कुरुक्षेत्र को सर्वोत्तम, सर्वोपरि तीर्थ का स्थान मिला। अब कलयुग में गंगा ही सर्वशिरोमणि तीर्थ है।

मोक्षदायी गंगा आदिकाल से प्राकृतिक जलचक्र, स्वच्छ एवं रोगनाशी जल का अमूल्य स्रोत रही है। आर्य संस्कृति के विकास एवं हिंदू धर्म से मूल रूप से संबद्धता इसके प्रति आस्थाओं का मजबूत आधार है। उसने समाज के निस्तार को पूरा करते हुए लोगों को आजीविका के पर्याप्त अवसर उपलब्ध कराए। उनके जीवन का आधार बनी। गंगा की पवित्रता ने उसे धार्मिक अनुष्ठानों में अनिवार्य एवं महत्त्वपूर्ण बनाया। उसके औषधीय गुणों के चलते ही उसके प्रति आस्थाएं अधिक सुदृढ़ होती रहीं। जल अनिवार्य है, किंतु गंगाजल अपरिहार्य है। आस्थाओं की मजबूती और गंगा का एक प्रतीक बनना आदिकाल से है, जिसे कपिल मुनि ने भगीरथ को बताया था।

कपिल मुनि ने ही भगीरथ को राजा सागर के पुत्रों के उद्धार का मार्ग बताया था। उन्होंने ही गंगा को पाने और उसे धरती पर लाने का माध्यम बताया। गंगा का प्रवाह भगीरथ की प्रत्यक्ष प्रीति व महान उद्देश्य के कारण मिला है।

किंतु वास्तव में जल ही सृष्टि का मूल घटक रहा है, जो ब्रह्मांड में सूक्ष्म रूप में विद्यमान है। यह आदि तत्त्व है, अनेक रूपों में है। वही नदी का रूप धारण करता है, नदी नाद करती है और नाद ब्रह्मांड है। प्रत्येक कण में विद्यमान है और वही गंगा में है।

हिंदू धर्म की आस्थाओं का आधार उसके आदिग्रंथ हैं। इनमें गंगा का माहात्म्य ही नहीं, उसका संपूर्ण आदिज्ञान निहित है, जो आस्थाओं को मजबूत करता है। आस्थाओं ने ही गंगा को 'मां गंगा' बनाया, जो अपने बच्चों का उद्धार करती है। वही मां है, वही पिता भी है। कहते हैं कि वैदिक ज्ञान का बोध नदी तटों पर ही हुआ, किंतु गंगा स्वयं ज्ञान भंडार है, जो प्रेरणा भी है। यह कृष्ण और गीता की तरह कर्म करने का ज्ञान देती है। कृष्ण ने स्वयं कहा था कि पर्वतों में मैं ही हिमालय हूं। नदियों में मैं ही गंगा हूं। तो कृष्ण गंगा होकर प्रकृति के प्रत्येक तत्त्ववासी हुए।

गंगा के सगुण और निर्गुण दोनों रूप ही वंदनीय हैं। वह प्रत्येक पक्ष में धर्म से जुड़ी है, देवों के समान पूजनीय है। हिंदू धर्मग्रंथों के अनुसार, गंगा वाग्देवी और ज्ञान की अधिष्ठात्री है, उपास्य है। नदीतमा ही नहीं, अंबितमा और देवितमा भी है। गंगा की आस्था को धर्मग्रंथों से विशेष बल मिलता है। दिव्य गुणरूपा गंगा के बारे में ऋग्वेद का नदी सूक्त आध्यात्मिक अनुभूति है, जो कहता है—

'गंगा, यमुना, सरस्वती, शतुद्रि (सतलुज), परुष्णी (रावी), अस्किनी (चिनाब), मरुद्धधा, वितस्ता, सुषोमा और आर्जीकीया (व्यास) नदियां। आप हमारी स्तुति सुनो।'

यह नदियों को चित्त संपन्न बनाता है। वे मन, बुद्धि, प्रजा, व्यक्तित्त्व, संवेदनशील हैं। चित्त में जीवेष्णा लिए हैं। निश्चय ही नदियां अद्वितीय हैं। विशेषकर दुर्लभ जल वाली गंगा विश्व में अद्भुत एवं चमत्कारी है। इसलिए युगों से– 'गंगा तेरा पानी अमृत' की अमृत वाणी प्रवाहित है, जिसने भारत की सभ्यता एवं संस्कृति का पोषण किया। उसने मां के रिश्ते को स्वाभाविक रूप में निभाया।

गंगा देवी की तरह नहीं, बल्कि मां समान पूजी जाती है। एक संस्कारवान भारतवासी के मन में गंगा मां के समान है। वह नदी से बढ़कर आस्था का केंद्र है। वह पेयजल, कृषि जल, स्नान में अपरिहार्य है। वह सर्वत्र है, ऋग्वेद में है, रामायण में है, महाभारत में है, पुराण कथाओं में है, काव्य एवं ललित कलाओं में है। वह मुक्तिदायी है, वैतरिणी है, जो मृत्यु प्राप्त लोगों की अस्थियों को भी मोक्ष देती है। जीवन के अंतिम क्षणों में गंगाजल की एक बूंद मोक्ष दिलाती है। यह जल संपूर्ण व्रतों का अनुष्ठान पूरा करने के समान है।

गंगा ने सागर के पुत्रों का उद्धार किया। मां का कर्त्तव्य निभाया। मृत्युप्राप्त सागर पुत्रों को जीवन दिया। गंगा कहीं-न-कहीं आस्थाओं के हर पक्ष से संबंध रखती है।

पार्वती की तरह वह गणेश की माता भी है। पार्वती ने अपने शरीर के उबटन से गणेश की छवि का निर्माण किया था, लेकिन जीवन उन्हें गंगा में डूबने के बाद ही मिला। इसलिए पार्वती के साथ-साथ गंगा को भी गणेश की मां कहा जाता है और गणेश हिमात् अर्थात्– दो माताओं के पुत्र और गांगेय कहलाते हैं। अतः गंगा गणेश के भ्राता कार्तिकेय की सौतेली माता हैं, किंतु आठ वसु पुत्रों की जननी हैं।

महाभारत के अनुसार, ये सात वसु पुत्र पितामह भीष्म के बड़े भाई थे। भीष्म सहित शेष सातों वसुओं को वशिष्ठ मुनि का एक शाप मिला था। शाप मुक्ति के लिए वसुओं के निवेदन पर गंगा उनकी माता बनने को तैयार हुई। प्रसंगवश जब राजा शांतनु ने गंगा से विवाह करना चाहा, तो गंगा ने शर्त रखी कि वे (शांतनु) कभी कोई प्रश्न नहीं करेंगे। श्रापग्रस्त सात वसुओं को एक-एक करके गंगा ने जन्म दिया और अपनी लहरों गें बहाकर उन्हें श्राप से मुक्ति दिलाई। सात बार अपने मासूम बच्चों की ऐसी मृत्यु देख शांतनु अधीर हो उठे। आठवें वसु को बहाते समय राजा शांतनु ने उनसे ऐसा कुकृत्य करने का विरोध किया और कारण पूछा।

गंगा ने उन्हें तुरंत प्रश्न न करने की चेतावनी याद दिलाई और आठवें वसु को लेकर चली गई, जिसे उन्होंने उसके युवा होने पर वापस लौटाया। वह आठवां वसु ही किशोरावस्था में 'देवव्रत' बनकर शांतनु के पास लौटा और युवावस्था में भीषण प्रतिज्ञा कर 'भीष्म' कहलाया। महाभारत के युद्ध में शरशय्या पर पड़े भीष्म को अर्जुन ने ही बाण से उत्पन्न गंगा-धारा से तृप्त कर उन्हें मोक्ष दिलाया था।

ऋग्वेद में नदी स्तुति में भी गंगा का उल्लेख मिलता है, जो आस्थाओं को अधिक संबल एवं सुदृढ़ करता है। शिव ने गंगा का माहात्म्य बताया और कहा कि 'सभी जनों के ऊपर अनुकंपा कर मैं ही संसार को भोजन कराने वाला हूं और मैंने ही गंगा की तरंगों के स्वरूप में ही स्वर्ग लोक जाने की सीढ़ियों का निर्माण किया है।'

गंगा, भगवान शिव, श्री विष्णु एवं ब्रह्मदेव से किसी-न-किसी रूप में जुड़ी रही और तत्पश्चात् विष्णु अवतार श्रीराम के पूर्वजों का उद्धार कर उनसे भी जुड़ गई। कहा जाता है कि कुंभ व अन्य पावन अवसरों पर गंगा में स्नान करने पर पुण्य मिलता है, किंतु गंगा को जब स्मरण करके ही कृतार्थ होने का फल मिलता है, तब किसी शुभ घड़ी की प्रतीक्षा का कोई तात्पर्य नहीं। गंगाजी से पुण्य की अपेक्षा के लिए किसी अवसर, पर्व, तिथि, नक्षत्र, ग्रहयोग की अपेक्षा नहीं करनी चाहिए। किसी भी समय गंगा स्नान मनुष्यों के समस्त दोषों, विघ्नों का नाश करता है।

गंगाजल की चमत्कारी, रोगहारी एवं पावन शक्ति आश्चर्य का विषय है। पाप हरण कर मोक्ष एवं पुण्य प्रदान करने की शक्ति अपने आप में अलौकिक है। गंगाजल का सेवन करने वाला संपूर्ण योग के नियमों की प्राप्ति करता है। वह सभी दानों का प्रदाता समान होता है। मोक्षदायी, सदानीरा गंगा भगवान शिव की जटाओं में उलझी, तो संभव है कि शिव के ज्ञान, गुण, तेज, तप, देवत्व, अग्नि का अंश गंगा में समा गया हो और उसके जल में संपूर्ण दोषों को जलाने वाली तथा पापनाशिनी शक्ति व्याप्त हो गई हो और वह मोक्षदायी गंगा बन गई हो, क्योंकि अग्नि के समान ही गंगा में स्नान करने वाले के पाप भस्म हो जाते हैं। उसकी जलरूपी शक्ति सबका उद्धार करती है।

स्वयं शिव ने भी कहा है– 'यह गंगा मेरे ही तेज की अग्नि का गर्भ रूप है। यह मेरे वीर्य से संवृत है। यह सभी दोषों को दाह करने वाली एवं सभी पापों का विनाश करने वाली है।'

इसलिए गंगा की उपासना प्रत्येक मनुष्य की आस्था का विषय है। गंगा नाम सुमिरन करो तो बुरे विचार स्पर्श नहीं करते हैं। कलयुग में गंगा की पूजा एवं गंगाजल का सेवन ही सर्वोत्तम है, जिसकी तुलना में यज्ञ,

दान, तप, योग, जप, नियम व यम भी कम हैं। उसे ही साक्षात् परम पुरुष की संज्ञा दी गई है और इस ब्रह्मांड में ही परमब्रह्म रूपी जल वाली गंगा का स्नान है, जो 'त्रिपथा' कही गई है। इसलिए इस कलयुग में जो गंगा सेवन नहीं करता, उसका समस्त यज्ञ, तप, विद्या एवं दानकर्म व्यर्थ हो जाते हैं। गंगा स्नान कर शिव की अर्चना के सामने ये सभी कर्म व्यर्थ हैं। यह परामुक्ति लाभ देता है।

किंतु गंगा में स्नान और गंगाजल के सेवन का फल समान रूप से मिलता है। गंगा भक्ति का भाव लेकर कोई भी कर्म करें, समान फलदायी होता है। यदि गंगा स्नान करने का निश्चय किया और मार्ग में ही मृत्यु का वरण करें तो भी वह संपूर्ण फल पाता है। गंगा स्नान का निश्चय कर घर में ही श्राद्ध कर्म करने वाला पूर्वजों के अभिनंदन का पात्र है, जैसे— कि भगीरथ ने सागर पुत्रों का उद्धार कर पूर्वजों का अभिनंदन पाया था, किंतु शिव की चेतावनी है कि जो मुझे या गंगा को द्वेषभाव से देखता है, वह बड़ा अधर्म कार्य करता है। इसके फलस्वरूप वह अपने पितरों के साथ घोर नरक में जाता है। इसलिए प्रत्येक पूर्वज एवं पितर अपने कुल में शिव एवं विष्णु भक्ति भाव वाले व्यक्ति के जन्म की अपेक्षा करते हैं, जो उसका उद्धार एवं मुक्ति का मार्ग प्रशस्त करता है।

गंगा की पवित्रता ने प्रत्येक बूंद को अमृततुल्य बनाया है। वेदव्यास ने कहा था कि जिस प्रकार देवताओं को अमृत और पितरों को स्वधा (हवि की आहुति) तृप्तिदायक होती है। नागों को सुधा तृप्तिकारक होता है। उसी प्रकार मनुष्यों को गंगाजल तृप्ति प्रदान करता है। वह प्रत्येक मनुष्य को पवित्र करता है। गंगाजल भगवान विष्णु के चरणों से उत्पन्न हुआ है। शिव के शीश पर विराजमान है। संपूर्ण पापों को हर लेता है। वह गंगाजल समस्त मानवजाति को पवित्र करता है। प्रत्येक आस्थावान मनुष्य ऐसी मंगलकामना कर गंगा और गंगाजल का ध्यान करता है। उसका ध्यान भी पापहर्ता है, क्योंकि गंगाजल के कण-कण में ब्रह्मज्योति बहती है, यह ऋग्वेद में भी वर्णित है।

गंगा प्रत्येक स्थान को तीर्थ बनाती है। तीर्थ पर स्नान करना मोक्षदायी होता है, किंतु गंगा अपने आप में एक महान तीर्थ है। उसके समान कोई तीर्थ नहीं है। गंगा के प्रति आस्था का सर्वोपरि कारण उसका नाम ही है। जो व्यक्ति किसी कारणवश गंगा से दूर हो, तो उसका नाम लेकर ही पवित्र हो जाता है। यह गंगा नाम स्मरण की महानता है, जो श्रद्धालुओं को उसके प्रति नतमस्तक करती है, उनके समस्त पापों का निराकरण कर पुण्य प्रदान करती है। वेदव्यास ने गंगा की महत्ता बताई और कहा—

'दर्शन से, स्पर्श से, जलपान करने से तथा नाम स्मरण करने से गंगा सैकड़ों तथा हजारों पापियों को पवित्र कर देती है।'

इसलिए कहा गया है– **'गंगे तब दर्शनात् मुक्ति'** अर्थात्– गंगा का स्मरण करने वाला मुक्ति पा जाता है, तो उसके दर्शन करने का प्रताप अतुलनीय ही होगा। केवल दर्शन मात्र से ही मुक्ति और मोक्ष का द्वार खोलने वाली नदी के प्रति कौन आस्थावान नहीं होगा? क्योंकि गंगाजल में ही स्वर्ग, पृथ्वी और आकाश के तीन करोड़ तीर्थ विद्यमान हैं। गंगाजल धर्मस्वरूप है। विष्णुमय है। शिवात्मिका है। गंगा में ही सभी तीर्थ, पुण्य क्षेत्र, वेद, देवगण, पुरुषार्थ, विविध शक्तियां विद्यमान रहती हैं। ऐसी जगतधात्री गंगा को धारण करने के लिए श्री विष्णु ने लीला की और विश्व की रक्षा के लिए इस परम ब्रह्म स्वरूपिणी को धारण किया। इसलिए वह लोकमाता कहलाती हैं।

गंगा का परम कल्याणी, मातृरूपी, भक्तवत्सल, मोक्षकारी रूप ही उसके प्रति आदर-सम्मान एवं आस्था को प्रबल करता है। प्रत्येक मनुष्य जीवन में एक बार गंगा स्नान की अभिलाषा रखता है और शिव के जटाजूट से निकलती यह गंगा उसकी यह मंगलकामना अवश्य पूर्ण करती है।

गंगा के बिना कोई भी संस्कार पूरा नहीं होता है। प्रत्येक पावन कर्म का वह अभिन्न अंग रही है। जो तरल ब्रह्म रूप में प्राण धारा है। विद्वानों की दृष्टि में गंगा आध्यात्मिक सत्व का प्रतीक है। गंगा से सुदूरवर्ती स्थलों पर गंगाजलि रखते हैं। धर्म-कार्यों एवं पुनीत-कर्मों में पूजा स्थल को पावन करने तथा पूजा करने वाले स्वयं को स्वच्छ करने के लिए गंगा स्नान करते हैं। पवित्र होने के लिए ही गंगा से स्नान के अलावा गंगा से अभिषेक, आचमन, मार्जन आदि होता है। शवदाह, शवसान, श्राद्ध, तर्पण और अस्थि विसर्जन में भी गंगा का महत्त्व है, जिसका छिड़काव उसे पवित्र करता है।

मुख को पावन करना हो, तो गंगा गान एवं गंगा घोष तथा गंगा नाम स्मरण ही पर्याप्त कहा गया है। जनमानस गंगाजल लेकर अपने स्थानीय जलस्रोतों में डालकर उन्हें भी पावन बनाते हैं। गंगा केवल शारीरिक एवं मानसिक पवित्रता ही नहीं देती है। वचनों की पावनता एवं सत्यता के लिए गंगा की शपथ ली जाती है, तो गंगाजल हाथ में लेकर शपथ उठाना अकाट्य सत्यता का प्रमाण कहा गया है।

समाज का हर वर्ग, हर व्यक्ति गंगा के प्रति अटूट आस्था रखता है।

एक बार भरे दरबार में अपने नवरत्नों से अकबर ने पूछा– 'बताओ तो भारतवर्ष की सबसे अच्छी नदी कौन-सी है?' प्रश्न आसान था और उत्तर स्वामिक, क्योंकि अकबर स्वयं गंगाजल का सेवन करता था।

सभी ने एक स्वर में कहा– 'गंगा।' किन्तु अकबर जवाब से संतुष्ट न

हुए। जिज्ञासावश पुनः प्रश्न किया, किन्तु इस बार प्रश्न केवल बीरबल से था।

बीरबल ने सहजता से उत्तर दिया– 'यमुना।'

बीरबल का उत्तर सुनकर अकबर सहित सभी चौंक उठे। गंगा जैसी पवित्र नदी के अलावा कोई अन्य नदी सर्वश्रेष्ठ कैसे हो सकती है? हतप्रभ अकबर ने पूछा– 'किस कारणवश यमुना ही सर्वश्रेष्ठ नदी है?'

बीरबल ने निःसंकोच कहा– 'जहांपनाह! आपने भारतवर्ष की सर्वश्रेष्ठ नदी के बारे में पूछा था और मेरी दृष्टि में यमुना से श्रेष्ठ और बड़ी कोई नदी नहीं है।'

अचंभित अकबर ने पूछा– 'तो फिर गंगा?'

'गंगा तो मां है।' बीरबल का यह उत्तर सुनकर दरबार में आस्था से भरी लहर दौड़ गई।

धार्मिक

भारतभूमि की पावन गंगा नदी का धार्मिक एवं सामाजिक महत्त्व सर्वोपरि है। यहां का जनमानस उसके प्रति अगाध आदर एवं श्रद्धाभाव रखता है। युगों-युगों से यह न केवल मातृवत मानी गई है, अपितु मोक्षदायी मानकर पूजी जाती रही है। इसलिए यह गंगा मैया कहलाती है। पौराणिक काल रचित ऋग्वेद में भी दो स्थलों (10.75.5 तथा 6.45.31) में गंगा का उल्लेख आता है।

यद्यपि आर्यकाल में आर्य लोग भी गंगा के बारे में अनभिज्ञ नहीं थे, किंतु वे पंजाब में सिंधु और सरस्वती नदी के क्षेत्र में रहते थे, इसलिए वे गंगा को केवल नदी के तौर पर जानते थे, लेकिन उसके गुण, औषधीय विशेषताओं एवं महत्त्व से परिचित नहीं थे।

कालांतर में वे उत्तर ऋग्वैदिक काल में गंगा-यमुना के आंतरिक भागों में बस गए। इसी अवधि में विभिन्न धर्मग्रंथों, शतकम्, सूत्रों की रचना हुई। तब तक वे गंगा के महत्त्व को व्यावहारिक तौर पर जान-समझ चुके थे। इस महान उपलब्धि के उपरांत जब शतपथ ब्राह्मण, जैमिनी ब्राह्मण, तैत्तिरीय आरण्यक, पुराणों आदि की रचना हुई तो गंगा और उसके माहात्म्य की वृहत् स्तरीय चर्चा की गई। पुराणों में गंगा की महानता स्पष्ट कर उल्लेख किया गया कि–

'पृथ्वी के समस्त तीर्थों में गंगा प्रधान है।'

निसंदेह अब तक गंगा के महत्त्व को व्यापक रूप में समझा जा चुका था। उसके पूजन, स्मरण, दर्शन, स्पर्श, सेवन, स्नान, औषधीय गुण आदि सभी पहलुओं पर व्यापक एवं गहन शोध हो चुके थे। इसलिए गंगा ने सामाजिक, धार्मिक, आध्यात्मिक जीवन सभी में प्रमुख एवं महत्त्वपूर्ण स्थान

पा लिया था। वह पापविमोचिनी एवं मोक्षदायी नदी का स्थान पा चुकी थी।

समस्त धर्मग्रंथ एवं साहित्य गंगा के महत्त्व से कृतार्थ थे। समाज में गंगा को एक अद्भुत स्थान मिल गया था कि गंगा के दर्शन मात्र से ही ज्ञान, ऐश्वर्य, आयु, प्रतिष्ठा, सम्मान आदि प्राप्त होता है। उसके अलौकिक जल का स्पर्श करते ही ब्रह्महत्या, गोहत्या, गुरुहत्या आदि समस्त पापों से मुक्ति मिल जाती है। यदि अज्ञानतावश भी गंगा में स्नान कर लिया जाए तो सभी पाप नष्ट हो जाते हैं, तो ज्ञानपूर्वक स्नान करने से मुक्ति प्राप्त होना स्वाभाविक है। यदि गंगा में मनुष्य ही नहीं, कीट-पतंगे, जीव-जन्तु भी मृत्यु का ग्रास बने तो उन्हें भी मोक्ष मिलता है। वास्तव में गंगा स्नान करते व्यक्ति से मृत्युदेव यम भी बचकर निकलते हैं।

गंगा पर जनमानस का अगाध विश्वास रहा है और वह एक मां के समान अपनी शरण में आने वाले प्रत्येक जीव का रक्षण करती है। इसलिए गंगा को मां, माता, मैया आदि उपमाओं से संबोधित करते हैं। उसके संपर्क में आने वाला हर कण गंगामय हो जाता है। गंगाजल के संपर्क से पुण्य बनी मिट्टी भी यदि सिर पर धारण कर लें, तो धारक मनुष्य तेजशाली हो जाता है। गंगातट पर शवदाह भी मोक्षकारी एवं स्वर्गगामी प्रदान करने वाला होता है। गंगा का महत्त्व कुंभ आदि पर्वों पर ही नहीं, साधारण दिनों में परमप्रताप प्रदान करता है, किंतु कुंभ एवं अर्धकुंभ पर लोग कुंभ स्थलों पर अमृत के सत् पुण्य कमाने के लिए आते हैं।

गंगा की धार्मिक एवं पवित्रता सामाजिकता के साथ संबद्ध है। विश्वास व श्रद्धा अपार है। कर्म-कांड, पूजा, स्नान, तर्पण, अभिषेक, आचमन, मरणासन्न स्थिति हो या शवदाह, हर वर्ग में गंगाजल अनिवार्य है। मात्र गंगाजल की कुछ बूंदें ही जलस्रोत एवं भावनाओं को आस्थावान एवं पावन बनाने के लिए पर्याप्त होती हैं।

गंगा से पवित्र कोई नहीं, तभी तो गंगाजल हाथ में लेकर शपथ लेना धार्मिक एवं सामाजिक जीवन एवं क्रिया-कलापों का एक अभिन्न अंग रहा है। कोई भी कर्म एवं धर्म क्षेत्र सर्वप्रथम गंगाजल को छिड़ककर पवित्र एवं शुद्ध किया जाता है, उसके पश्चात् ही कर्म किया जाता है तो सफलता मिलना तय होता है।

धर्मशास्त्रों में उल्लेख मिलता है कि जो मनुष्य गंगा की सन्निधि में मृत्यु को प्राप्त होता है, वह पुनर्जन्म एवं जन्म-मरण के चक्र से मुक्त होकर मोक्ष प्राप्त करता है। जैसा कि ब्रह्मपुराण में कहा गया है—

'ज्ञानतोऽज्ञानतो वापि कामतोऽकामतोऽपि वा।
गंगायां च मृतो मर्त्यः स्वर्ग मोक्षं च विदन्ति॥'

अर्थात्— ज्ञान से अथवा अज्ञान से, इच्छा से अथवा अनिच्छा से,

जो गंगा में मृत्यु को प्राप्त होता है, वह स्वर्ग तथा मोक्ष प्राप्त करता है।

हिंदू धर्म में गंगा किनारे पर दाह संस्कार करने पर अस्थियों को तत्काल ही गंगा की पवित्र धारा में प्रवाहित करने की परंपरा रही है। इससे अस्थि-संचयन (फूल चुनने) की आवश्यकता ही नहीं रहती।

गंगा के निकट मृत्यु और दाह-संस्कार पाने वाला ही स्वर्ग एवं मोक्ष का पात्र नहीं होता, अपितु अन्यत्र मृत्यु प्राप्त हुए व्यक्ति की अस्थियां गंगा की धारा में प्रवाहित करने से उसे भी समान फल प्राप्त होता है।

मदनरत्न में वृद्धमनु ने कहा है–

'दशाहाभ्यन्तरे यस्य गंगातोयेऽस्थि मज्जति।
गंगायां मरणं यादृक् तादृक् फलमवाप्नुयात्।।'

अर्थात्– 10 दिनों के भीतर गंगा में अस्थि प्रवाहित करने से मरने वाले को वही फल प्राप्त होता है, जो गंगा में (गंगा तट पर) मरने से होता है।

भारत के महान ऋषि, महात्माओं आदि ने सदैव गंगा के चरणों में ही प्राणोत्सर्ग की कामना की। इसी कारण वे मीलों पथगमन कर गंगा तीर पहुंचते थे और गंगा की गोद में मोक्ष की अभिलाषा लिए प्राण त्याग देते थे।

महर्षि वाल्मीकि ने भी ऐसी ही कामना की थी। उनकी अभिलाषा थी कि वे गंगा की ओर देखते हुए ही प्राण त्याग करें। उन्होंने गंगा से प्रार्थना की थी–

'मातः शैलसुतासपत्नि वसुधा श्रृंगारहारावलि,
स्वर्गारोहणवैजयन्ति भवती भागीरथि प्रार्थयै।
त्वत्तीरेक वसतस्त्वदम्बु पिवतस्त्वद्वीचिषु प्रेक्षत,
स्वन्नाम स्मरतसत्वदर्पितदृश्यः स्यान्मे शरीरवयय:।'

अर्थात्–– पृथ्वी की श्रृंगारमाला, पार्वतीजी की पत्नी और स्वर्गारोहण की वैजयप्ती पताका स्वरूपिणी हे माता भागीरथी! मैं आपसे प्रार्थना करता हूं कि तुम्हारे तट पर निवास करते हुए, तुम्हारा जलपान करते हुए, तुम्हारी तरंगभंगी में तरंगायमान होते हुए, तुम्हारा नाम स्मरण करते हुए, तुम्हीं पर दृष्टि लगाए मेरा शरीर पात हो।

गंगा की मूर्ति

गंगा ने भारतभूगि के प्रत्येक पक्ष को गहरे तक प्रभावित किया। गंगा का महत्त्व जानकर धर्मवेत्ताओं ने उन्हें पर्याप्त स्थान एवं सम्मान दिया। साहित्यकारों एवं कवियों ने गंगा के माहात्म्य को आधार बनाकर अनेक रचनाओं को जीवंत किया। ऐसे में शिल्पकारों की कला एवं अंतर्मन भी गंगा से गहरे तक प्रभावित थे। पौराणिक साहित्य को आधार बनाकर उन्होंने गंगा को मूर्तिरूप में उतारा। भारतीय कला में गंगा की कल्पना का विशद

रूप देखने को मिलता है।

गंगा-यमुना के संगम पर रचनाओं की विशेष दृष्टि रही है। गंगा में मकर (मगरमच्छ) और यमुना में कच्छप (कछुआ) बड़ी संख्या में निवास करते हैं, इसी तथ्य को आधार बना शिल्पियों ने गंगा को मकरवाहिनी एवं यमुना को कच्छपवाहिनी धटधारिणी नारियों के रूप में मूर्तिरूप दिया।

इन दोनों के ये रूप सामान्यत: कहीं भी देखे जा सकते हैं, किंतु इनके प्राकृतिक (भौगोलिक) स्वरूप को कलाकारों ने उदयगिरि पहाड़ी में उकेरे गए (लक्षणों) शिल्पों में से एक ही दीवार में सजीव रूप में शिल्पित दिया। उदयगिरि की गुफाएं मध्य प्रदेश में विदिशा के निकट स्थित हैं। मूर्तिछवि में दो भिन्न दिशाओं से दो जलधाराएं एक स्थान पर संगम करते दिखाई देती है और इन जलधाराओं के बीच गंगा और यमुना को मकरवाहिनी एवं कच्छपवाहिनी नारी रूप में अंकित किया गया है।

भारतीय परिवेश में गंगा-यमुना को देवीतुल्य माना गया है, किंतु उनकी मूर्तियां देवमंदिरों के द्वारों पर द्वारपालों के रूप में पाई जाती है, किंतु विशेष तथ्य है कि चौथी शती (गुप्तकाल) से पहले अकेले गंगा की छवि को ही उकेरा जाता था। उदयगिरि के लक्ष्यों के दोनों ओर पहले केवल मकरवाहिनी गंगा की वृक्ष पकड़कर खड़ी नारी रूपी छवि अंकित की गई थी। कच्छपवाहिनी यमुना की छवि चौथी शती के उत्तरवर्ती शिल्पों में ही दिखाई देती है। स्पष्ट होता है कि यमुना के महत्त्व को गंगा के पश्चात ही शिल्पियों ने गढ़ा। दक्षिण के मंदिरों में उत्कीर्ण भारतीय नाट्यशास्त्र के 108 कर्णों में एक 'गंगा अवतरण कर्ण' है।

गंगा अवतरण कर्ण में गंगा के कारण शिव से नाराज उमा की मूर्ति सौतिया ईर्ष्या को दर्शाती है। गंगा विसर्जन मूर्ति नटराज की जटाओं में गंगा भी नृत्य मुद्रा में दिखती है। कहीं वह शिव का अलंकरण है, तो कहीं उनकी पगड़ी, माला, चंवर आदि। कहीं वह शिव की जलमूर्ति रूप में दिखती है। एक शिल्प में वह शिव के भुजंग के समानांतर एक 'तरंग' दिखती है। पूर्व जावा द्वीप से प्राप्त एक शिल्प में गंगा के पूर्णकुंभ रूपी स्तनों से अमृत जलधारा प्रवाहित नजर आती है, किंतु प्राय: उनकी छवि यमुना के साथ ही मिलती है और वह भी द्वारपाल रूप में, जो आने वाले लोगों का पाप हरण कर उन्हें पावन बनाती है।

17. धार्मिक महत्त्व

कुंभ, महाकुंभ और गंगा

गंगा भारत की जीवनधारा है, तो कुंभ और महाकुंभ भारत की एक शाश्वत् धरोहर, जो भारतभूमि पर दर्शन और सांस्कृतिक स्रोतों के बल पर निरंतर विकसित होती रही है। इस युगीन परंपरा का सूत्रधार कौन है, यह रहस्य ही है, किंतु आज ये भारतीय संस्कृति का अभिन्न अंग बन चुके हैं। वस्तुत: कुंभ एक पर्व रहा है, जो अमृत पाने का महापर्व रूप धारण कर चुका है। इसे भारतीय संस्कृति का पुरातन महापर्व कहा जाता है। पर्वों की इस भारतभूमि पर कुंभ का विशेष सांस्कृतिक, धार्मिक, पौराणिक एवं आध्यात्मिक महत्त्व है, जिसकी पृष्ठभूमि में 'मृत्योर्मामृत गमय' का जीवन दर्शन स्थित है। भारत के पौराणिक शास्त्रों, धर्मग्रंथों आदि में भी कुंभ का उल्लेख मिलता है। प्राचीनकाल से ही प्रमुख 4 तीर्थ स्थलों पर हर 12-12 वर्षों पर पूर्ण कुंभ मेला लगता रहा है, जबकि हरिद्वार एवं प्रयाग में प्रति 6 वर्ष के बाद अर्धकुंभ मनाया जाता है और 12 वर्ष बाद महाकुंभ आयोजित होता है, किंतु नासिक व उज्जैन में अर्धकुंभ का आयोजन नहीं होता है।

गंगा और कुंभ का अटूट संबंध रहा है। पापनाशिनी गंगा अपने नामलेवा भक्तजनों का उद्धार करती है, तो कुंभ का 'कर्मफल सिद्धांत' पर्व की महत्ता को अक्षुण्ण बनाता है, जिसका वर्णन ऋग्वेद में भी मिलता है कि—

'जघान वृत्रं स्वधितिर्वनेवरू रोज पुरो अरदन्न सिंधन,
विभेद गिरि नवभिन्न कुंभभागा इंद्रो अकृगतास्वयुग्भिः।'

अर्थात् वह मनुष्य जो कुंभ पर्व में स्वकृत कर्मफल के परिणामस्वरूप स्नान, दान तथा होम आदि पवित्र कर्म करता है, निश्चय ही इन कर्मों से काठ को काटने वाले कुठार की भांति अपने पापों को नष्ट करता है।

कुंभ पर्व के पावन अवसर पर गंगा और सहायक नदियों में स्नान करने

से पाप ही नहीं धुलते हैं, बल्कि यह उससे भी कहीं अधिक फलदायी कर्म माना गया है।

आज कुंभ मेले की आयोजन परंपरा केवल हरिद्वार, प्रयाग, उज्जैन और नासिक तक सिमट गई है। कहते हैं कि पौराणिक काल में भारत के अनेक स्थानों पर कुंभ और कुंभ समकक्ष मेले आयोजित किए जाते थे। ये महापर्व कुरुक्षेत्र (हरियाणा), द्वारिका (गुजरात), सिमरिया (बिहार), गुवाहाटी (असम), पुरी (ओडिशा), हरिद्वार (उत्तराखंड), प्रयाग (उत्तर प्रदेश), उज्जैन (मध्य प्रदेश), नासिक (महाराष्ट्र), गंगासागर (पश्चिम बंगाल), कुंभकोणम (तमिलनाडु) एवं रामेश्वरम् (तमिलनाडु) में आयोजित होता था, किंतु सांस्कृतिक, धार्मिक एवं पारंपारिक उदासीनता के कारण अब यह केवल मुख्य 4 स्थानों–इलाहाबाद (प्रयाग), हरिद्वार, उज्जैन एवं नासिक में ही आयोजित होता है। दक्षिण भारत में भी कुंभकोणम केवल सांकेतिक रूप में रह गया है, जिसे आज दक्षिण भारत का कुंभ 'महामखम्' कहा जाता है। कुंभ का मुख्य आकर्षण इलाहाबाद अर्थात् प्रयाग से संबंधित है, जो महाकुंभ कहलाता है। कहते हैं कि सृष्टि रचयिता ब्रह्मदेव ने सृष्टि का निर्माण कर प्रयाग में ही सर्वप्रथम यज्ञ किया था, इसलिए यह स्थान बहु-यज्ञ स्थल कहलाता है। हरिद्वार और प्रयाग में प्रत्येक 6 वर्ष में अर्धकुंभ और 12 वर्ष में कुंभ महापर्व मनाने की परंपरा है।

कुंभ का उल्लेख हमारे प्राचीन धर्मग्रंथों में भी मिलता है। अथर्ववेद में 4 पावन तीर्थस्थलों पर कुंभ आयोजन की प्रेरणा मिलती है। अथर्ववेद में कहा गया है–

'चतुरः कुंभांचतुर्णा ददामि
क्षीरेण पूर्णान् उदकेन दधमः।'

वैदिक काल से अनवरत् चली आ रही महाकुंभ पर्व की परंपरा भारतीय संस्कृति में रच-बस गई है, जो सनातन ऐक्य भावना का प्रतीक है। देश-विदेश के लोग 'हर-हर गंगे' का जयघोष कर गंगा की पूजनीयता और महत्त्व को बढ़ाते हैं। यह 'वसुधैव कुटुम्बकम्' की धारणा का प्रतीक है।

मनीषियों ने कहा है–

'अश्वमेध सहस्त्राणी वाजपेय शवानि च।
लक्ष प्रदक्षिणा भूजेः कुंभस्नानेहितफलम्॥'

अर्थात् जो मनुष्य कुंभ पर्व का स्नान कर लेता है, उसे एक बार का स्नान 1000 अश्वमेध यज्ञ करने का, 100 वाजपेय-यज्ञ करने का तथा 1 लाख बार पृथ्वी की प्रदक्षिणा करने का पुण्य फल मिलता है।

हरिद्वार में कुंभ पर्व का आयोजन खगोलीय गणनाओं के आधार पर

मोक्षदायिनी गंगा

होता है। स्कंद पुराण में उल्लेख है–

'पद्मिनी नायके मेषे कुंभराशि गते गुरौः।
गंगा द्वारे भवेद्योगः कुंभनाम्नातदोत्तमः॥'

अर्थात् जब सूर्य मेष राशि पर आए और 'गुरु' ग्रह कुंभ राशि पर हो, तब गंगाद्वार यानी हरिद्वार में कुंभ पर्व का उत्तम होता है।

उत्तराखंड प्रदेश को देवभूमि कहा गया है, क्योंकि यहीं पर बद्रीनाथ धाम, केदारनाथ धाम, गंगोत्री एवं यमुनोत्री तीर्थ स्थित है। इसी प्रदेश में हरिद्वार से प्रवेश किया जाता है, इसलिए इसे देवभूमि का प्रवेश द्वार कहा जाता है। इसे 'मायापुरी' भी कहा गया है और इसे 7 पुरियों में भी गिना जाता है।

हरिद्वार ही गंगाद्वार भी है, जिसके बारे में स्कंद पुराण में उल्लेख है–
'गंगा द्वार समं तीर्थ न कैलाश समोगिरिः।'

कहते हैं कि भगवान शिव ने स्वयं पद्म पुराण में इसका महत्त्व बताया और कहा–

'हरिद्वार महापुण्यं श्रुणु देवार्षिसत्तम।
यत्र गंगा वहत्येव तत्रोक्यं तीर्थमुक्तम्॥'

हरिद्वार के समान कोई तीर्थ नहीं और गंगा के समान कोई पवित्र नदी नहीं है।

प्रयाग संगम का कुंभ

हरिद्वार की तरह ही प्रयाग अर्थात्– इलाहाबाद के कुंभ पर्व का भी पौराणिक और आध्यात्मिक महत्त्व है। जब सूर्य मकर राशि में तथा गुरु वृष राशि में हो, तब प्रयाग में कुंभ पर्व का योग बनता है। ग्रहयोग माघ महीने में पड़ना आवश्यक होता है। प्रयाग में गंगा और यमुना नदी के साथ सरस्वती की धारा गुप्त रूप से मिलती है। संगम पर कुंभ के लिए वर्णित है–

'मेषराशि गते जीवे मकरे चंद्रभास्करौ।
आमावस्या यदा योगः कुंभारव्यस्तीर्थ नायके॥'

अर्थात् जिस समय बृहस्पति मेष राशि में हो और सूर्य मकर राशि में तो उत्तर प्रदेश में गंगा नदी पर प्रयाग (इलाहाबाद) में पूर्ण कुंभ पर्व का योग बनता है, जो सभी तीर्थों में अग्रणीय है।

प्रयाग में प्रत्येक 6 वर्ष पर अर्धकुंभ और 12 वर्ष में कुंभ का आयोजन होता है। प्रजापति का यह क्षेत्र तीर्थराज कहा गया है, क्योंकि वनागमन करते राम प्रयाग से होकर गुजरे थे।

नासिक का कुंभ

इसी तरह सूर्य एवं गुरु के सिंह राशि में हो, पूर्णिमा तिथि और गुरुवार हो तो नासिक के निकट त्र्यंबकेश्वर में सिंहस्थ कुंभ आयोजित है, जहां से गोदावरी नदी का उद्गम होता है। नासिक के कुंभ के संबंध में पुराणों में उल्लेख है–

'सिंह राशि गते सूर्ये सिंह राशौ वृहस्पतौ।
गोदावर्षों भवेत्कुंभों भक्तिमुक्ति प्रदायकः॥'

अर्थात् जिस समय सूर्य एवं बृहस्पति सिंह राशि में हो, तो उस समय गोदावरी नदी के तट पर स्थित नासिक में पूर्ण कुंभ मनाया जाता है। नासिक में केवल 12 वर्षों के उपरांत कुंभ पर्व आयोजित होता है, जो भक्ति और मुक्तिदायी होता है।

उज्जैन का कुंभ

महाभारत के अरण्य पर्व के अनुसार उज्जैन सात पवित्र मोक्षदायी पुरियों में से एक है, जिसे विजय की नगरी कहा जाता है, जहां क्षिप्रा नदी प्रवाहित होती है। उज्जयिनी में कुंभ के बारे में उल्लेख है–

मेषराशि गते सूर्ये सिंह राशौ वृहस्पतौ।
उज्जायिन्यां भवेत् कुंभः सदा मुक्ति प्रदायकः॥

अर्थात् जिस समय सूर्य मेष राशि में हो और बृहस्पति सिंह राशि में हो, तो उस समय मध्य प्रदेश के उज्जैन (उज्जयिनी) नगर के निकट क्षिप्रा नदी पर हर 12वें वर्ष कुंभ पर्व मनाया जाता है, जो सदैव मुक्तिदायी होता है।

स्कंद पुराण के अनुसार, शिव ने यहां महाकाल वन में वास किया था और बाद में त्रिपुर दानव को जीता था, इसलिए इसका नाम उज्जयिनी पड़ गया।

उज्जैन के कुंभ पर्व को शेष 3 कुंभ पर्वों की तुलना में विशेष महत्त्व दिया गया है। इसे 'सिंहस्थ पर्व' भी कहते हैं, किंतु उज्जैन में कुंभ के लिए सर्वाधिक दस खगोलीय योग होने आवश्यक होते हैं, जैसे– बैसाख मास, शुक्ल पक्ष, पूर्णिमा, सूर्य मेष राशि पर, गुरु सिंह राशि पर, चंद्रमा तुला राशि पर, स्वाति नक्षत्र, व्यतिपात योग, सोमवार तथा उज्जयिनी स्थल। यदि 9 योग ही हैं, किंतु गुरु सिंह राशि पर न हो तो कुंभ नहीं होता है। अतः यह दशा होनी अनिवार्य कही गई है।

पांचवां कुंभ : कुंभकोणम में

हरिद्वार, प्रयाग, नासिक और उज्जैन में कुंभ पर्वों के अतिरिक्त तमिलनाडु में कुंभकोणम नामक स्थान पर, जो मेला आयोजित होता है, उसे 5वें कुंभ

की संज्ञा दी जाती है। भारत की 12 प्रसिद्ध नदियों, जैसे– गंगा, यमुना, कृष्णा, गोदावरी, कावेरी आदि को ज्योतिर्मंडल की 12 राशियों का प्रतीक माना गया है। जैसे– जब बृहस्पति कुंभ राशि में प्रवेश करता है, तो गंगा तट पर कुंभ मेला आयोजित होता है। यही क्रम भारत की अन्य नदियों के संबंध में भी अपनाया जाता है।

बृहस्पति के सिंह राशि में प्रवेश करने पर आंध्र प्रदेश में गोदावरी तट पर कुंभ की तरह का ही 'पुष्कर' मेला लगता है, जबकि कावेरी तट पर रहने वाले लोग, विशेषकर कुंभकोणम् के आसपास के लोग 'महामखम्' नाम का मेला मनाते हैं। उल्लेखनीय है कि बृहस्पति के तुला राशि में प्रवेश करने पर भी कावेरी नदी के आसपास रहने वाले लोग कुंभ को ही स्मरण करते हैं, इसलिए इस स्थान को 'कुंभकोणम्' नाम दिया गया। इसे 'पांचवां कुंभ' भी कहा जाता है। यह तमिलनाडु का सर्वाधिक प्रसिद्ध एवं लोकप्रिय मेला है, जो 12 वर्ष में एक बार एक बड़े तालाब 'महासंगम सरोवर' के आसपास आयोजित होता है। जहां 'कुंभेश्वर' नाम के अधिष्ठाता देव की पूजा की जाती है। भक्तगण तमिलनाडु के प्रसिद्ध मंदिर श्रीरंगम् के रंगनायक के रंगधाम में भी एकादशी के दिन एकत्र होकर देवता का द्वार-दर्शन करते हैं।

कुंभ का तात्विक अर्थ एवं समुद्रमंथन की कथा

कुंभ भारतीय संस्कृति का एक पुरातन महापर्व है, जो आध्यात्मिक, पौराणिक, धार्मिक एवं सांस्कृतिक महत्त्व के कारण जीवनधारा में शामिल हो चुका है। यह मनुष्य के पाप, अज्ञान, अंधकार और सांसारिक बाधाओं को दूर कर उसे पुण्य, ज्ञान, प्रकाश और आध्यात्मिक चेतना का दिग्दर्शन कराता है। कहते हैं कि समस्त 12 इंद्रियों पर विजय पाने से हमारे शरीर रूपी कुंभ का कल्याण होता है। यही लौकिक एवं दैवीय संतोष प्रदान करता है। पृथ्वी को अपने दिवगंत प्रकाश से आलोकित करता है।

यह अमृतपान का महापर्व है। लोग प्रति 12 वर्ष के उपरांत यहां स्नान कर अमृत का सत् पाने की अभिलाषा लिए यहां आते हैं। कुंभ का शाब्दिक अर्थ कलश या घड़ा है, जिसे हर पूजन कार्य में जल से परिपूर्ण कर स्थापित करने का विधान रहा है। इसका एक अर्थ ज्ञान भंडार भी है।

अथर्ववेद में वर्णन मिलता है कि काल यानी समय आकाश में स्थित है और स्थिर है, परंतु वह पृथ्वी सहित लोकों में गतिशील प्रतीत होता है। इसी में ज्ञान निहित है और यही वेदों का उत्पन्नकर्ता है। इसी काल के ऊपर भरा हुआ कुंभ स्थापित है। जब ज्ञान ही अमृत है और इस अमृत की प्राप्ति ही कुंभ पर्व का परम उद्देश्य है।

ऐसे ही अमृत से भरे कुंभ कलश के लिए देव और दानवों में भीषण संघर्ष हुआ था, जिसका उल्लेख पौराणिक ग्रंथों में मिलता है, तो उससे जुड़े कई कथानक भी धर्म, दर्शन, ज्ञान आदि का बोध कराते हैं, जिसमें विष वैमनस्य का तथा अमृत संगठन एवं ज्ञान का प्रतीक है। इसी संगठन के बल पर देवताओं ने असुरों को पराजित किया। पौराणिकों ने इसी घटना के साथ काल चंद्र की विचारधारा को जोड़कर उसे अधिक प्रामाणिक बना दिया। मनीषियों के अनुसार, सागर-मंथन की कथा के भीतर जीवन का रहस्य प्रतीकात्मक रूप में निहित है।

भक्तगण जिज्ञासावश पूछते हैं कि गंगा तो हरिद्वार और प्रयाग में प्रवाहित होती है, तो नासिक और उज्जयिनी में कुंभ पर्व क्यों आयोजित होता है?

ऐसे में पौराणिक आख्यानों से यह उत्सुकता शांत होती है। नि:संदेह गंगा और कुंभ का अटूट संबंध रहा है। वह हरिद्वार की धरती को पावन करते हुए प्रयाग में अपनी धारा प्रवाहित करती है, लेकिन नासिक की गोदावरी को गोमती गंगा कहा गया है और क्षिप्रा को काशी गंगा की उत्तरी शाखा द्वारा गंगा स्वरूपा माना गया है।

इसका उल्लेख स्कंद पुराण एवं ब्रह्म पुराण में भी मिलता है, जिसमें कहा गया है—

'विंध्यस्य दक्षिणे गंगा गौतमी सा निगद्यते
उत्तरे सापि विंध्यस्य भगीरत्यमिधीयते।
एवं मुक्त्वा गता गंगा कलया वन संस्थिता
गंगेश्वरं तुय: पश्येत स्नातक शिप्राम्मासि प्रिये।'

नि:संदेह हरिद्वार के समान कोई तीर्थ नहीं है और गंगा के समान कोई पवित्र नदी नहीं है, किंतु फिर भी पुष्कर को सर्वाधिक प्रमुखता दी गई है। कुंभ पर्व पुष्कर योग विश्व का सर्वाधिक पुरातन पर्व माना गया है, क्योंकि पुष्कर की उत्पत्ति स्वयं ब्रह्मा ने की थी और यज्ञ के निमित्त वेदों की रचना की थी।

समुद्र मंथन की कुंभ कथा

श्रीभागवत पुराण में समुद्र मंथन की प्रतीक कथा का वर्णन मिलता है, जिसके अनुसार पौराणिक काल में राजा बलि ने अपनी शक्ति से देवताओं को पराजित कर दिया था। शुक्राचार्य की शक्ति से उसके राज्य के असुरों, दैत्यों एवं दानवों का प्रभाव बढ़ गया, तो दूसरी ओर दुर्वासा ऋषि के शाप से देवराज इंद्र भी शक्तिहीन हो गए। ऐसी विकट स्थिति के समाधान के लिए देवगणों ने भगवान विष्णु की सहायता मांगी। भगवान विष्णु ने उन्हें

आपद्धर्म समझाकर सलाह दी कि विपत्ति की इस स्थिति में वे दैत्यों से मित्रता कर लें। राजा बलि को भी मनाकर समुद्र (क्षीर सागर का) मंथन करें, जिससे समुद्र से अनेक दुर्लभ वस्तुओं के साथ-साथ अमृत भी प्राप्त होगा, जिसे चातुर्य से देवगण आपस में बांट लें। फलस्वरूप देवताओं की शक्ति दैत्यों से ज्यादा हो जाएगी। देवताओं ने राजा बलि को इस उद्देश्य के लिए मना लिया।

देवताओं ने इस उद्देश्य हेतु मंदराचल (मेरु) पर्वत को मथानी और वासुकि नाग को संचालक अर्थात्– डोरी (नेती) बनाया। यह सब कुछ एक आकाशवाणी की प्रेरणा से होने लगा था, जिसे स्वयं भगवान विष्णु ने लीला स्वरूप रचा था।

चूंकि एक बार इंद्र ने किसी कारणवश अपने वज्र से मंदराचल पर्वत के पंख काट डाले थे, इसलिए वह निर्धारित जगह तक पहुंचने में अक्षम था। तब देव-दैत्यों ने उस पर्वत को उखाड़ ही लिया, किंतु वे उसे धारण न कर सके और पर्वत उन्हीं पर गिर पड़ा। दोनों पक्षों के बहुत से लोग मारे गए, हताहत हुए। तब उनके आग्रह पर भगवान विष्णु मंदराचल पर्वत को अपने वाहन गरुड़ की पीठ पर रखकर क्षीर सागर के उत्तरी तट तक ले गए और उसे सागर में डाल दिया। विष्णु ने वासुकि नाग को गहन निद्रा में सुला दिया, जिससे उसे पीड़ा न हो। दैत्यों ने हठवश वासुकि नाग को मुख की ओर से और देवताओं ने पूंछ की ओर से पकड़कर क्षीर सागर का मंथन आरंभ किया, किंतु मंदराचल सागर में डूबकर रसातल में जा पहुंचा, तब भगवान विष्णु कच्छप (कछुए) का रूप धारण कर मंदराचल को अपनी पीठ पर उठाकर ऊपर ले आए और फिर स्वयं अपनी चारों भुजाओं से पकड़कर उसे सही स्थिति में किया, जिससे समुद्र मंथन में कोई कठिनाई न हो।

क्षीर सागर का मंथन आरंभ हुआ। इस अद्भुत घटना को देखने के लिए समूचा देवलोक उपस्थित था। भगवान विष्णु की कच्छपरूपी कठोर पीठ और मंदराचल की परस्पर रगड़ से समुद्र में विकराल हलचल होने लगी। मंथन के स्वरूप सबसे पहले हलाहल विष निकला, जिसे सर्वप्रथम मुनि नारद ने देखा, किंतु देव व दानवों में से कोई भी उसे धारण करने को तैयार नहीं हुआ। वास्तव में कोई भी उस कालकूट विष को धारण करने में सक्षम भी नहीं था। उसे फैलता देख मंथन रोक दिया गया और सब लोग भागने लगे। तब नारद मुनि की सलाह पर सभी ने भगवान शिव से उस अग्नि समान विष को धारण करने की प्रार्थना की। शिव ने हथेली पर रखकर वह विष पी लिया, किंतु उसे कंठ में ही रोक लिया।

विष के विकराल प्रभाव से उनका कंठ नीला हो गया। देवगणों ने उन्हें आभार प्रकट किया और उनका नाम 'नीलकंठ' पड़ गया। इसी विष की कुछ बूंदें पृथ्वी पर गिरीं, तो उसका सेवन कर सांप, बिच्छू आदि जीव विषाक्त हो गए।

देव-दैत्यों ने पुन: क्षीर सागर का मंथन आरंभ किया तो एक-एक करके बारह रत्न प्रकट हुए। दूसरी बार कामधेनु गाय प्रकट हुई। ऋषियों की याचना पर कामधेनु एवं अन्य गायें ऋषियों को दे दी गईं। तीसरी बार उच्चैश्रवा अश्व निकला, जो अश्वजाति में एक अलौकिक रत्न था, जिसे राजा बलि को दे दिया गया। चौथी बार 64 सफेद हाथियों के साथ ऐरावत हाथी निकला, जिसे देवराज इंद्र को भेंट किया गया। पांचवीं बार कौस्तुभ मणि निकली, जो सूर्यमंडल की भांति परम कांतिवान एवं आभायुक्त थी, जिससे तीनों लोक प्रकाशित हो रहे थे। कौस्तुभ मणि को भगवान विष्णु को दे दिया गया। छठी बार पारिजात वृक्ष प्रकट हुआ, जिसे देवताओं को भेंट किया गया। इसके उपरांत मंथन से रंभा नामक नर्तकी निकली, जिसे स्वर्ग की नर्तकी बना दिया गया। आठवीं बार मंथन से हाथों में वनमाला लिए अधीश्वरी दिव्य रूप वाली महालक्ष्मी प्रकट हुई, जिसे ब्रह्मवेत्ताओं ने आन्वीक्षिकी (वेदांत विद्या) अर्थात्– मूल विद्या कहकर पुकारा तो कुछ ने वाणी, ब्रह्मविद्या, वैष्णवी, माया, योगमाया, ऋद्धि, सिद्धि, आज्ञा एवं आशा आदि नामों से अलंकृत किया। देवी लक्ष्मी ने परम अलौकिक भगवान विष्णु के गले में वरमाला डालकर स्वेच्छा से उनका वरण किया। नवीं बार कन्या रूप में वारुणी प्रकट हुई, जिसे रखने के लिए देव-दैत्यों में वाद-विवाद हो गया, क्योंकि देवताओं का उद्देश्य तो अमृत कलश था, इसलिए भगवान विष्णु ने वारुणी दैत्यों को दान कर दी। 10वीं बार चंद्रमा निकला, जिसे आकाश में स्थापित कर दिया गया। 11वीं बार एक शंख व अन्य रत्न आदि निकले। 12वीं बार हरिधनु निकला। 13वीं और अंतिम बार अमृतकलश लिए वैद्य धन्वंतरि प्रकट हुए तो समुद्र मंथन रोक दिया गया।

देव-दानव अमृत पाने के लिए परस्पर संघर्ष करने लगे, किंतु ऋषि दुर्वासा के शापवश निर्बल हो चुके देवगण दानवों का सामना नहीं कर सकते थे। दानवों में परस्पर संघर्ष होते देख भगवान विष्णु ने एक नवयौवना विश्वमोहिनी का रूप धारण किया, जिसे देख सभी आकर्षित हुए। उन्होंने दानवों को यह कहकर उनका विश्वास जीता कि देवता और दानव दोनों ही महर्षि कश्यप के पुत्र हैं, इसलिए भाई-भाई होने के कारण अमृत को वे परस्पर बराबर-बराबर बांटें।

विश्वमोहिनी देव-दानवों को अलग-अलग पंक्ति में बैठाकर अमृतपान

कराने लगी, किंतु विश्वमोहिनी के रूप से मदहोश दानव अपनी बारी में अमृत पीना ही भूल गए। विश्वमोहिनी द्वारा बार-बार देवों को ही अमृतपान कराता देख राहु नामक दैत्य देवरूप धारण कर देवताओं की पंक्ति में जा बैठा और अमृतपान भी कर लिया, लेकिन चंद्रमा और सूर्य ने उसे पहचानकर सभी को सचेत कर दिया। तब भगवान विष्णु ने तत्क्षण सुदर्शन चक्र से उसका सिर धड़ से अलग कर दिया।

देवताओं के अमृतपान करते ही भगवान विष्णु वहां से अदृश्य हो गए। अब दैत्य उनकी माया जान गए थे। उन्होंने तुरंत देवों पर आक्रमण कर दिया। भयंकर देवासुर संग्राम आरंभ हो गया। देवराज इंद्र दैत्यराज बलि को पराजित कर इंद्रलोक वापस ले गया।

इस बीच देवताओं के गुरु बृहस्पति के संकेत पर इंद्र का पुत्र जयंत अमृत कलश लेकर निकल भागा। दैत्यगुरु शुक्राचार्य ने दानवों को अमृत कलश छीनने का आदेश दिया। जयंत तमतमाते सूर्यदेव के आंचल में छिप गया, तो दैत्यों ने उसे चालाकी से बहलाने-फुसलाने का प्रयास किया, किंतु वह उनकी बातों में न आया। वह 12 दिनों (मनुष्यों के 12 वर्ष) तक सूर्य, चंद्रमा, गुरु, शनि की शरण लेकर बचता रहा। 12 दिनों तक उसने अमृत कलश को 12 स्थानों पर रखा और इस दौरान अमृत की कुछ बूंदें उन 12 स्थानों पर छलककर गिर पड़ीं। इनमें आठ स्थान स्वर्ग में थे और 4 धरती पर थे। ये चार स्थान ही हरिद्वार, इलाहाबाद, नासिक एवं उज्जैन हैं। इन्हीं बूंदों का सत् प्राप्त करने के लिए इन चारों स्थानों पर कुंभ एवं अर्धकुंभ आयोजित होते हैं। देवासुर संग्राम में सूर्य, बृहस्पति, चंद्र और शनि ने अमृतकलश की रक्षा में सहयोग किया था, अत: इन्हीं ग्रहों की मुख्य स्थिति होने पर कुंभ मनाया जाता है और उन्हीं अवसरों पर स्नान का माहात्म्य भी होता है।

कुंभ की दो अन्य कथाएं

यद्यपि कुंभ से संबंधित अमृत मंथन की कथा को अधिक महत्त्व दिया जाता है, किंतु कुंभ से संबंधित दो अन्य कथाएं भी लोकप्रिय हैं।

पहली कथा महर्षि दुर्वासा से संबंधित है। ऋषि दुर्वासा ने इंद्र को एक दिव्य माला दी, किंतु अहंकारी इंद्र ने उस दिव्य माला को अपने हाथी ऐरावत के माथे पर रख दिया। ऐरावत ने माला को नीचे खींचा और पैरों से कुचल दिया। अपना यह अपमान देख ऋषि ने भयंकर शाप दिया, जिसके कारण संसार में अत्यधिक अनावृष्टि और दुर्भिक्ष (सूखा) पड़ा। जीव-जगत त्राहि-त्राहि कर उठा।

यह देख विष्णु नारायण की कृपा से समुद्र मंथन में प्रकट हुई महालक्ष्मी के माध्यम से वर्षा हुई और किसान सहित समस्त जीव-जगत का कष्ट समाप्त हो गया। विष्णु ने विश्वमोहिनी का रूप धारण कर देवों को अमृतपान करा दिया, लेकिन असुरों को अमृत से वंचित रखा। आहत असुरों ने अमृत कुंभ (कलश) को नागलोक में छिपा दिया। वहां से गरुड़ ने उसे खोजा और क्षीरसागर तक पहुंचाया। इस बीच जहां-जहां कलश रखा, वे स्थान कुंभ स्थानों के नाम से लोकप्रिय हुए।

दूसरी कथा कद्रू-विनता के परस्पर देषभाव से संबंधित है। ये दोनों प्रजापति कश्यप की पत्नी थीं। एक बार दोनों में यह विवाद हुआ कि सूर्य के रथ के अश्व सफेद हैं या काले। जिसकी बात असत्य होगी, वह दूसरी की दासी बनकर रहेगी। नागराज वासुकी कद्रू के पुत्र थे, तो गरुड़ विनता के। अपनी मां को विजयी बनाने के लिए वासुकि ने अपने नागों के कालेपन से सूर्य को ढंक दिया। उसकी इस चालाकी से विनता हार गई और उसे कद्रू की दासी बनना पड़ा। विनता-पुत्र गरुड़ ने कद्रू से अपनी मां को स्वतंत्र करने की विनती की। कद्रू ने गरुड़ को नागलोक से उस अमृत कुंभ को लाने को कहा, जो वासुकि की रक्षा में था। गरुड़ ने नागलोक से कलश प्राप्त कर लिया और अपने पिता कश्यप मुनि के आश्रम की ओर उड़ चले, जो उत्तराखंड में गंधमदान पर्वत पर स्थित था। वासुकि ने गरुड़ द्वारा अमृत कुंभ की सूचना इंद्र को दी। मार्ग में इंद्र ने गरुड़ पर चार बार आक्रमण किया। कलश की रक्षा के प्रयास में कलश से अमृत की बूंदें जिन 4 स्थानों पर छलकीं, वे ही कुंभ पर्व आयोजन स्थल बने।

18. सामाजिक महत्त्व

गंगा का सामाजिक महत्त्व केवल सामाजिक दृष्टिकोण नहीं है। इसमें विविध कल्याणकारी पहलू भी शामिल हैं। गंगा सदियों से सभ्यता एवं संस्कृति की वाहक रही है। धर्म, समाज, मानवता एवं पर्यावरण में भी उसका योगदान अतुलनीय रहा है। वह सामाजिक मूल्यों, आध्यात्मिक शांति, सद् आचरण एवं नीतिगत मूल्यों की प्रेरक स्रोत रही है। इसमें किसी जाति, धर्म, पंथ या राष्ट्रीयता को लेकर कोई द्वेष, भेदभाव या पक्षपात नहीं है। विशेषकर काशी के जीवन में गंगा एक अभिन्न भूमिका निभाती है। वहां का हर तत्त्व गंगा के आधार पर गतिशील होता है। गंगा जहां-जहां से गुजरती है, वहां का धर्म, सांस्कृतिक, पर्यावरण, वातावरण गंगा से प्रभावित होता है। भारतीय सभ्यता, संस्कृति एवं समाज अनेक अर्थों में गंगा की ऋणी रही है।

भविष्य पुराण, विष्णु पुराण आदि धर्मग्रंथों में लिखा है कि 100 योजन दूर से भी गंगा का नाम लेने, उसे देखने, उसका जल पीने, स्पर्श करने, स्नान करने से तीन जन्मों तक के पाप नष्ट हो जाते हैं। हरिद्वार, प्रयाग, काशी, गंगासागर आदि पर गंगा तटीय स्नान करना मोक्षदायी है। यह संपूर्ण पापों को धो देता है और जीवन-मरण के चक्र से मुक्त करता है। पापों से मुक्ति के लिए जलते दीपों को गंगा की धारा में छोड़ा जाता है।

भारतीय संस्कृति में स्नान का धार्मिक दृष्टि से ही नहीं, स्वच्छता की दृष्टि से भी महत्त्व है। नित्य स्नान तन-मन की शुद्धि करता है। विचारों को नवीनता देता है। पवित्रता प्रदान करता है। मनुस्मृति में नीतिकार मनु ने गंगा और कुरुक्षेत्र को सर्वाधिक पवित्र स्नान लिखा है।

संसार की महान सभ्यताओं का विकास नदी किनारे ही हुआ। दूसरों शब्दों में नदियों ने ही अपने अंचलों में मानव सभ्यता एवं समाज को विकसित होने का अवसर दिया। नदियां सामाजिक जीवन का अंग बनीं-

पीने को पानी, खाने को भोजन और यात्रा करने एवं मृत्योपरांत दूसरी दुनिया की यात्रा के लिए जलमार्ग के लिए प्रसिद्ध है। नदियां सामाजिक, धार्मिक एवं सांस्कृतिक जीवन का आधार बनीं। इसी तरह गंगा भी हिंद देश का आधार बनी– 'गंगा भारत में और भारत गंगा में' एकाकार होता चला गया। वह अपृथक तरीके से भारतीय जनजीवन में पूरी तरह घुल गई। सरस्वती नदी के तटवासी सारस्वत कहलाए, सिंधु प्रदेश वासी इंडस से हिंदू, तो गंगावासी गांगेय। गंगा धर्मनिरपेक्ष रूप में सामाजिक आधारों से गहरे तक जुड़ गई। सभ्यता एवं संस्कृति से गंगा की कड़ियां जुड़ती चली गईं। गंगा ने समाज को परस्पर जोड़ा। वह माता व पोषिणी बनी।

दुनिया के प्राचीनतम ग्रंथ ऋग्वेद के नदी-स्तुति (10.75) में गंगा का उल्लेख मिलता है। यह पूर्व से पश्चिम की ओर प्रवाहित होने वाली नदियों के संबंध में है। संभवत: ऋचाकार गंगा सहित समस्त नदियों के सामाजिक महत्त्व से परिचित थे।

गंगा का एक नाम जाह्नवी भी है, जिसका वर्णन ऋग्वेद (3.52.6) में मिलता है। इस ऋचा में लोगों को संबोधित कर कहा गया है कि हे वीरो! आपका प्राचीन घर, आपकी पवित्र मित्रता, आपकी संपत्ति जाह्नवी के तट पर है।

यह दर्शाता है कि गंगा के तट पर ही सामाजिक जीवन का भरपूर विकास हुआ। सभ्यता के विकास से गंगा तट पर ही नगर बसे और एक संपूर्ण समाज की स्थापना हुई। तट पर स्थित धार्मिक स्थलों का प्रतिस्थापन हुआ और वे तीर्थ रूप में जाने गए। इस परिपाटी ने आस्था को समाज के साथ समन्वित किया।

गंगा के इर्द-गिर्द जब कुंभ, अर्धकुंभ एवं अन्य मेलों का आयोजन होता है, तो एक नया अस्थायी नगर, एक नया समाज सामने आता है, जो केवल गंगा व तीर्थ का पुण्य पाना चाहता है। चाहे उस परिघटना के पीछे कोई भी इतिहास या किंवदंतियां रही हों। गंगा के पर्वों में पूरे देश की समन्वित व एकात्मक संस्कृति, विश्वबंधुत्व की भावना एवं जन सामान्य की अपार श्रद्धा व्यवस्थित रूप में दिखाई देती है। कुंभ में तो तंबुओं का एक पूरा अस्थायी नगर ही बस जाता है, जो लघु भारत-सा दिखता है। गंगा धार्मिक संदर्भ के आधार पर भारत की सामाजिक व्यवस्था को दर्शाती है। हर धर्म, जाति, मजहब, पंथ, संप्रदाय के देश-विदेश के लोग वहां केवल श्रद्धालु होते हैं। यह मानव श्रद्धा के साथ-साथ सामाजिक संरचना का प्रतिबिंब है, जहां दान आदि के रूप में भारत की सनातन

मोक्षदायिनी गंगा

परंपरा नजर आती है। गंगा का मेला आत्म-चिंतन, परमार्थ, धर्म, संस्कृति का मेला बनता है। एकता के सूत्र को मजबूत करता है। विभिन्न साधक एक ही परम अनुभूति का आनंद अनुभव करते हैं। विभिन्न संप्रदाय, विभिन्न पूजा पद्धतियों के बावजूद परस्पर पूरक एवं अनुपूरक की स्थिति में रहते हैं। जीवन की गतिशीलता को सीखते हैं, जो गंगा की हर धारा सिखाती है। वह गंगातट वासियों एवं मेलों में आने वाले तीर्थयात्रियों के लिए सामाजिकता एवं सांस्कृतिक प्रवाह की वाहक बनती है। गंगा से जुड़ी धार्मिकता, अध्यात्म एवं संस्कृति सामाजिकता को प्रगाढ़ करती है। उसके ताने-बाने को परस्पर मजबूत रखती है।

जलचर एवं वन्य जीव

सामाजिक महत्त्व की दृष्टि से गंगा का पर्यावरण, पारिस्थितिकी एवं वातावरण को संतुलित रखने में भी अतुलनीय योगदान है। कभी गंगा की धारा में बड़ी संख्या में मकर (मगरमच्छ) वास करते थे, जो कालांतर में कम होते चले गए। साथ ही इसकी जलधारा अन्य जलचरों का भी घर थी। यह एक ओर अपने जल से सिंचित भूमि के द्वारा मनुष्य जाति को जीविका एवं कृषि का आधार प्रदान करती है, तो दूसरी ओर जलजीवों को भी मातृवत्सला बनकर उन्हें संरक्षण देती है, पालन-पोषण करती है। इसलिए यह मनुष्य के साथ-साथ जीव-जगत की भी माता है। इसकी जलधारा अनेक प्रजातियों की मछलियों, कछुओं एवं जलसर्पों का घर है। गंगा विशेषकर मीठे पानी में पाई जाने वाली दुर्लभ डॉल्फिन मछली का घर है। डॉल्फिन को स्थानीय भाषा में 'सोंस' कहा जाता है। आज यह भारत का राष्ट्रीय जलचर है। गंगा और इरावती नदियों में डॉल्फिन के अलावा शार्क जैसी खतरनाक मछली भी रहती है। यहां कुल 375 प्रजातियों की मछलियां मिलती हैं।

भौगोलिक इतिहास दर्शाता है कि गंगा-यमुना का यह भूप्रदेश 16वीं -17वीं शताब्दी में भी वनाच्छदित था, जहां विविधतापूर्ण वन्य जीव वास करते थे। शेर, बाघ, हाथी, जंगली भैंसा, गैंडा, गवन, नीलगाय आदि गंगा के समीपवर्ती वन क्षेत्रों में बहुत थे और स्वच्छंदता से विचरण करते थे। पेड़ों पर कलरव करते रंग-बिरंगे पक्षियों की दुनिया दिखती थी, किंतु धीरे-धीरे शिकार की बढ़ती प्रवृत्ति और वनों की कटाई से इनकी संख्या कम होती चली गई।

किंतु पिछले कुछ वर्षों में सरकारी प्रयासों से इनका संरक्षण किया गया है, जिसने जीव-जगत की भोजन-श्रृंखला को दोबारा से संतुलित किया है,

जो अपने आप में अब उत्कृष्ट बन चुकी है और गंगा के समीपवर्ती इलाकों में पारिस्थितिकी तंत्र को व्यवस्थित रखती है। आज गंगा 42 स्तनपायी जीवों, 35 सरीसृपों एवं मछलियों की 140 प्रजातियों का घर है, जिनमें भूप्रदेश में नीलगाय, चिंकारा, नेवला, खरगोश, सांभर, हिरण, भेड़िया, गीदड़, लोमड़ी, जंगली सूअर आदि जीवों की प्रजातियां विचरती हैं, तो पर्वतीय भागों में भूरे भालू, लाल बंदर, लंगूर, बर्फीले चीते, कस्तूरी मृग, सांभर, भौंकने वाले हिरण, चीते, लोमड़ी, तहर, सेह रहते हैं। विभिन्न रंगों के पक्षी, तितलियां, कीट-पतंगे एवं वनस्पतियां गंगा के भूभागों को आकर्षक बनाते हैं। सुंदरवन तो बंगाल टाइगर के लिए दुनिया में विख्यात है।

स्वस्थ गंगा की निशानी डॉल्फिन

5 अक्टूबर, 2009 को उन राज्यों के मुख्यमंत्रियों एवं पदाधिकारियों की एक बैठक हुई थी, जहां से गंगा प्रवाहित होती है। राष्ट्रीय गंगा बेसिन प्राधिकरण की इसी बैठक में डॉल्फिन को राष्ट्रीय जलचर घोषित किया गया। इसे बचाने और संवर्धन के सुझाव भी दिए गए। विशेषकर बिहार के तत्कालीन मुख्यमंत्री नीतीश कुमार ने सुझावों पर ज्यादा जोर दिया था, क्योंकि डॉल्फिन को बचाने का तात्पर्य था गंगा को बचाना। तब तक विश्व में केवल 2000 से भी कम डॉल्फिन बची थीं, जिसे बिहार में 'सोंस' कहा जाता है। यह गंगा की स्वास्थ्यता एवं स्वच्छता की पहचान है। यह स्वच्छ एवं प्रदूषण मुक्त पानी में ही निवास करती है, खासकर मीठे पानी में। भारत में मुख्यत: गंगा में इसका निवास है। इसके अलावा यह पाकिस्तान की सिंधु, बांग्लादेश की कर्णफूली, नेपाल की करनाली तथा दक्षिण अफ्रीका की अमेजन आदि नदियों में भी रहती है। लगभग 150 वर्ष पहले जॉन एंडरसन नामक एक जीव-जंतु विज्ञानी ने हिमालय की तलहटी से लेकर गंगासागर तक के मार्ग में डॉल्फिन के आवास का नक्शा तैयार किया था। बिहार के भागलपुर में सुल्तानगंज से कहलगांव तक गंगा का प्रवाह क्षेत्र लगभग 60 किलोमीटर है। इसे 1991 में डॉल्फिन आश्रम घोषित किया गया और विक्रमशिला गांगेय डॉल्फिन सेंक्चरी बनाई गई, जिसके फलस्वरूप 2008 में वहां लगभग 160 डॉल्फिन होने का अनुमान लगाया। इसका परोक्ष अर्थ था कि डॉल्फिन के साथ-साथ गंगा का स्वास्थ्य भी बेहतर हो रहा है। वह स्वस्थ एवं स्वच्छ हो रही है। वास्तव में डॉल्फिन के सहारे गंगा की सेहत सुधारने का एक नायाब नुस्खा कारगर साबित हुआ, जिसे संभवत: अन्य राज्यों ने गंभीरता से नहीं लिया कि गंगा में न्यूनतम प्रवाह और स्वच्छता बनाए रखना आवश्यक है। गंगा की पवित्रता और जैविक

मोक्षदायिनी गंगा

संतुलन बनाए रखने के लिए यह अनिवार्य है। यह डॉल्फिन की नहीं, गंगा की पावनता और लोगों की आस्था की वापसी का प्रतीक है।

पर्यावरण एवं पारिस्थितिकी

गंगा का जल मानवीय आवश्यकताओं की पूर्ति करता है। भारत एक कृषि प्रधान देश रहा है और नदियां इसके जलस्रोत का महत्त्वपूर्ण साधन रही हैं। समीपवर्ती वन्य क्षेत्रों एवं कृषि प्रदेशों को गंगा से प्रत्यक्ष और परोक्ष रूप में जलापूर्ति होती है। इसके सहारे ही मैदानी क्षेत्रों में विभिन्न फसलों की भरपूर पैदावार होती है, तो वन्य क्षेत्रों में गंगा का जल वन संपदा को समृद्ध कर वायु प्रदूषण कम करने में मदद करता है। पर्यावरण को जीवन अनुकूल बनाने तथा पारिस्थितिकी तंत्र को संतुलित रखने में यह महत्त्वपूर्ण है, क्योंकि गंगा का नदी तंत्र एक बड़ी नदी प्रणाली है, जो गोमुख से लेकर गंगासागर तक विभिन्न प्रदेशों को सिंचित करती है।

गंगा के पवित्र जल में पाया जाने वाला बैक्टीरियोफेज नामक विषाणु पानी में उत्पन्न होने वाले हानिकारक सूक्ष्म जीवों को पनपने नहीं देता। कानपुर तक, यद्यपि गंगा का जल यथाशुद्ध रहता है, किंतु उसके पश्चात् बढ़ते जल प्रदूषण से उसकी गुणवत्ता में निरंतर गिरावट आती है। तथापि गंगासागर में सुंदरवन क्षेत्र के अंतर्गत दलदली एवं नमकीन ज्वारीय जलयुक्त भूक्षेत्र में मैंग्रोव प्रजाति के वृक्ष बड़ी संख्या में उगते हैं। यहां सुंदरी के पेड़ों की अधिकता है, इसलिए यह क्षेत्र 'सुंदरवन' कहलाता है। साथ ही यहां केवड़ा, तर्मजा, गोरान, आमलोपी, देवा आदि के पेड़-पौधे भी विकसित होते हैं, जो प्रायः खारे और मीठे मिश्रित पानी में ही उगते और जीवित रह पाते हैं।

19. आर्थिक महत्त्व

अन्य नदियों के समान ही गंगा का सामाजिक, धार्मिक ही नहीं आर्थिक महत्त्व भी है। गंगा से जुड़ा प्रत्येक पहलू अपने आप में परस्पर अंतर्संबंधित है। गंगाजल पावन होने के कारण मनुष्य के हर कर्म से जुड़ा है। गंगा से हर कोई आर्थिक लाभ कमाता है। गंगा तट पर बसने वाले हर किसी की परवरिश करती है।

सुप्रसिद्ध नाटककार भारतेंदु हरिश्चंद्र का नाटक 'प्रेमयोगिनी' की स्थापना है– 'भूखे पेट कोई नहीं सुतता।' इस संदर्भ में सूर्यग्रहण का दृश्य है, जिस दौरान लाखों तीर्थयात्री काशी में स्नान करने आते हैं और वहां रहने वाले लोग व व्यापारीगण काफी लाभ कमाते हैं। ग्रहण पर कुछ आमदनी हुई, पूछने पर कहा जाता है कि आमदनी हो भी क्यों न, क्योंकि गंगा तो मैया है और दौलत उसकी दासी है।

भारतेंदु ने गंगा से होने वाले आर्थिक लाभ का एक समूचा वास्तविक दृश्य प्रस्तुत किया है–

'मिले न काहे भैया गंगा मैया दौलत दासी
हम से पूत कपूत की दाता मनकनिका सुखरासी
भूखे पेट कोई नहीं सुतता, ऐसी है ई कासी!'

ग्रहण, स्नान और साधारण अवसरों पर भी तटवर्ती क्षेत्र व्यापारिक नगरी में बदल जाते हैं। गंगा पर जमे पंडे-पुजारी अपनी दुकानें जमाते हैं। कर्म-कांड का लेखा-जोखा, पितृ-तर्पण, पिंड दान करवाना उनकी रोजी-रोटी का अभिन्न अंग है। छोटी-छोटी दुकानों पर पूजा-अर्चना का सामान और जरूरत की सभी चीजें मिलती हैं, तो गंगाजल साथ ले जाने के लिए केन आदि भी मिल जाते हैं ताकि गंगाजल भरकर ले जाएं और अपने घर, आंगन, दुकान, दफ्तर को पावन कर सकें। गंगाजी को चढ़ाने के लिए फूलमाला, तुलसी, बिल्वपत्र, यहां तक कि 'आर-पार' की मोक्षदायी माला भी मिल जाएगी। साथ ही चुनरी रूपी 'पियरी' भी मिल

मोक्षदायिनी गंगा

जाएगी। काशी और प्रयाग में नौकाविहार मल्लाहों की आमदनी का जरिया है तो गोता लगाने वाले गंगा में श्रद्धालुओं द्वारा फेंके गए कुछ सिक्कों को निकालकर उनसे अपनी जीविका चलाते हैं। कुल मिलाकर कमीशनखोर एजेंट, कथाकार, कर्मकांडी, नाई, मालिशवाला, घाटिया आदि सभी गंगा से जुड़ी अर्थव्यवस्था का हिस्सा हैं।

मेले के अवसर पर प्रयाग में एक संपूर्ण अस्थायी नगर ही स्थापित हो जाता है और मेला उतरते ही लगता है वहां कुछ था ही नहीं।

आज तो सरकार भी पुण्य कमाती है गंगाजल बेचकर। पूजा सामग्री बेचने वालों के पास गंगाजल की छोटी-छोटी कुप्पियां और बोतलें बिकती हैं, तो सरकार घरों में ही गंगाजल की आपूर्ति करती है। पानी निकालने से लेकर घर तक पहुंचाने और घर में प्रयोग करने तक, हर कोई लाभ का प्रार्थी है। प्रत्यक्ष व परोक्ष रूप से अनेक लोग जलप्रदाय उपक्रम से जुड़े हैं। घर पहुंचने वाली कलावती गंगा के बदले जल कर, मीटर कर, व्यापारी कर, अतिरिक्त जल कर, अपशिष्ट कर आदि वसूलने से मां गंगा सरकारी खजाने को समृद्ध करती है।

गंगा की धारा जहां से भी गुजरती है, कृतार्थ करती है। प्रत्यक्ष रूप से हो या परोक्ष रूप से। गंगा नदी घाटी उपजाऊ है और गंगा की हाइड्रोलॉजी गंगा थाता या गंगा डेल्टा को उर्वर बनाती है। इसी कारण से गंगा प्रवाह के समीपवर्ती भूभाग घनी आबादीयुक्त है। गंगा की पवित्रता ने ही इसके आसपास कई नगरों का विकास किया, तो उफनती धारा ने कई स्थापित नगरों को प्लवित भी किया। जिन नगरों का विकास गंगा के प्रवाह के बिलकुल निकटवर्ती भाग में हुआ था, उनके भग्नावशेष आज भी दिखाई देते हैं। ये दर्शाते हैं कि गंगा के आर्थिक महत्त्व के चलते ही ऐसे नगर, गांव एवं कस्बे बसते गए थे। ऐसे ही कुछ बड़े नगर, जैसे- कोलकाता, हावड़ा, पटना, वाराणसी, इलाहाबाद, कानपुर आदि गंगा किनारे बसे और विकसित हुए।

पश्चिम बंगाल में हुगली के आसपास व्यापारिक एवं जल सुविधाओं को देखकर ही अंग्रेजों ने कोलकाता को अपनी राजधानी बनाया था। यहां व्यापारिक बंदरगाह की स्थापना की। कई कारखाने और जूट व कपड़ा मिलें स्थापित कीं, जिनमें पानी की बहुत आवश्यकता होती थी। कोलकाता बंदरगाह से ही अंग्रेजों और उनके व्यापार का मुख्य तौर पर आवागमन होता था। यह अंग्रेजी शासन का प्रमुख केंद्र था, जहां से समस्त शासन किया जाता था। यद्यपि व्यापारिक दृष्टि से यहां हुगली का महत्त्व कम हो गया है, किंतु फिर भी यह परोक्ष रूप से लोगों को आर्थिक लाभ पहुंचाती है।

गंगा के आसपास का क्षेत्र इसके जल से सिंचित होता है। इसी उद्देश्य से हरिद्वार में भीमगोड़ा नामक स्थान पर अंग्रेजों ने 1840 में भीमगोड़ा बांध बनवाया था। हरिद्वार में ऊपरी गंगा नहर और निचली गंगा नहर नामक दो प्रमुख नहरें हैं। भीमगोड़ा से गंगा नदी के पानी को विभाजित कर ऊपरी गंगा नदी में मोड़ा गया और रबी के साथ-साथ खरीफ फसलों की भी भरपूर पैदावार होने लगी। इन नहरों से उत्तर प्रदेश की सिंचाई व्यवस्था को पर्याप्त जलापूर्ति होती है।

गंगा, इसकी सहायक नदियों एवं नहरों से तटवर्ती क्षेत्रों को जीवन मिलता है। धान, गन्ना, दाल, तिलहन, आलू एवं गेहूं आदि की प्रमुख फसलों की पर्याप्त उपज होती है। साथ ही सरसों, तिल, मिर्च, जूट, लेग्यूम आदि की पैदावार का भी रिकॉर्ड उत्पादन होता है। नदी के मुहाने पर सुंदरवन का प्रसिद्ध एवं विस्तृत वन क्षेत्र है। सदाबहार वृक्षों की सघन वन में सुंदरी नामक वृक्षों की अधिकता पाई जाती है। गंगा और उसकी संपन्न भूमि के गर्भ से विश्व की अद्भुत वनस्पतियां एवं जड़ी-बूटियां पैदा होती हैं।

हुगली नदी आज भी यातायात मार्ग के रूप उपयोग होती है। आरंभ से अंत तक गंगा नदी पर कई छोटे-बड़े रेल पुल रेलमार्ग का प्रमुख साधन हैं। इनमें गढ़मुक्तेश्वर, कानपुर, वाराणसी, प्रयाग, मोकामा एवं (हुगली पर बना) हावड़ा रेलपुल प्रमुख हैं।

गंगा का वनक्षेत्र वन्यजीवों का आवास है, जो पारिस्थितिकी संतुलन को बनाए रखता है और विविधतापूर्ण वन्य संपदा के विस्तार में सहयोग करता है। निकटवर्ती आबादी के पशुधन के लिए यह आदर्श चारागाह है। जबकि गंगा का जल जलचरों का आश्रयदाता है। वैज्ञानिक दृष्टि से इसमें मछलियों की लगभग 375 प्रजातियां विचरण करती हैं। उत्तर प्रदेश एवं बिहार में ये प्रजातियां घटकर 111 रह जाती हैं। फिर भी ये मछुआरों की जीविका का प्रमुख स्रोत हैं। विशेषकर बंगाल की खाड़ी में मछुआरों की आय का यह एक प्रमुख साधन है। इसलिए फरक्का बांध का निर्माण हुआ और नदी जल में हिलसा मछली के बीजोत्पादन एवं विकास में मदद मिली।

गंगा ने ही निकटवर्ती प्रदेशों के विकास में महत्त्वपूर्ण भूमिका अदा की। प्रमाण मिलते हैं कि आज डेढ़ मील लंबाई से भी आगे विस्तृत होता हरिद्वार कभी वाणिज्य का केंद्र था। यहां कभी घोड़े बिका करते थे। हरिद्वार में ही जल की पवित्रता एवं शुद्धता के आधार पर रूस के सहयोग से एक बहुत बड़ा एंटी-बायोटिक कारखाना खुला। आज भी यहां कई उद्योग-धंधे विकसित हैं।

मोक्षदायिनी गंगा

विद्या अर्जन का केंद्र वाराणसी औद्योगिक केंद्र के रूप में विकसित हो चुका है। इसके सूती वस्त्रों की उत्कृष्टता कौटिल्य (चाणक्य) लिखित 'अर्थशास्त्र' में भी वर्णित है। आज भी वाराणसी रेशमी, सूती, जरी वस्त्रों और धातु के काम के लिए विख्यात है।

कोलकाता आज भी एक प्रमुख व्यावसायिक नगर एवं पत्तन है, जो कभी पटसन उद्योग के लिए विश्वविख्यात था। हुगली का पानी ही पटसन को धोने एवं चमड़े की रंगाई के लिए उपयोग होता था। इसी तरह ऋषिकेश से इलाहाबाद तक लगभग 146 औद्योगिक इकाइयां हैं, जो गंगा के आसपास स्थित हैं, जिनमें पेपर मिल, चीनी मिल, उर्वरक मिल, चमड़ा उद्योग एवं तेलशोधक कारखाने आदि शामिल हैं, जहां हजारों-लाखों लोग आजीविका कमाते हैं।

गंगा की जलधारा से पर्यटन एवं एडवेंचर स्पोर्ट्स का भरपूर विकास हुआ है। यहां का प्राकृतिक सौंदर्य, शांत, सौम्य और स्वच्छ वातावरण लोगों को आकर्षित करता है। गंगा के तटवर्ती तीर्थ स्थल धार्मिक एवं सांस्कृतिक पर्यटन को बढ़ावा देते हैं। कुंभ व अर्धकुंभ से राज्य को बड़ी मात्रा में सरकारी एवं गैर सरकारी आय की प्राप्ति होती है। अवकाश के दिनों में लोग सैर-सपाटा और स्वास्थ्य लाभ कमाने उच्च पर्वतीय क्षेत्रों में जाते हैं। ऐसे में गंगा, हरिद्वार, ऋषिकेश, बद्रीनाथ, केदारनाथ आदि स्थानों की यात्रा उनका यह उद्देश्य पूरा करती है। तीर्थयात्रा, पर्यटन, एकांतवास, स्वास्थ्य लाभ सभी साथ-साथ मिलते हैं।

पहाड़ों पर पड़ी बर्फ पर्यटकों को आकर्षित करती है, तो गर्मी में बर्फ पिघलना जलधारा को लबालब करता है। ऐसे में एडवेंचर स्पोर्ट्स का मजा लेने वाले यहां अपना शौक पूरा करते हैं। पहाड़ों पर ट्रैकिंग और बर्ड वाचिंग तो उफनती जलधारा में नौकायान का मजा उनके हौसलों को चुनौती देता है। इस अवसर का लाभ उठाकर उत्तराखंड में ऋषिकेश-बद्रीनाथ मार्ग पर कौड़ियाला से ऋषिकेश के बीच राफ्टिंग, कैनोइंग और क्याकिंग जैसे जोखिमभरे नौका खेलों में भाग लेकर साहसिक लोग अपना दमखम आजमाते हैं। ऐसे में कई तरह की प्रतिस्पर्धाएं भी आयोजित की जाती हैं। गंगा का आकर्षण विदेशियों को भी यहां खींच लाता है, जो देश को विदेशी मुद्रा अर्जित करने का एक प्रमुख स्रोत है। गंगा हर किसी को जीविका, संसाधन उपलब्ध कराती है। इसलिए भारतेंदु हरिश्चंद्र ने सही कहा था– 'गंगा मैया, दौलत दासी'।

बांध एवं नदी परियोजनाएं

गंगा क्षेत्र की सामाजिक आवश्यकताओं को पूरा करने के लिए कई वैज्ञानिक तकनीकी प्रयास किए गए हैं, जो समाज व देश की आर्थिक उन्नति में भी योगदान करते हैं। तटवर्ती प्रदेशों की पेयजल की आवश्यकता को गंगा से ही पूरा किया जाता है। जल की पर्याप्त मात्रा में आपूर्ति कृषिगत, पेयजल संबंधी आवश्यकताओं के साथ-साथ पर्यटन, औद्योगिक विकास एवं एडवेंचर स्पोर्ट्स, विशेषकर वाटर स्पोर्ट्स की आवश्यकताओं को पूरा करती है। पेयजल आदि सुख-सुविधाएं ही पर्यटन को बढ़ाती हैं।

वास्तव में जलसंकट से निबटने के लिए, बिजली उत्पादन एवं फसल चक्र बढ़ाने की दृष्टि से कृत्रिम नहरें, बांध एवं नदी परियोजनाएं आज की आवश्यकता बन चुकी हैं। गंगा नदी पर भी बने अनेक बांध भारत के जनजीवन को वृहद स्तर पर प्रभावित करते हैं। इनका सामाजिक और आर्थिक जीवन दोनों पर गहरा एवं दूरगामी प्रभाव पड़ता है, क्योंकि ये कृषि, उद्योग, वन, विद्युत, पशुपालन आदि समस्त क्षेत्रों में विकासात्मक योगदान देते हैं। इन क्षेत्रों को प्रचुर मात्रा में पानी की आवश्यकता पड़ती है और बांध एवं नदी घाटी परियोजनाओं द्वारा पानी को संचयित कर आवश्यक जल की आपूर्ति की जाती है।

भारत कृषि प्रधान देश है। यहां कई नदी तंत्र विकसित हैं, जो इसे हरित भूमि में बदलते हैं। उनकी जल पिपासा को शांत करते हैं। कृषि प्रधान देशों में प्राथमिक, द्वितीयक यानी गौण तथा तृतीयक सभी प्रकार के उद्योगों में जल एवं नदी तंत्र का प्रमुख योगदान होता है। यह मूल प्राकृतिक संसाधन है, जो समूची सभ्यता एवं संस्कृति का पालन-पोषण करता है। नदियों का यह तंत्र हर रूप में वरदान है। हिमालय से निकलने वाली नदियां सदानीरा रहती हैं, जबकि दक्षिणी भारत की प्रायद्वीपीय नदियां उच्च भागों से मिलने वाले पानी तथा वर्षा जल पर निर्भर रहती हैं, जिसमें ग्रीष्म काल में पानी की मात्रा अल्प हो जाती है।

भारत के उत्तर-पश्चिम में सिंधु नदी तंत्र है। उत्तर-पूर्व में ब्रह्मपुत्र नदी तंत्र प्रवाहित है। दक्षिणी पठारी भाग की नदियां विभिन्न दिशाओं में प्रवाहित होती है। पूर्व और पश्चिम में प्रायद्वीपीय नदियां का प्रवाहतंत्र विद्या है। देश की हर नदी पर कहीं-न-कहीं नदी घाटी एवं बांध परियोजनाएं निर्मित हैं।

अपनी पवित्रता एवं माहात्म्य के कारण गंगा को एक अंतर्राज्यीय और अंतर्राष्ट्रीय नदी का सम्मान मिला है, जो 7010 मीटर ऊंचाई पर स्थित गंगोत्री से निकलकर लगभग 2510 किलोमीटर का लंबा सफर तय कर बंगाल की खाड़ी में पहुंचती है।

अपने इस सफर में गंगा भारत के उत्तराखंड, बिहार, झारखंड, पश्चिम

बंगाल आदि प्रमुख राज्यों से गुजरती है, परंतु अपनी धारा में देश की महत्त्वपूर्ण नदियों का जलांश लेकर बहती है। नदियों के प्रबल वेग को नियंत्रित कर अथाह जलराशि का बहुपयोग करने के लिए उन पर बांध बनाए जाते हैं।

गंगा के रास्ते में एक लाख से ज्यादा आबादी वाले 29 महानगर पड़ते हैं, तो 50 हजार से एक लाख की आबादी वाले 23 महानगर, जिन्हें क्रमश: क्लास-वन और क्लास-टू सिटी कहते हैं। गंगा के मार्ग में पड़ने वाले 48 शहरों की आबादी 50 हजार से कम है। इस तरह से कुल मिलाकर भारत की आधी आबादी गंगा बेसिन में निवास करती है। साथ ही गंगा बेसिन में देश की कुल सिंचित भूमि का 43 प्रतिशत भाग स्थित है, जिसमें गंगा नदी 10.87 लाख वर्ग किलोमीटर क्षेत्र में जलग्रहण करती है। बेसिन यानी नदी घाटी को नदी का थाल कहा गया है। बारिश का पानी जितनी पहाड़ी जमीन और समतल जमीन पर बहकर नदी की मुख्यधारा में मिलता है, वह नदी का थाल अर्थात्– जलग्रहण क्षेत्र कहलाता है।

उल्लेखनीय है कि भारत में गंगा का कुल जलग्रहण क्षेत्र 8,61,404 वर्ग किलोमीटर है, जिसमें समग्र तौर पर उत्तर प्रदेश एवं उत्तराखंड में गंगा बेसिन में जलग्रहण क्षेत्र 2,94,364 वर्ग किलोमीटर (34.17 प्रतिशत) है। इसी तरह हिमाचल प्रदेश में 4317 वर्ग किलोमीटर (0.50 प्रतिशत), दिल्ली में 1484 वर्ग किलोमीटर (0.17 प्रतिशत), पंजाब एवं हरियाणा में 34,341 वर्ग किलोमीटर (3.99 प्रतिशत), राजस्थान में 1,12,490 वर्ग किलोमीटर (13.06 प्रतिशत), मध्य प्रदेश में 1,98,962 वर्ग किलोमीटर (23.10 प्रतिशत), बिहार में 1,43,961 वर्ग किलोमीटर (16.71 प्रतिशत) तथा पश्चिम बंगाल में 71,484 वर्ग किलोमीटर (8.30 प्रतिशत) है।

देश में सभी नदियों का कुल वार्षिक प्रवाह 1,360 मिलियन एकड़ फुट है, अर्थात्– एक एकड़ फुट में 1233.48 घन मीटर प्रवाह है, किंतु अधिकतर जल संसाधन भारत के उत्तरी एवं उत्तरी-पूर्वी क्षेत्र में हैं। अत: पानी की अत्यधिक मात्रा होने पर भी देश में पानी का असमान वितरण देखा जाता है। देश के एक भाग में बाढ़ आती है तो दूसरे में सूखा।

जैसे जब गंगा में कम पानी होता है, तो ब्रह्मपुत्र में अधिक। ब्रह्मपुत्र में बाढ़ के समय देश की अधिकतर नदियों में प्रवाह शांत रहता है। गंगा और ब्रह्मपुत्र देश की हाइड्रोलॉजी पर गहरा प्रभाव डालती हैं। इसलिए सरप्लस पानी के सदुपयोग हेतु ही गंगा के प्रवाह मार्ग में मुख्य तीन बांध परियोजनाएं स्थापित की गई हैं, जिसे संबंधित एवं तटवर्ती राज्यों को सरप्लस पानी की आपूर्ति की जा सके।

भारतीय विशेषकर गंगा आधारित सामाजिक एवं आर्थिक पक्ष को

प्रभावित करने में उस पर बने तीन बांधों की महत्त्वपूर्ण भूमिका है—भीमगोड़ा बांध, टिहरी बांध तथा फरक्का बांध।

गंगा पर्वतों से उतरकर ऋषिकेश आती है और वहां से हरिद्वार पहुंचकर पहली बार थोड़े मैदानी क्षेत्र को अपने अमृतमयी जल का स्वाद चखाती है, किंतु इससे पहले टिहरी जिले में इसकी सहयोगी नदी भागीरथी बहती है, तो वहां उसकी धारा को टिहरी बांध से टकराना पड़ता है और गंगा की मदमस्त जलधारा वहीं शांत कर दी जाती है। टिहरी बांध, टिहरी विकास परियोजना का हिस्सा है और ऐसा पहला बांध है, जो उत्तराखंड प्रांत के टिहरी जिले में निर्मित है। गंगा की यह सहायक नदी अपनी धारा को 261 मीटर ऊंचे टिहरी बांध में समेट देती है, जिससे उस जिले के विकास को बल मिल सके।

विश्व के इस पांचवें सबसे ऊंचे बांध से एक ओर 2400 मेगावाट बिजली का उत्पादन होता है, तो दूसरी ओर 2,70,000 हेक्टेयर भूभाग को सिंचाई का पानी मिलता है, जो भरपूर खाद्यान्न एवं फसलें पैदा करता है। साथ ही उत्तराखंड, उत्तर प्रदेश सहित राजधानी दिल्ली को भी लगभग 102.20 लाख लीटर पेयजल रोज उपलब्ध कराता है और एक बड़ी आबादी की पेयजल समस्या की पूर्ति होती है।

टिहरी बांध के उपरांत मार्ग में पड़ने वाला दूसरा महत्त्वपूर्ण बांध भीमगोड़ा बांध है। यह बांध हरिद्वार में स्थित है। यह बांध बनाने का विचार और आवश्यकता का अनुभव सबसे पहले विक्टोरियन इंजीनियरों यानी अंग्रेजी काल के इंजीनियरों को हुआ था।

जोशीमठ में देवप्रयाग में अलकनंदा और भागीरथी की धारा गंगा बनकर आगे बढ़ती है। शिवालिक की पहाड़ियों की शृंखला में उत्पन्न होकर 300 मील की दूरी तय कर मुक्त होकर हरिद्वार के मैदानी भाग में उतरती है, तो इसकी चंचल धारा थोड़ी शांत हो जाती है। यह शिथिलता गंगा के तीन-चौथाई जल के एक बैराज के कारण आती है, जो इसके जल को गंगा नहर में मोड़ देता है। यह नहर 1840 ईसवी में अंग्रेज इंजीनियरों ने बनाई थी और गंगा नदी के पानी को बांटकर गंगा नहर में मोड़ दिया था। इस नहर का निर्माण गंगा-यमुना के बीच की (दोआब) भूमि की सिंचाई के लिए किया गया था। यह नहर हरिद्वार के भीमगोड़ा नामक क्षेत्र से गंगा नदी के दाहिने तट से निकलती है।

यद्यपि 1840 ईसवी से पहले भी यह नहर थी, किंतु तब इस नहर में पानी की आपूर्ति गंगा पर एक अस्थायी बांध बनाकर की जाती थी।

मोक्षदायिनी गंगा

लेकिन वर्षाकाल में पानी का अत्यधिक बहाव इस बांध को ढहा देता था। इसी समस्या को पक्का भीमगोड़ा बांध बनाकर दूर किया गया और यह अकाल क्षेत्र सदा के लिए हरित क्षेत्र में बदल गया, जिससे रबी की फसल को विशेष लाभ पहुंचता है। इसी अस्थायी बांध निर्माण स्थल की निचली धारा (डाउन स्ट्रीम) प्रवाह में भीमगोड़ा बैराज को विकसित किया गया, तो ऊपरी गंगा नहर तंत्र से रबी के साथ-साथ खरीफ की फसल भी लहलहाने लगी और पानी की निरंतर आपूर्ति होने लगी।

भारत के पश्चिम बंगाल में पहुंचकर गंगा नदी बांग्लादेश की सीमा से लगभग 80 मील दूर भागीरथी की एक दुःखद धारा के रूप में बहती है। यह गंगोत्री की मुख्य धारा से बिलकुल अलग होकर बहती है और कोलकाता में 'हुगली' नाम से जानी जाती है।

भारत को उपनिवेश बनाने के बाद से ही अंग्रेजों ने कोलकाता और हुगली को अपना प्रमुख व्यापारिक केंद्र बनाया था। कोलकाता बंदरगाह ही उनके व्यापार एवं आवागमन का महत्त्वपूर्ण पत्तन था, किंतु 1950 से 1960 तक यहां नदियों और ज्वारीय पानी द्वारा लाई जाने वाली गाद (सिल्ट) एक प्रमुख समस्या थी। दूसरे, ग्रीष्मकाल में हुगली नदी में पानी का बहाव कम हो जाता था। इन्हीं दो प्रमुख समस्याओं को दूर करने के लिए फरक्का बांध (बैराज) का निर्माण किया गया, जो कोलकाता से लगभग 160 मील उत्तर में है। सन् 1962 से आरंभ होकर 1971 में फरक्का बांध का काम लगभग पूरा हो गया था। तब फरक्का बंगाल-बिहार का सीमांत था, आज बंगाल-झारखंड की सीमा पर अवस्थित है। हालांकि पर्यावरणविदों और विशेषज्ञों ने कुछ विरोध भी दर्ज कराया था, किंतु सरकारी तंत्र की योजना अनुसार फरक्का सिर उठाकर खड़ा हो गया और ग्रीष्म ऋतु में हुगली यानी गंगा नदी के बहाव को निरंतर बनाए रखने के लिए गंगा के पानी का एक बड़ा भाग फरक्का बांध के जरिए हुगली नदी में मोड़ दिया जाता है।

फरक्का में इंसान ने मां गंगा को बांध दिया, उनका 'डीसेक्स' यानी बंध्याकरण-सा कर दिया। कृत्रिम सरकारी तंत्र ने प्राकृतिक तंत्र से भयंकर छेड़छाड़ की। फलस्वरूप गंगा और पद्मा नदियों में रेत और मिट्टी का जमाव उन्हें उथला बना देता है। (पद्मा नदी तब बांग्लादेश में बहती थी, जो पूर्वी पाकिस्तानी कहलाता था।) गंगा का बाढ़ क्षेत्र और बाढ़ अंतराल दोनों बढ़ने से बिहार के कई गांव बाढ़ का प्रकोप झेलते हैं। बैराज की घटती जल-निस्सरण क्षमता के कारण सहायक नदियों का पानी रुक जाता है या वापस लौटकर जल जमाव क्षेत्र में वृद्धि करता है। 15 मील (24

किलोमीटर) मुहाने वाली हुगली में ज्वार आने से उसका पानी भारी मात्रा में विपरीत दिशा में लौटकर रेत और गाद लाकर जमाता है। पर्यावरणविद् आज भी नदियों की धारा को रोककर नियोजित व्यवस्था करने पर बल देते हैं, जिससे देश के प्रत्येक भाग की प्यास बुझ सके। यदि बाढ़ प्रवण क्षेत्रों का बेहतर निर्माण किया जाए, तो गंगा और सहायक नदियों के जल की हर बूंद का सदुपयोग हो सकेगा।

गंगा बिहार को अनादिकाल से ही उत्तर और दक्षिण बिहार में विभक्त किए है। बिहार में प्रवाहित होने वाली सभी नदियों में गंगा का प्रवाह मार्ग सर्वाधिक लंबा है। इसमें पूर्णिया में बहने वाली महानंदा ही बिहार के बाहर गंगा में समाती है और बाकी नदियां बिहार में ही गंगा की धारा में एकाकार होती हैं।

फिर भी बिहार में गंगाजल का औद्योगिक मामलों में पर्याप्त उपयोग नहीं हो पाया है। केवल बरौनी, कहलगांव और डालमिया नगर में ही कारखानों और औद्योगिक गतिविधियों में गंगा का कुछ प्रतिशत भाग ही उपयोग होता है, किंतु जल का यह उपयोग पेयजल के रूप में सीधे तौर पर नहीं किया जाता है, बल्कि पंप द्वारा जमीन में अवशोषित जल को निकालकर उसका उपयोग होता है। पर्याप्त नियोजन से ही कृषि आधारित बड़े उद्योग लगाए जा सकते हैं, जबकि गंगा के पानी से सिंचाई करने की लगभग आठ निर्मित और निर्माणाधीन योजनाएं लंबित हैं। गंगा के पानी को लिफ्ट करके उपयोग करने पर पाबंदी के चलते भी कुछ परियोजनाएं मझधार में अटकी हैं। शेष राज्यों के परस्पर खींचतान और सरकार के अपर्याप्त चिंतन एवं नियोजन का दंश झेल रही हैं।

बिहार एवं उत्तर प्रदेश की भौगोलिक स्थिति का विश्लेषण कर नेपाल के सहयोग से नेपाल में हाई डैम्स (विशालकाय बांधों) की भी चर्चा समय-समय पर होती रही है। इनमें घाघरा की सहायक नदी करनाली पर 16,000 मेगावाट की स्थापित क्षमता वाला शीसापानी डैम, महाकाली नदी पर 2000 मेगावाट बिजली की स्थापित वाला निर्माणाधीन पंचेश्वर डैम तथा कोसी नदी पर 3300 मेगावाट बिजली उत्पादन क्षमता वाला प्रस्तावित वाराह डैम प्रमुख है, किंतु पर्यावरण समन्वय के अभाव में इनका व्यावहारिक उपयोग अधर में है, अन्यथा बिहार वर्षों से बाढ़ और सुखाड़ का प्रकोप न झेलता।

लेकिन इस दृष्टि से पश्चिम बंगाल में पहुंची गंगा पर बना फरक्का

बांध वहां सामाजिक एवं आर्थिक प्रगति की एक अलग कहानी कहता है।

नेशनल वाटर ग्रिड (नदी जोड़ महायोजना)

देश में एक ही समय पर कई राज्यों में बाढ़ और सुखाड़ की स्थिति देखी जाती है। कहीं जलप्लावन, तो कहीं सूखा, मृत्यु का कारण बनता है। नदियों के सरप्लस पानी की सूखा संभावित क्षेत्रों में आपूर्ति के लिए 1972 में नेशनल वाटर ग्रिड का प्रस्ताव भी रखा गया था। यह प्रस्ताव तत्कालीन केंद्रीय ऊर्जा एवं सिंचाई मंत्री डॉ. के. एल. राव ने प्रस्तुत किया, जिसका उद्देश्य देश में जल संसाधनों के प्राकृतिक वितरण से उपजे असंतुलन को दूर करना था। इसके अंतर्गत (1) गंगा को कावेरी से, (2) ब्रह्मपुत्र को गंगा से, (3)नर्मदा से पश्चिमी राजस्थान की ओर एक नहर, (4) चंबल से मध्य राजस्थान तक एक नहर, (6) उड़ीसा के समुद्र तटीय क्षेत्रों एवं आंध्र प्रदेश के लिए महानदी नहर तथा (7) पश्चिमी घाट से पूर्व के लिए जल लिंक की योजना थी, किंतु विभिन्न कारणों से यह योजना मूर्तरूप न ले सकी और पटना के निकट 1387 फीट ऊंचा बैराज बनाने का प्रस्ताव भी कार्यरूप न ले सका।

फरवरी, 2003 को भी तत्कालीन प्रधानमंत्री अटल बिहारी वाजपेयी के प्रयासों से केंद्र सरकार ने देश की सभी नदियों को एक साथ जोड़ने की महायोजना का प्रारूप तैयार करने की शुरुआत की थी। यह एक आधुनिक भागीरथी प्रयास था, जो कछुआ चाल से चला और शतरंज की बिसात पर घोड़े की चाल साबित हुआ।

20. साहित्य में लोहित

पुण्य सलिला गंगा ने युगों से धरती को पावन किया है। आम जन ही नहीं, देवगण और राजपुरुष भी इस नदी की कृपा से कृतार्थ हुए। भारत की गौरवमयी संस्कृति और सभ्यता इसकी ऋणी है। भारत की गंगा-यमुनी संस्कृति गंगा आदि नदियों के कारण ही पल्लवित, पुष्पित और विकसित हुई। भारत की वसुधा शस्य-श्यामला बनी। एक ओर गुणीजनों, विज्जजनों ने हिमालय और गंगा के प्रति अगाध श्रद्धा को भक्ति एवं आस्था रूप में प्रकट किया, तो दूसरी ओर शब्दों से खेलने वाले कवियों, कथाकारों ने शब्द रूपों में मां गंगा का गुणगान किया। उनके शब्द मां गंगा के प्रति शब्दांजलि थे, जो उनके भक्तिपूर्ण मानस एवं अंतर्मन से अभिव्यक्त होकर रचनाओं एवं ऋचाओं के रूप में मुखर हुए।

समस्त भाषायी साहित्य गंगा माहात्म्य से संपन्न है। हर रूप में मां गंगा का आदर-सत्कार विभिन्न संज्ञाओं, उपमानों एवं उपमाओं से अलंकृत है। हिंदू धर्म के पौराणिक ग्रंथ, पुराण, सूत्र आदि गंगा के सम्मान से संपन्न हैं। भक्त कवियों ने विष्णु के हृदयप्रदेश पर सुशोभित मुक्ता-माला आदि की उपमा गंगा से कर डाली। विभिन्न विषय रूप में गंगा की महिमा का अतुलनीय गौरवशाली एवं श्रद्धामय वर्णन मिलता है। कलाकारों ने गंगा को हर कला एवं सौंदर्य शास्त्र में स्थान देकर उसकी महिमा को विविध आयाम प्रदान किए।

वस्तुत: पौराणिक साहित्य ही गंगा की उत्पत्ति एवं जन्म कथाओं का मूल स्रोत रहे हैं। वे स्वयं भारतीय संस्कृति का आधार स्तंभ हैं, जो सदैव अटल वचन कहते हैं– 'सत्यम् शिवम् सुंदरम्'।

कहीं मोक्षदायिनी गंगा की उत्पत्ति विष्णु के चरणों से कही गई है, तो पद्म पुराण में उनका जन्म हिमालय की कन्या के रूप में सुमेरु तनया अथवा मैना के गर्भ से बताया है।

मोक्षदायिनी गंगा

देवी भागवत के अनुसार, लक्ष्मी, सरस्वती और गंगा तीनों जगत नारायण की पत्नी थीं। पुराणों में गंगा शांतनु की पत्नी और भीष्म की माता कही गई हैं। पुराणों में अमृतजल संपन्न गंगा के गुणगान यत्र-तत्र पढ़ने को मिलते हैं।

ऐसे ही एक स्थान पर लिखा है—

'देवी सुरेश्वरी भगवती गंगे, त्रिभुवन तरल तरंगे।

भीष्म जननि हे मुनिवर कन्ये, पतित निवारिणी त्रिभुवन धन्ये॥'

अर्थात् हे देवी भगवती गंगे! तुम देवगण ईश्वरी हो। तरल, तरंगमयी, त्रिभुवन तारने वाली हो। हे भीष्म जननी! जान्हु ऋषि कन्या पतित पावनी होने के कारण तुम त्रिभुवन में धन्य हो।

गंगा से संबंधित अनेक लोककथाएं, मिथक, काव्य देश-विदेश में प्रचलित हैं, जो आदिकाल से ही तथ्यात्मक हैं और कालांतर में सा. हत्यकारों की प्रेरणा बनीं। ऋग्वेद के एक मंत्र में गंगा-यमुना की प्रशस्ति की बात कही जाती है।

स्कंद पुराण में गंगा से संबंधित 'सप्त सामुद्रिक तीर्थ' का उल्लेख आता है। जिन 7 नदियों के समागम से पावन गंगा बनी, वे विष्णुगंगा (अलकनंदा), भागीरथी, मंदाकिनी, धौलीगंगा, नंदाकिनी, पिंडर एवं नयार हैं।

गंगा के अवतरित होने की कथा को आधार बनाकर रत्नाकर ने 'गंगावतरण' नामक प्रबंध काव्य रचा। इसमें गंगा के पुण्य सलिला के रूप में उनके संदर्भ मिलते हैं, जिनके कारण इसे अत्यंत लोकप्रियता मिली। भरत नाट्यशास्त्र में गंगावतरण नृत्य के अनेक वर्णनों में से एक है। इसमें गंगा सिर के बल शिव की जटा पर कूदती दिखती है। इसके पश्चात् ही गंगा का गर्व खंडित हुआ और वह गंगाधर की प्रिय भक्तिन बनी।

वस्तुतः समस्त हिंदू धर्मग्रंथ किसी-न-किसी प्रकार से गंगा का गुणगान करते हैं। प्रत्येक में गंगा से संबंधित कोई-न-कोई महागाथा अवश्य लिखी गई है। ये धर्मग्रंथ भी साहित्य का ही एक अंग हैं, जो गंगा की महागाथा को प्रस्तुत करते हैं। ये महागाथाएं ही साहित्यकारों, रचनाकारों, कवियों आदि की प्रेरणास्रोत हैं। गंगा ही नहीं, उसकी पवित्रता, उसके माहात्म्य, उसकी गुणात्मकता, उसका वात्सल्य भाव आदि को रचनाकारों ने अपनी रचनाओं में स्थान दिया। उनकी कल्पना के हंसों को उड़ने के लिए पंख दिए, किंतु गंगा की अविरल धारा की तरह साहित्य भी अविरल है, निस्तृत है, विकासशील एवं संवर्धनशील है, लालित्यपूर्ण है, असीमित है, अपार है, उसे संपूर्ण जानना असंभव है।

संसार के आदिग्रंथ ऋग्वेद में नदियों में सर्वप्रथम गंगा का ही स्मरण आता है–

'इमं में गङ्गे-यमुने-सरस्वती।'

आदि शंकराचार्य ने उसे त्रिभुवन तारिणी तरल तरंग और स्वर्ग का सोपान कहा, तो नृसिंह पुराण में सर्वतीर्थमयी।

युगों पहले भगवान कृष्ण ने गीता उपदेश (10.39) देते हुए स्वयं को कण-कण में व्याप्त बताया था और साथ ही कहा था–

'स्त्रोतसामस्मि जाह्नवी' अर्थात्– नदियों में मैं गंगा हूं।

कृष्ण का यह अमर वाक्य भी यथार्थ और प्रासंगिक है। तब कृष्ण शरण में जाने वाले पांडव समस्त भेद को जानकर पापमुक्त हुए थे, वैसे ही जनमानस गंगाजल रूपी कृष्ण की शरण में जाकर अपने पापों से मुक्त होते हैं।

महाकवि वेदव्यास ने गंगा के हर पहलू का सूक्ष्मतर विश्लेषण कर अपनी रचना महाभारत में उसका वर्णन कर कृति को महाकाव्य बना दिया। गंगा को उन्होंने वसुधा श्रृंगार हरावली और स्वर्गारोहणी वैजयंती बताया, तो आदि शंकराचार्य ने गंगा को त्रिभुवन तारिणी तरल तरंग और स्वर्ग का सोपान कहा।

महर्षि वेदव्यास ने महाभारत में विभिन्न स्थानों पर उसकी पवित्रता का उल्लेख किया है। अनुशासन पर्व में उल्लेख है–

'विसोमा इव शर्वर्यो विपुष्पास्तरवो यथा।

तद्वद् देशा दिशश्चैव हीना गङ्गाजलैः शिवैः॥'

जैसे बिना चांदनी की रात और बिना फूलों के वृक्ष शोभा नहीं पाते, उसी प्रकार गंगाजी के कल्याणमय जल से वंचित हुए देश और दिशाएं भी शोभा एवं सौभाग्य से हीन हैं।

गंगाजी के दर्शन मात्र से ही समस्त पाप धुल जाते हैं। अनुशासन पर्व में इसका उल्लेख कर वेदव्यास ने माहात्म्य लिखा–

'भवंति निर्विषाः सर्वा तथा तार्क्ष्यस्य दर्शनात्।

गङ्गया दर्शनात् तद्वत् सर्वपापैः प्रमुच्यते॥'

जैसे गरुड़ को देखते ही सारे सर्पों के विष झड़ जाते हैं, उसी प्रकार गंगाजी के दर्शन मात्र से मनुष्य सब पापों से छुटकारा पा जाता है।

'अपहत्य तमस्तीवं यथा भात्यूदये रविः।

तथापहृत्य पप्मानं भाति गङ्गाजलोक्षतिः॥'

जैसे सूर्य उदयकाल में घने अंधकार को विदीर्ण करके प्रकाशित होता है, उसी प्रकार गंगाजल में स्नान करने वाला पुरुष अपने पापों को नष्ट करके सुशोभित होता है।

मोक्षदायिनी गंगा

महाकवि तुलसीदास भगवान श्रीराम के अनन्य भक्त थे। उनके द्वारा रचित साहित्य में राम के साथ-साथ गंगा की महिमा का विशद् विवरण मिलता है। चाहे विनयपत्रिका हो या कवितावली, रामचरितमानस के महान रचनाकार गंगा के माहात्म्य से अछूते नहीं रहे। तुलसी ने गंगा को 'मुनि चंदचकोर चांदिनी' संपूर्ण जगत को पावन करने वाली बताया है।

उनकी रचना विनयपत्रिका के 4 पद गंगा स्तुति से सज्जित हैं। 3 पदों में केवल गंगा के विविध नामों का ही उल्लेख है। स्पष्ट किया गया है कि गंगा का स्मरण करना ही पाप नाशक है, जबकि चौथा पद गंगा का माहात्म्य दर्शाता है, जो कहता है–

'ईस-सीस बससि, त्रिपथ लससि, नभ-पाताल धरनि।
सुर-नर-मुनि-नाग-सिद्ध-सुजन मंगल करनि॥
देखत दुःख-दोष, दुरित्र-दाह-दारिद-दरनि।
सागर-सुवन-सोसति-समनि, जलनिधि जल भरनि॥
महिमा की अवधि करसि बहु बिधि-हरि-हरनि।
तुलसी करु बानि बिमल, बिमल बारि बरनि॥'

19वें पद में तुलसी ने लिखा है–

'हरनि पाप त्रिविध ताप सुमिरत सुरसरित।
विलसति महि कल्प-बेलि मुद-मनोरथ फरित॥
सोहत ससि धवल धार सुधा सलिल-भरित।
विमलतर तरंग लसत रघुवर के से चरित॥'

उनकी दृष्टि में गंगा सब पापों को धोकर मंगल करने वाली है। तभी वे कहते हैं–

'गंगा सकल मुद मंगल मूला।
सब सुख करनि हरनि सब सूला॥'

किसी अज्ञात साहित्यकार ने गंगा स्नान की अद्भुत महिमा लिखते हुए बताया– गंगा के जल के सशब्द तिर्यक् प्रवाह में स्नान करने वाले संसार-तापकृत हा-हा शब्द से अपरिचित, सुमेरु पतिपर्यंत जाने में समर्थ, कुटिल इंद्रियों के वश में न रहने वाले, पापरूपी कौओं को नष्ट करने वाले आप स्वर्ग को जाओगे तथा पृथ्वी की प्रदक्षिणा करोगे।

कालिदास ने अपनी कालजयी रचना 'कुमारसंभव' में गंगा-यमुना को शिव के इर्द-गिर्द चंवरुणारिणी बताया है। गंगा को उन्होंने शंभू की अंबुमयी गूर्ति कहा है। चंवरुणारिणी गंगा गकर वाहन पर आरुढ़ है, तो पार्वती सिंह सवारी पर। यह द्योतक है शिव की दो पत्नियों का। गंगा के प्रति शिव के प्रेम और पार्वती की सौतिया डाह के विवरण के साहित्यकारों एवं मूर्तिकारों

ने अपने-अपने शिल्प में इसको उतारा है। कालिदास के 'मेघदूत' में भी गंगा द्वारा छींटाकशी और पार्वती के कुपित होने का विवरण मिलता है।

उनकी दृष्टि में गंगा पापनाशिनी, महेश्वर जटाजूटवासिनी देवी है और सर्वकल्याणकारी है। उन्होंने गंगाष्टक में गंगा को नमस्कार कर कहा—

'नमस्तेऽस्तु गंगे त्वदंगप्रसंगाम्दु जंगास्तुरंगा कुरंगा प्लवङ्गा:।
अनंगारिरंगा: ससंगा: शिवांगा भुजंगाधिपांगी कृतांगा भवंति॥'

हे गंगे! तुम्हारे शरीर के संसर्ग से सांप, घोड़े, हिरण और बंदर आदि भी कामारि शिव के समान वर्ण वाले, शिव के संगी और कल्याणमय शरीर वाले होकर, अंग में भुजंगराजों को लपेटे हुए सानंद विचरते हैं, अत: तुमको नमस्कार है।

रीतिकाल के रचनाकारों— पद्माकर, केशवदास, सेनापति आदि ने छायावादी कवियों तथा आधुनिककाल के रचनाकारों ने भी गंगा के हर तत्त्व का मर्मस्पर्शी वर्णन किया।

सेनापति ने 'कवित्त रत्नाकर' में गंगा की पुण्यधारा को पाप की नाव काटने वाली तलवार कहा तो, राम को प्राप्त कराने वाली संगिनी तरंगिनी। पद्माकर ने गंगा को आधार बनाकर 'गंगा लहरी' ग्रंथ रचा तथा गंगा को हरिपद प्रताप की नहर व शिव के सिर की माला बताया।

आधुनिक काल के कवि जगन्नाथ दास का 1927 में रचित 'गंगावतरण' ग्रंथ गंगा के धरती पर अवतरित होने की गाथा से परिपूर्ण है। आधुनिक हिंदी साहित्य के जनक भारतेंदु हरिश्चंद्र ने 1872 में 'बैसाख माहात्म्य' और 1933 में 'कृष्णचरित्र' ग्रंथ में गंगा को पतितों का उद्धार करने वाली कहा। जबकि छायावादी कवि सुमित्रानंदन पंत ने गंगा को ग्रीष्मकालीन तापस बाला के रूप में चित्रित किया।

सूरदास कृत 'सूरसागर' के नवें स्कंद में गंगा के आगमन और भगीरथ को दर्शन देने का वर्णन मिलता है। विद्यापति ने भी गंगा को 'शरणागत वत्सला' कहकर उसकी धारा में स्नान करने का औचित्य बताया है, जो शरणागत को पापमुक्त कर देती है। तुलसीदास रचित कवितावली के उत्तरकांड में 'श्रीगंगा माहात्म्य' में गंगा-दर्शन, गंगा-स्नान, गंगाजल सेवन तथा गंगा तट पर वास करने वालों की करोड़ों पीढ़ियों के उद्धार तथा उनके विष्णु लोक जाने का उल्लेख किया है। उनका मानना है कि गंगा में जो जल रूप है, वही वास्तव में सर्वव्यापी परमब्रह्म परमात्मा है, जो ब्रह्म, शिव एवं मुनिजनों का भी स्वामी है। वही संसार की उत्पत्ति, स्थिति और प्रलय का कारण भी है।

मोक्षदायिनी गंगा

इसलिए वह भगीरथनंदिनी, विष्णुपद सरोजरजा और जाह्नवी रूप में नर-नागों, देवताओं और ऋषि-मुनियों में वंदनीय रही है।

स्वामी रामतीर्थ गंगा के नाम उच्चारण को ही उद्धारक मानते हैं और कहते हैं– 'गंगा कहत ही निर्मल होत शरीर'।

बंगला नाटककार डी.एल. राय ने गंगा के अर्थ का जानकर उसे 'मां भागीरथी, जाह्नवी, सुरधुनि, मां कल्लोलनि गंगे' कहकर उच्चारित किया।

गंगा इस धरती पर महाराज सागर के वंश का हित करने के लिए आई थी, लेकिन उसने पूरी वसुधा, समूचे जीव-जगत का कल्याण किया। भारतेंदु हरिश्चंद्र ने गंगा और गंगाजल की महिमा का कृष्ण चरित्र में बखान किया कि गंगा का स्मरण करने और गंगाजल पीने मात्र से ही कुल का उद्धार हो जाता है–

'गंगा तुमरी सांच बड़ाई।
एक सागर-सुत-हित जग आई तार्यौ नर समुदाई॥'

...

'नाम लेत जल पिअत एक तुम तारत कुल अकुलाई।
'हरीचंद' याही तें यो सिव राखी सीस चढ़ाई॥'

वह गंगा की छवि देख 'बरनी नहि जाई' कहकर अवाक रह जाते हैं, तो कहीं और बनारसी अंदाज में कहते हैं–

'मिले ना काहे मैया गंगा मैया दौलतदासी।
हमसे पूत कपूत की दाता, मानिकनिका सुख रासी॥'

गंगा सर्वोपरि तीर्थ

महाभारत में उल्लेख है कि गंगा स्नान कुरुक्षेत्र की यात्रा का फल देता है। रणक्षेत्र में शरशय्या पर पड़े गंगापुत्र भीष्म की प्यास बुझाने के लिए अर्जुन ने तीर मारकर पाताल से गंगा की धारा प्रकट की थी, जो बाणगंगा कहलाती है।

महाभारत में कहा गया है– 'न गंगासदृशम् तीर्थम् न देवाः केशावात् परः' अर्थात्– गंगा के जैसा कोई दूसरा तीर्थ नहीं और केशव (कृष्ण) के समान कोई देव नहीं। वेदव्यास उसे ब्रह्ममूर्ति की संज्ञा देते हैं।

गंगा को स्वयंमेव में एक संपूर्ण तीर्थ का सम्मान दिया गया है। उनका पावन जल निर्जन भूप्रदेश को भी तीर्थ बना देता है। उसे सिद्धक्षेत्र बना देता है। गंगा के समान कोई तीर्थ नहीं है।

वेदव्यास ने महाभारत में अनेक प्रसंगों में गंगा का यह माहात्म्य बताया है। वनपर्व (84.97) में लिखा है–

'यत्र गंगा महाराज स देशस्तत् तपोवनम्।
सिद्धिक्षेत्र च तज्ज्ञेयं गंगातीरसमाश्रितम्॥'

महाराज! जहां गंगा बहती है, वही उत्तम देश है और वही तपोवन है।
गंगा के समीपवर्ती स्थान को सिद्धिक्षेत्र समझना चाहिए।

नारद पुराण (पूर्व भाग, 6.56) कहता है–

'नास्ति गंगासमं तीर्थं नास्ति मातृसमो गुरु:।'

गंगा के समान कोई तीर्थ नहीं है और मां के समान कोई गुरु नहीं है।

किसी अज्ञात विद्वान की उक्ति गंगा को नदी से बदलकर एक तीर्थ
होने का सम्मान देती है–

'तीर्थं गंगा तदितरदपां निर्मलं संद्यमात्रं,
देवो तस्या: प्रसवनिलयो नाकिनोऽन्ये वराका:।
सा यत्रास्ते स हि जनपदो मृत्रिकामात्रमन्यत्,
तां यो नित्यं नमति स बुधो बुद्धिशून्यस्ततोऽन्य:॥

तीर्थ तो केवल गंगा है, उसके अतिरिक्त नदियां तो निर्मल जल का
समूह मात्र हैं। उसकी उत्पत्ति साक्षात् विष्णु से हुई है, अन्य बेचारे देवता तो
स्वर्ग के हैं। जहां वह है, वही जनपद है, शेष तो मिट्टी मात्र हैं। उसको
जो नित्य नमन करता है, वही विद्वान है, अन्य तो बुद्धिशून्य हैं।

पापनाशिनी मां गंगा संगम

कवियों, साहित्यकारों आदि ने गंगा के प्रतिमान रूप को अंतर्मन से
अनुभव किया। उसके मूर्त रूप को अलंकृत शब्दों की माला से सुसज्जित
एवं सुशोभित किया। आदि शंकराचार्य ने गंगा को 'त्रिभुवन माता' कहा।
काशी के तट पर बैठे रचनाकारों ने उसे पूत-कपूत का पोषण करने वाली
अन्नपूर्णा बताया, जो जगजननी, सुमंगला, सुधा सम शीतला और अविरल
निर्मल नीरा है। महाकवि मम्मट ने गंगा को शिव की जटा का आभूषण
माना, तो अनायम स्त्रोतम् में सिर पर लिपटी चूड़ाकुसुम अर्थात् पुष्पमाला।
अभिनव गुप्त ने गंगा को शिव की प्रतिमूर्ति कहा।

रचनाकारों ने गंगा और गंगाजल को पापनाशक एवं पुण्यदायी लिखा
है। आदिकाल के जगनिक रचित 'आल्हाखंड' में गंगा के साथ यमुना
और सरस्वती के प्रयाग संगम को पापनाशक बताया है। वह लिखते हैं–

'प्रागराज सो तीरथ ध्यावौं। जहं पर गंगा मातु लहराय॥
एक ओर से जमुना आई। दोनों मिलीं भुजा फैलाय॥
सरस्वती नीचे से निकली। तिरबेनी सो तीर्थ कहाय।
सुमिर त्रिबेणी प्रागराज की। मज्जन करे पाप को छार॥'

'सुरूर' जहानाबादी ने अपनी रचना 'जामे सुरूर' में गंगा-यमुना के

मोक्षदायिनी गंगा

संगम का अद्भुत शब्दचित्र खींचा—

'जमना के है गले में गंगा की आह! बाहें,
गंगा से रो रही है जमना लिपट-लिपटकर।'

श्रृंगार काव्य में लोकप्रिय विद्यापति ने गंगा, काली, वाणी और कमला को एक ही देवी मानकर गंगा का चित्ताकर्षण उल्लेख किया—

'कज्जल रूप तुऊ काली कहिअए, उज्जल रूप तुऊ बानी।
रविमंडल परचंडा कहिअए, गबंगा कहिअए पानी।'

महाकवि सूर्यकांत त्रिपाठी 'निराला' ने अपने काव्य में अनेक बार गंगा-यमुना का उल्लेख किया है। मीरा ने अपनी मां को गंगा-यमुना किनारे चलने को कहा।

पापमोचिनी, मोक्षदायिनी

युगों से गंगाजल की पवित्रता यथावत् बनी हुई है। अपने औषधीय गुणों के कारण ही गंगाजल साहित्यिक वचनों को भी अमृतमयी बनाता रहा है। साहित्यों में गंगाजल, गंगा स्नान आदि को अनगिनत वृतांत एवं सूक्तियां उपलब्ध हैं। पुराणादि गंगा की महिमा से कृतार्थ हैं, तो उत्तरवर्ती साहित्यकारों ने भी गंगा के शब्दामृत पान को अद्भुत तरीके से प्रकट किया।

स्वयं वेदव्यास ने (महाभारत, अनुशासनपर्व, 26.49) गंगाजल को तृप्तिदायक कहा—

'यथा सुराणाममृतं पितृणां च यथा स्वधा।
सुधा यथा च नागानां तथा गंगाजलं नृणाम्॥'

जिस प्रकार देवताओं को अमृत, पितरों को स्वधा (छवि की आहुति) तथा नागों को सुधा तृप्तिकारक है, उसी प्रकार मनुष्यों को गंगाजल तृप्तिकारक है।

नि:संदेह गंगा अपने दर्शन से, स्पर्श से, जलपान करने तथा कीर्तन से सैकड़ों और हजारों पापियों को पवित्र कर देती है।

तभी तो पद्माकर ने तारने वालों की संख्या को अनगिनत बताते हुए कहा—

'गंगा जेते तुम तारे तेते नभ में न तारे हैं।'

महर्षि वाल्मीकि स्वयं गंगाजल से पवित्र होने के अभिलाषी थे। उन्होंने प्रार्थना की—

गंगा-वरि मनोहारि, मुरारि-चरणच्युतम्।
त्रिपुरारि-शिरश्चारी-पान-हारि पुनातु माम्॥

अर्थात्— जो श्रीविष्णु भगवान के चरणों से उत्पन्न हुआ है, श्री

शंकर के सिर पर विराजमान है तथा संपूर्ण पापों को हरने वाला है। वह मनोहर गंगाजल मुझे पवित्र करे।

गंगा की कल्याणकारी दृष्टि, उदार मन, पावनता, शीतलता, उद्धारता आदि अपार हैं। आदि महाकाव्यों 'पृथ्वीराज रासो', 'बीसलदेव रास', 'आल्हाखंड', कबीरवाणी, पद्मावत (जायसी कृत) तथा सूरसागर में गंगा और उसकी पावनता का उल्लेख मिलता है। कबीर ने गंगा नहाकर मन को गंगा समान निर्मल पाया और कबीरवाणी में लिखा—

कबीर मन निर्मल भया, जैसा गंगा नीर।
हरि लागा पाछे फिरत, कहत कबीर-कबीर।।

गंगा प्रवास

गंगा की कल-कल प्रवाहित निर्मल धारा में रचनाकारों को अदृश्य आध्यात्मिक शांति की अनुभूति मिली। उनका मन सदैव के लिए गंगा के किनारे बसने को आतुर रहा। तटवर्ती भागों के वासी साहित्यकारों ने गंगा की अनुभूति को शब्दों में बांधने का प्रयास किया। वे सदैव गंगा के दर्शन का साक्षी रहना चाहते थे। मैथिल कोकिल गंगाभक्त विद्यापति ने 'गंगास्तुति' में गंगा स्तुति रच डाली और विदा लेते हुए हमेशा गंगा किनारे रहने की इच्छा जताई—

'बड़ सुख सार पाओल तुम तीरे,
छोड़इन निकट नयन बह तीरे।
कर जोरी बिनमओं विमल तरंगे,
पुन दरसन होए पुनमति गंगे।
एक अपराध हेमव मोर जानी,
परसल माय-माय तुअ पानी।
कि करब जप तप जोग को आने,
जनम कृतारध एकति स्नाने।
मनई विद्यापति समदओं तोंही,
अंत काल जनु बसरह मोही।'

गंगा किनारे से दूर जाते ही उनका अंतर्मन रोने लगता है। वह अपेक्षा करते थे कि जीवन के अंत समय में मां गंगा उन्हें दर्शन दें। जनश्रुति है कि मृत्यु के समय गंगा स्वयं विद्यापति के पास जा पहुंची थीं।

तुलसीदास ने भी गंगा तट पर बसने की अभिलाषा प्रकट कर (कवितावली, उत्तरकांड, 147) में लिखा है—

'बारि तिहारो निहारि मुरारि भएं परसें पद पापु लहौंगो।
ईस हवै सीस धरौं पै डरौं, प्रभु की समतां बड़े दोष दहौंगो॥
बरु बारहिं बार सरीर धरौं, रघुबीर को हवै तव तीर रहौंगो।
भागीरथी! बिनवौं कर जोरी, बहोरि न खोरि लगै सौ कहौंगो॥'

यद्यपि वह गंगा तट पर बसना तो चाहते थे, किंतु अपने प्रभु को सर्वोच्च मानते हुए चाहते थे कि गंगा दर्शन का प्रभाव उन पर न पड़े।

उर्दू और फारसी जुबान के साहित्यकारों ने भी गंगा दर्शन को शिरोधार्य माना। उनकी इच्छा भी विद्यापति और तुलसी की तरह ही गंगातट के बसने की रही। वे मरने पर भी गंगा की माटी में सोना चाहते थे।

बेढब बनारसी ने धर्म के बंधनों की परवाह किए बगैर कहा—

'बेढब कबहुं न छोड़िये ऐसो काशीधाम,
मरने पर गंगा मिले, जीते लंगड़ा आम।'

दरिया साहब ने गंगा-जमुना में मुरली की धुन सुनी तो इस्पहान के शायर अलीहजी काशी में ही जा बसे और गंगा की तारीफ में कह डाला—

'व गङ्ग गुस्लो कुनंदो, बसंग पा मालंद,
जहे शराफतो संगो, जहे तव लताफते गङ्ग।'

हजरत नूहरकरवी बनारस की कसम उठाकर गंगा तट पर ही आखिरी सांस लेना चाहते थे।

गंगा के तटों में अद्भुत आकर्षण है, तभी तो विदेशी मूल की भगिनी निवेदिता ने इसी आकर्षण का उल्लेख कर कहा कि नि:संदेह गंगा के तट पर, बहुत समय तक रहना और उसके व्यक्तित्त्व के जादू से प्रभावित न होना कठिन बात है।

गंगा की पवित्रता एवं माहात्म्य अद्भुत है। लक्ष्मीनारायण ने गरुड़ध्वज में लिखा कि 'गंगा की पवित्रता में कोई विश्वास नहीं करने जाता। गंगा के निकट पहुंच जाने पर अनायास, वह विश्वास पता नहीं कहां से आ जाता है।'

प्रताप नारायण मिश्र की रचना 'प्रताप नारायण ग्रंथावली' में गंगा को भारतभूमि में सर्वोच्च पद प्रदान किया गया है। मिश्रजी ने कहा कि 'भारत की तो गंगा प्राण है, शोभा है, वरन सर्वस्व है।'

भारत के प्रथम प्रधानमंत्री पं. जवाहर लाल नेहरू ने 21 जून, 1954 की वसीयत में भी लगभग इसी बात का उल्लेख किया—

'गंगा तो विशेषकर भारत की नदी है, जनता की प्रिय है, जिससे लिपटी हुई है। भारत की जातीय स्मृतियां, उसकी आशाएं और उसके भय,

उसके विजयगान, उसकी विजय और पराजय। गंगा तो भारत की प्राचीन सभ्यता का प्रतीक रही है, निशानी रही है, सदा बलवती, सदा बहती, फिर वही गंगा की गंगा।'

गंगाजल की महानता और उसके अद्वितीय को रियाजुस सुलातीन में गुलाम हुसैन ने लिखा– 'मधुरता, स्वाद और हल्केपन में गंगाजल के बराबर कोई दूसरा जल नहीं है।'

गंगा का यही पावन जल अपनी धारा में मिलने वाली हर धारा की मलिनता को दूर कर उसे भी अपने जैसा बना देता है। अमीर अली मीर ने प्रार्थना की कि 'गंगा भारत से पाप अरि के बहा दें।'

'आज हमारे पाप ताप ही तो सहती है गंगा' कहकर मैथिलीशरण गुप्त ने गंगा की कर्मठता और मंगल भावना को प्रकट किया, तो हरिऔध ने भी मन से विनती की–

> *'सारा मल हरे, सतोगुण का सहारा बने,*
> *सुधारने सरस गंगा तेरी धारा हो।'*

तो जयशंकर प्रसाद ने गंगा के प्रति अपनी अगाध श्रद्धा और विश्वास प्रकट किया–

> *'रह न सकेगा कभी देश यह भूखा नंगा,*
> *मंगल जलकण जब तक तुझमें बहती गंगा।'*

गंगा ने सदियों से अपवित्र को भी पवित्र किया है, तभी तो रामभक्त तुलसी ने भी स्वीकार किया था कि गंगाजी में जाकर अपवित्र जल भी पवित्र हो जाता है।

दूसरी ओर केरल के संगीतज्ञ राजा स्वाती तिरुनाल ने हिंदी भाषा में गंगा और काशी की वंदना का साहस किया–

> *'बहती जिनकी पुरी में गंगापय के समान*
> *विश्वदर्शनी दर्शन कर चलमनतूं कासी।'*

स्वयं गुरु नानक ने काशी आकर हर पंथ और मत के पक्षधरों को एकधारा में बहते देखा। हिंदू हो या मुस्लिम साहित्यकार, सभी एक स्वर में गंगा का वंदन करते थे और गंगाजल का स्पर्श पाकर अपने शब्दों को माला में पिरोते थे।

21. गंगा एक्शन प्लान : एक समीक्षा

गंगा केवल एक नदी ही नहीं है, वरन् वह पूरे गंगा-यमुना क्षेत्र (दोआब) की जीवन रेखा है। यह बात हर वह व्यक्ति जानता है, जो किसी भी रूप में गंगा की गोद में पलता है। उसके अंचल में वास करता है। उसकी पवित्रता के प्रति आस्था रखता है। भूमंडल की प्रगति एवं विकास में उसके महत्त्व को जानता एवं समझता है। जीवन के किसी भी पहलू के जरिये गंगा से जुड़ा है, जुड़ा रहा है। ऐसे लोग कभी गंगा का अहित नहीं चाहते। वे आस्थावान ही नहीं होते, गंगा के प्रति मातृभाव, श्रद्धाभाव, आदर-सम्मान रखते हैं। उसे मातृवत् पूजते हैं। इसलिए गंगा की स्वच्छता एवं पवित्रता को बनाए रखने के लिए प्रयत्नशील रहते हैं, संघर्ष करते हैं। वे जानते हैं कि अतीत में गंगा इतनी शुद्ध थी कि सालों-साल रखने पर भी उसका पानी सड़ता नहीं था, खराब नहीं होता था, लेकिन आज मानवीय स्वार्थों ने गंगा को न केवल उपेक्षित किया है, अपितु इतना प्रदूषित कर डाला है कि इसके गंगाजल में नहाना भी रोगों को आमंत्रण देता है। ऐसे में इसको पीने की कल्पना करना बेमानी है। जो गंगा युगों से मानव, सभ्यता, धर्म, संस्कृति आदि का संरक्षण करती रही है, आज उसे ही संरक्षण की आवश्यकता है। जो निश्चय ही अनिवार्य भी है अन्यथा जीवित, मृत प्राणियों को पापकर्मों से मुक्त कर पुण्य एवं मोक्ष दिलाने वाली गंगा स्वयं मृतप्राय: हो जाएगी। समाज में गंगा की निर्मल करने की जरूरत को काफी देर से समझा। सरकारी एवं गैर-सरकारी तंत्र द्वारा समय-समय पर ऐसे निर्मलीकरण योग कदम उठाए गए हैं, जो गंगा को पवित्रता को बनाए रखें, किंतु यह तभी संभव है, जब समूचा भारत तंत्र, जन-जन इस आंदोलन से जुड़े। स्वच्छ भारत, स्वच्छ गंगा जैसे- अभियानों को क्रांतिकारी रूप से अपनाए, प्रचार करें, दूसरों को भी उनका अनुपालन करने को प्रेरित करें। जैसा कि हाल के वर्षों में देखने को मिला है।

गंगा सफाई अभियान

प्रधानमंत्री बनने से पहले नरेंद्र मोदी के चुनावी वादों में गंगा की स्वच्छता और उसका निर्मलीकरण करने का चुनावी वादा भी शामिल था। प्रधानमंत्री बनते ही उन्होंने गंगा की स्वच्छता के प्रति प्राथमिकता दिखाई और गंगा शुद्धिकरण के अभियान को गतिशील बनाने का आह्वान किया, जो अब तक सक्रियता के अभाव में शिथिल पड़ चुका था। प्रधानमंत्री ने 6 जून, 2014 को अपने चुनाव क्षेत्र बनारस से ही गंगा सफाई अभियान की औपचारिक शुरुआत की। गंगा एक्शन प्लान उनके ड्रीम प्रोजेक्ट स्वच्छ भारत का ही एक अभिन्न अंग था। उन्होंने भारत के साथ-साथ गंगा आदि नदियों को भी स्वच्छ, प्रवाहमान एवं प्रदूषणमुक्त बनाने के प्रति दूरदर्शिता दिखाई।

समूचे विश्व में ऐसा पहला मौका था, जब किसी प्रधानमंत्री ने गंगा की स्वच्छता को गंभीरता से लिया। न केवल गंभीरता दिखाई, वरन् इसके लिए एक पृथक मंडल भी गठित किया, जिससे यह अभियान स्वतंत्र रूप से आगे बढ़े। मंत्रिमंडल के विभिन्न स्वरूपों को पृथक-पृथक दायित्व सौंपे गए और इन सभी दायित्वों पर स्वयं प्रधानमंत्री कार्यालय पर्यवेक्षक की भूमिका में सामने आया, जिसके अंतर्गत संबंधित मंत्रालयों के दायित्वों को निर्धारित कर दिया गया, चाहे वह ऊर्जा मंत्रालय हो, सिंचाई, कृषि या फिर जहाजरानी। अभियान की अगुवाई का जिम्मा सिंचाई एवं गंगा सफाई मंत्री उमा भारती के निरीक्षण में था, जो गंगा किनारे पर खाली जमीन पर सक्रिय भू-माफियाओं के लिए खतरे का संकेत था। गंगा नदी के तटों पर पर्यटन विकास का दायित्व पर्यावरण मंत्री श्रीपद नायक को, सफाई का जिम्मा पर्यावरण मंत्री प्रकाश जावड़ेकर को, नेशनल वाटर वे के विकास का उत्तरदायित्व नितिन गडकरी के ट्रांसपोर्ट और शिपिंग मंत्रालय को सौंपा गया था। सरकार गंगा के समग्र संरक्षण, विकास और निर्मलीकरण के प्रति पूरी तरह कमर कस चुकी थी। उन्होंने गुजरात की साबरमती नदी को मॉडल नदी के रूप में लिया था, जो कभी देश की सबसे गंदी एवं प्रदूषित नदी थी, लेकिन आज एक आदर्श नदी बन चुकी है। कर्मठता, ईमानदारी, आस्था और कर्त्तव्यनिष्ठा का पर्याय है। ऐसा ही कुछ गंगा के संदर्भ में अपनाने की आवश्यकता है। सैद्धांतिक की बजाय व्यावहारिकता को अपनाने की आवश्यकता है। दायित्वों एवं कर्त्तव्यों का निर्वाह आपेक्षित हो। भ्रष्टाचारमुक्त तंत्र बनें, किंतु अकसर इन प्रकार्यों का अभाव, उदासीनता या शिथिलता देखी जाती है। कई वर्षों से ऐसा ही रहा है, फलत: गंगा की अविरल एवं निर्मल धारा पर संकट ज्यादा गहराने

लगा है। संकट के बादल धाराप्रवाह में कहीं है, कहीं नहीं, किन्तु इसका कुप्रभाव समूचे नदी तंत्र पर पड़ता है। गंगा को ऐसे कुप्रभावों से बचाने के लिए ही केंद्र सरकार ने गंगा संरक्षण के प्रयासों को पुनर्जीवित करने की प्रक्रिया तेज की और 'नमामि गंगा' शीर्षक से नए और एकीकृत गंगा संरक्षण मिशन की स्थापना की।

नरेंद्र मोदी का ड्रीम प्रोजेक्ट

प्रधानमंत्री नरेंद्र मोदी ने गंगा सफाई अभियान का एक एक्शन प्लान तैयार किया। यह उनका ड्रीम प्रोजेक्ट था और वह इसे हर स्तर पर क्रियान्वित करने के लिए प्रतिबद्ध थे। वह इसे एक जन आंदोलन बनाने के पक्षधर थे और चाहते थे कि विश्व के अन्य देश भी इसमें शामिल हों। उन्होंने काशी से अपने अभियान की शुरुआत में वहां की स्वयंसेवी संस्थाओं से एक माह के भीतर घाटों की सफाई को कहा था। वह क्योटो (जापान) की तर्ज पर बनारस को बचाने की योजना लेकर आए थे, जिसमें जापान से भी सहयोग का आश्वासन मिला था।

देशवासियों से ज्यादा विदेशी सहयोग

गंगा के बढ़ते प्रदूषण और गिरते स्वास्थ्य से भारतवासी कम चिंतित नजर आते हैं। देश को विदेशों की तर्ज पर हाईटेक बनाने की बात होती है और जमकर भ्रष्टाचार का खेल खेला जाता है। देशवासी चाहे व्यक्तिगत स्वार्थ को प्राथमिकता दें। देसी संस्थाएं गंगा पर करोड़ों-अरबों खर्च करके भी उसे निर्मल नहीं कर पाई हैं। गंगा की चिंता कोई क्यों करे? यह उपेक्षा इसी दृष्टिकोण को दर्शाती है, लेकिन भारतवासियों से ज्यादा विदेशी, गंगा की इस दुर्दशा पर आहत होते हैं। भारत की आध्यात्मिक एवं धार्मिक संस्कृति उन्हें आकर्षित करती है। वे इसकी अद्भुत सांस्कृतिक धरोहर से विस्मय में पड़ जाते हैं। गंगा की पवित्रता का वैज्ञानिक आधार उन्हें गंगा के प्रति आस्थावान बनाता है।

दुनिया के विभिन्न देशों ने भी गंगा के गिरते स्वास्थ्य के प्रति चिंता व्यक्त की है। प्रधानमंत्री नरेंद्र मोदी के स्वच्छ भारत अभियान को विदेशों में भी प्रशंसा मिली। गंगा की स्वच्छता भी इसी भागीरथी अभियान का अंग था। इसी उद्देश्य से गंगा के लिए एक अलग मंत्रालय की स्थापना करने की पहल की गई। फलस्वरूप नदी विकास एवं गंगा संरक्षण मंत्रालय का गठन हुआ।

भारत की अनेक संस्थानों ने इस प्रयास की प्रशंसा की। इसी दिशा में कार्यशील संकटमोचन फाउंडेशन के अध्यक्ष प्रो. विश्वम्भर से वर्ष 2015

में आस्ट्रेलिया के उच्चायुक्त पैट्रिक सकलींग ने मिलकर गंगा की स्थिति को जानकर पर्याप्त सहयोग का भरोसा दिलाया। संकटमोचन फाउंडेशन के पूर्व महंत स्वर्गीय प्रो. वीरभद्र मिश्र ने बनारस में गंगा स्वच्छता अभियान की अलख जगाई थी, जिसे उनकी संस्था ने आगे बढ़ाया। फाउंडेशन अपनी अनुसंधान प्रयोगशाला से ही विभिन्न शोध एवं अनुसंधान करती रही है तथा गंगा के निर्मलीकरण की दिशा में प्रतिबद्ध है।

गंगा एक्शन प्लान (I) 1985

यह पहला अवसर नहीं है कि गंगा में प्रदूषण के मुद्दे को उठाया गया है। पहले भी गंगा की स्वच्छता की ओर ध्यान दिया गया था, किंतु उसमें कर्त्तव्यबोध का अभाव था। मात्र परियोजना के रूप में देखकर गंगा के संकट को गंभीरता से नहीं लिया गया। ऋषिकेश से लेकर कोलकाता तक गंगा किनारे लगे परमाणु बिजलीघरों, उर्वरक कारखानों, चमड़ा टेनेरिज आदि ने गंगा को सांस लेने तक का नहीं छोड़ा। कोई उसे छूने तक की नहीं सोच सकता है। गंगा की ऐसी बदहाली देख प्रसिद्ध वकील एवं मैगसेसे पुरस्कार विजेता एम.सी. मेहता ने 1985 में इस गंदगी को रोकने के लिए सुप्रीम कोर्ट में अपील दायर की। कोर्ट के आदेश पर सरकार की चेतना लौटी और उसे गंगा की याद आई। सरकार ने अब गंगा की सफाई का बीड़ा उठाया। फलस्वरूप गंगा एक्शन प्लान का आरंभ हुआ।

गंगा में बढ़ते प्रदूषण और उसके प्रवाह के महत्त्व को सबसे पहले युवा एवं भूतपूर्व प्रधानमंत्री राजीव गांधी ने अनुभव किया था। उन्होंने भी गंगा सफाई अभियान वाराणसी से ही आरंभ किया था। अप्रैल, 1985 में शुरू इस परियोजना के लिए 901.71 करोड़ रुपए आवंटित किए गए थे। मिशन का उद्देश्य था गंगा को प्रदूषण मुक्त करना। इसलिए इसे गंगा कार्य योजना अर्थात् गंगा एक्शन प्लान (जी.ए.पी.) 'गैप' कहा गया। कार्यक्रम का शुभारंभ बड़े जोरदार तरीके से किया गया था। यह 'गैप' का प्रथम चरण था।

यद्यपि 1981 में वाराणसी से ऊर्ध्वाधर प्रवाह में गंगा पर स्थित 9 प्रमुख स्थलों में जैव रासायनिक ऑक्सीजन की मांग कम थी, तो मानव मल में पाए जाने वाले कीटाणु कोलिफॉर्म का स्तर भी कम था। 1983 तक बिहार में गंगा के दाहिने तटवर्ती भाग के गंगाजल में भी शुद्धता का स्तर अच्छा था। इसमें एशरिकिआ कोली, ई. कोलि, फीकल स्ट्रेप्टोकोकाई एवं विब्रियो कोलेरी आदि जीवाणु वहां के अन्य जलस्रोतों की अपेक्षा गंगाजल में दो से तीन गुना तेजी से मर जाते थे, किंतु गंगा की यह प्रभावशीलता आगे बनी न रह सकी। पवित्र नगरी वाराणसी में कोलिफॉर्म जीवाणु की

मोक्षदायिनी गंगा

संख्या संयुक्त राष्ट्र-विश्व स्वास्थ्य संगठन द्वारा स्थापित सुरक्षित मानव से कम-से-कम 3000 अधिक था। छड़ के आकार का जीवाणु कोलिफॉर्म सामान्यत: मानव एवं जीवों की आंतों में पाया जाता है और पानी में यह ज्यादा खतरनाक हो जाता है।

राजीव गांधी द्वारा आरंभ किया गया पहला गंगा एक्शन प्लान समयबद्ध कार्यक्रम की तरह आयोजित व संचालित किया गया था, जो अवधि बीतने के उपरांत दम तोड़ गया। उसे क्रियांवित करने वाले विभाग इतर दायित्वों के निर्वाह में लग गए और अभियान एवं कार्यक्रमों का प्रभाव नगण्य, अस्थायी एवं सीमित रह गया। इसे लागू करने के लिए आवश्यक व्यवस्था एवं प्रणाली का निर्णय न हो सका। वास्तव में गंगा के प्रति सरकार ने 1979 में पहली बार ध्यान दिया था, जब केंद्रीय जल प्रदूषण निवारण और नियंत्रक बोर्ड ने गंगा के प्रदूषण पर दो रिपोर्ट पेश कर गंभीर चिंता जताई थी। इसी के आधार पर राजीव गांधी ने प्रथम गंगा एक्शन प्लान को मंजूरी दी थी।

गंगा सफाई अभियान-विस्तार (सन् 2000)

सन् 1986 से जारी गंगा एक्शन प्लान अपेक्षा के अनुसार परिणाम न दे सका। पटना विश्वविद्यालय (प्राणी विज्ञान विभाग) की पर्यावरण जीव विज्ञान प्रयोगशाला ने वाराणसी में एक अध्ययन में पाया कि गंगा नदी के पानी में पारे की वार्षिक सघनता 0.00023 पीपीएम तक थी। सन् 1986 से 1992 के दौरान लखनऊ स्थित भारतीय विषाक्त अनुसंधान केंद्र ने अपने अध्ययन में पाया कि ऋषिकेश, इलाहाबाद एवं दक्षिणेश्वर में गंगाजल में पारे की वार्षिक सघनता क्रमश: 0.081, 0.043 तथा 0.012 पीपीबी थी। वाराणसी में गंगा के पानी का स्तर विश्व स्वास्थ्य संगठन द्वारा पेयजल के लिए निर्धारित अधिकतम अनुमेय स्तर 0.001 पीपीएम से कम था। सन् 1989 तक गंगाजल को साफ करने एवं पीने योग्य बनाने के समस्त प्रयास विफल हो चुके थे।

विशेषज्ञों का मानना रहा है कि वर्ष 1986 से गंगा एक्शन प्लान जैसी महत्त्वाकांक्षी योजनाओं पर अब तक अरबों रुपए बहा दिए गए हैं, किंतु गंगा की धारा अब तक अविरल और स्वच्छ नहीं हो पाई है। संभवत: अपर्याप्त नियोजन, दायित्व वहन करने की योग्यता में कमी थी। इसलिए पहले गंगा एक्शन प्लान की गतिविधियों को 31 मार्च, 2000 में बंद करने की घोषणा कर दी गई, किंतु इसे विस्तार कार्यक्रम के रूप में जारी रखा गया।

सन् 1985 से 2000 तक 15 वर्षों की अवधि में 901.71 करोड़

(लगभग 1010 करोड़) रुपए व्यय करने के बाद भी नदी में प्रदूषण का स्तर कम नहीं हुआ। राष्ट्रीय नदी संरक्षण प्राधिकरण की परिचालन समिति ने 'गैप' की प्रगति की समीक्षा की और पहले चरण से मिले अनुभवों के आधार पर आवश्यक सुधारों की भी समीक्षा की। अब तक किए प्रयासों से केवल 2.00 योजनाएं ही पूरी हो पाई थीं।

गंगा एक्शन प्लान (II)-2008

दोनों गंगा एक्शन प्लान के निर्धारित परिणाम नहीं मिले। गंगा प्रदूषण का भार ढोती रही। शहरों के गंदे नाले उसके आंचल पर गिर-गिर उसे छलनी करते रहे। उनका गिरना अब भी जारी रहा। गंगा पर बिजली उत्पादन के लिए अनेक बांधों का निर्माण कर उसकी थकी-मांदी धारा के कदमों में अवरोध की बेड़ियां पहना दी गईं। उन बांधों में से कितने आपदा में बह गए और भारी जान-माल की हानि हुई। वर्षों से गंगा के प्रति मर्म रखने वालों की पुकार रही है कि गंगा की धारा को मत रोको... बिजली के लिए छोटे बांध बनाओ, किंतु गंगा की धारा को वह गति नहीं मिली कि वह उसके दामन में फेंके कचरे को बहा ले जाए। तथापि अनेक लोग एवं संगठन प्रत्यक्ष एवं परोक्ष रूप से गंगा को निर्मल करने के प्रयास करते रहे हैं, किंतु विकास को आधार बनाकर गंगा को उपेक्षा ही मिली।

गंगा मुक्ति आंदोलन

जिन दिनों देश में गंगा एक्शन प्लान कछुआ चाल से चल रहा था, उन्हीं दिनों बिहार में गंगा को बंधन से छुटकारा दिलाने की कवायद तेज होने लगी थी। लेकिन देशवासियों को इसकी खबर न थी, क्योंकि यह गंगा मुक्ति आंदोलन वृहद स्तर पर नहीं था। भागलपुर में गंगा के 80 किलोमीटर प्रवाह क्षेत्र की मुक्ति के लिए इस आंदोलन की चिंगारी 1980 के दशक में ही फूट पड़ी थी। यह विरोध था नदी में मछली मारने के एकाधिकार और जल कर जमींदारी प्रथा के विरुद्ध, जिसे स्थानीय भाषा में 'पानीदारी' कहा जाता था। बिहार के 500 किलोमीटर गंगा क्षेत्र में मछली पकड़ने का काम (ठेका) केवल दो प्रभावशाली परिवार ही नियंत्रित करते थे, जिनका मछली व्यवसाय से कोई संबंध नहीं था। इसके विपरीत परंपरागत मछुआरे इस प्राकृतिक संपदा से वंचित रहते थे। गंगा इन जल माफियाओं के बंधन में जकड़ी थी।

गंगा के किनारे बसे गांव के मछुआरों ने संगठित होकर आवाज उठाई। सन् 1982 से 1990 तक पानीदारी के खिलाफ संघर्ष किया, जिससे गंगा पर निर्भर आबादी एकजुट होकर अपने हक के लिए गोलबंद हुई। दूसरे

चरण में सन् 1990 से 1992 तक गंगा की पूर्ण मुक्ति के लिए संघर्ष किया, जिसमें पर्याप्त सफलता मिली। यह केवल गंगा की मुक्ति नहीं थी। यह मुक्ति थी गंगा सहित उन तमाम नदियों पर निर्भर आबादी की, जिससे पानीदार परंपरा ने पनपने का मौका छीन लिया था। आंदोलन था ऐसी पराश्रित आबादी को स्वावलंबी एवं पुनर्वासित करने के लिए। सन् 1982 के पश्चात् जारी इस लड़ाई का तीसरा चरण आज भी जारी है, जो गंगा की धारा को अविरल बनने में बंधक पहलुओं के खिलाफ लामबंद हो, अपना आंदोलन जारी रखे हैं। गंगा तो मुक्त है, लेकिन समस्याओं की बेड़ियों की झंकार आज भी बजती रहती है।

नेशनल गंगा रिवर बेसिन अथॉरिटी-2009

सन् 2009 तक गंगा की सफाई के अनेक प्रयास हो चुके थे, किंतु उनमें विभिन्न पक्षों में समन्वय एवं संतुलन की कमी का खमियाजा गंगा को ही भुगतना पड़ा। इस असंतुलन को दूर कर परियोजनाओं के बीच सामंजस्य के उद्देश्य से केंद्र सरकार ने फरवरी, 2009 में नेशनल गंगा रिवर बेसिन अथॉरिटी (एन.जी.आर.बी.ए.) की स्थापना की और स्वयं प्रधानमंत्री मनमोहन सिंह इसके अध्यक्ष बने। दो बैठकों में विभिन्न योजनाओं एवं कार्यक्रमों को बेहतर बनाने के लिए कई निर्णय हुए, जैसे स्टेट रिवर कंजर्वेशन की स्थापना, प्रोजेक्ट रिपोर्टों की स्वतंत्र समीक्षा करना तथा तीसरे पक्ष द्वारा योजना का निरीक्षण करना आदि, शामिल था। साथ ही देश के 7 आईआईटी संस्थानों द्वारा मिलकर गंगा सफाई के लिए एक वृहद योजना भी शुरू की गई थी, जिसे सन् 2011 में पूरा होना था।

गंगा सफाई अभियान के अंतर्गत 4 राज्यों में 43 परियोजनाओं के लिए 2476 करोड़ रुपए के आवंटन को भी स्वीकृति दी गई थी। इस राशि में से उत्तर प्रदेश को 1314 करोड़, उत्तराखंड को 64 करोड़, बिहार को 442 करोड़ तथा पश्चिम बंगाल को 656 करोड़ देना तय हुआ था। योजना 3 साल तक चलनी थी, जिसमें केंद्र व राज्यों को 70:30 के अनुपात में इसकी व्यवस्था करनी का खर्च वहन करना था। राज्यों में सीवर नेटवर्क, सीवेज योजना, पंपिंग स्टेशन, विद्युत शवदाहगृह, सामुदायिक शौचालय तथा नदी संरक्षण आदि विषय शामिल थे। साथ ही देश के 7 आईआईटी संस्थानों द्वारा सन् 2011 तक गंगा की सफाई की विस्तृत योजना बनाई जानी थी, किंतु दूरदर्शिता की कमी से परियोजना में शिथिलता व्याप्त रही और हर कार्य में विलंब होता रहा।

वास्तव में एनजीआरबीए को क्या करना है या क्या नहीं करना है, इसे

निर्धारित करने वाले ही अनेक समूह बना दिए गए थे। इसके चलते पांच वर्ष की अवधि में भी प्राधिकरण किसी ठोस नतीजे पर न पहुंच सका। गंगा की समस्याएं जैसी थीं वैसे ही रहीं, अपितु और ज्यादा विकराल हो गईं। समस्याओं का समाधान सुझाने के लिए बनी संस्थाएं निष्फल साबित हुईं। जो सुझाव दिए, वे कारगर न होकर अव्यावहारिक थे, फलस्वरूप लागू ही नहीं किए जा सके।

मनमोहन सिंह सरकार का रिपोर्ट कार्ड निष्प्रभावी रहा था। हालांकि पांच अक्टूबर, 2009 को उनकी अध्यक्षता में नई दिल्ली में 'राष्ट्रीय गंगा बेसिन प्राधिकरण' की पहली बैठक की गई। इसमें उन राज्यों के मुख्यमंत्री एवं वरिष्ठ पदाधिकारी शामिल थे, जिन राज्यों से गंगा प्रवाहित होती है। बैठक में ही बिहार के मुख्यमंत्री नीतीश कुमार के सुझाव पर डॉल्फिन को राष्ट्रीय जलचर घोषित किया गया। डॉल्फिन गंगा की स्वस्थ एवं स्वच्छ धाराओं में पाया जाने वाला जलचर है। डॉल्फिन की सुरक्षा, संवर्धन एवं संरक्षण का परोक्ष तात्पर्य गंगा को प्रदूषण मुक्त करना था।

4 नवंबर, 2008 को गंगा को राष्ट्रीय नदी बनाने की घोषणा कर दी गई, क्योंकि डॉल्फिन उसी नदी में पाई जाती है, जो प्रदूषण मुक्त हो। अर्थात् डॉल्फिन गंगा के स्वच्छ, निर्मल एवं प्रदूषण मुक्त होने का पैरामीटर है। इसी के सहारे गंगा को प्रदूषणमुक्त कराने के लिए 'मिशन क्लीन गंगा' नामक एक और भागीरथी प्रयास की योजना बनाने का वातावरण बनने लगा। व्यय राशि थी 15 हजार करोड़ रुपए और समय सीमा थी 2020 तक। इस राशि में 70 फीसदी केंद्र द्वारा और 30 फीसदी संबंधित राज्य सरकार द्वारा दी जानी थी, किंतु राज्यों की सहमति नहीं थी। इसलिए एक नया फार्मूला तय हुआ। गंगा की प्रदूषण मुक्ति के लिए उसकी सहायक नदियों जैसे यमुना, गोमती, काली, सोन, गंडक, कोसी आदि को भी औद्योगिक कचरे एवं प्रदूषण मुक्त करने की बात भी तय की गई। खर्च के लिए विश्व बैंक से 30 लाख डॉलर का ऋण लेने का भी सभी ने समर्थन किया। जनवरी, 2010 में इस योजना को मंजूरी मिलने के बाद यह कार्ययोजना आरंभ की गई।

सन् 1985 से 2009 तक दो चरणों में कार्यान्वित गंगा एक्शन अर्थात् गंगा कार्ययोजना में 900 करोड़ रुपए से ज्यादा खर्च हुए थे, किंतु गंगा को निर्मल करने का सपना मूर्तरूप न ले सका। 'क्लीन गंगा मिशन' का लक्ष्य पांच बड़े शहरों की शहरी गंदगी एवं औद्योगिक कचरे को सीधे गंगा में विसर्जित होने से रोकना था, किंतु क्लीन गंगा का हश्र भी 22 वर्ष पूर्व

स्वीकृत गंगा कार्ययोजना की तरह ही हुआ। योजना के साथ-साथ गंगा भी वेंटीलेटर पर जीवित थी। योजना तो न रह सकी, किंतु गंगा तब भी सिसक-सिसककर कृतार्थ करती रही।

इतनी बड़ी मद को परिणामहीन व्यय करना एक भारी चूक थी। योजनाओं में कई स्तरों पर अनेक त्रुटियां थीं। गंगा एक्शन प्लान से पहले सन् 1980 में ही भारतीय वैज्ञानिकों एवं पर्यावरणविदों ने निष्कर्ष निकालकर कहा था कि गंगा की प्रमुख समस्या प्रदूषण है और इन्हीं बातों के आधार पर 'गैप' के मापदंड बनाए गए। डिजॉल्व ऑक्सीजन एवं बायोलॉजिकल ऑक्सीजन (गंगा में घुली एवं जैविक ऑक्सीजन) को ही 'गैप' की सफलता या असफलता को मापने का मापदंड मान लिया गया था, जो काफी खर्चीला था। ये आयातित स्टैंडर्ड्स न तो पारंपरिक भारतीय स्थितियों के अनुकूल थे और न ही व्यावहारिक, जबकि भारत में प्रदूषण मुक्ति के मौजूद अनेक तरीकों की उपेक्षा की गई थी।

गंगा के किनारे बसे नगरों एवं स्थापित कारखानों से उत्सर्जित जहरीले पानी के शोधन हेतु स्थापित प्लांट्स ज्यादा प्रभावी न हुए। सुधारों को लागू नहीं किया गया। गंगा का प्रवाह नहीं बढ़ाया गया। ग्लेशियरों एवं झरनों से मिलने वाला पानी कानपुर से पहले ही नहरें बनाकर निकाल लिया जाता है और प्रवाह धीमा पड़ जाता है। वन कटाव से पहाड़ों से बहकर आई मिट्टी, नदी की गहराई कम कर देती है।

गंगा नदी बेसिन प्रबंधन योजना–2015

गंगा को स्वच्छ एवं निर्मल बनाने के लिए तकनीकी एवं प्रौद्योगिकी विशेषज्ञों का सहयोग लिया जाता रहा है और उनके सुझावों पर अमल भी होता रहा है। गंगा नदी बेसिन प्रबंधन योजना–2015 के लिए भी भारत के सात भारतीय प्रौद्योगिकी संस्थानों (आई.आई.टी.) के एक कंसोर्टियम ने अपनी रिपोर्ट प्रस्तुत की, जिसमें गंगा नदी बेसिन प्रबंधन पर समग्र कार्ययोजना की रूपरेखा थी। इसके अंतर्गत सिंचाई, उद्योग एवं घरेलू क्षेत्र के लिए पानी के उचित ढंग से उपयोग को बढ़ावा देना शामिल था। साथ ही इसके नियमन के लिए राष्ट्रीय जल ब्यूरो के गठन का प्रस्ताव भी दिया गया था।

गंगा के साथ यमुना संरक्षण योजना

गंगा की स्वच्छता के प्रति जनमानस के साथ ही प्रशासनिक उदासीनता भी दिखाई देती है। गंगा के प्रवाहमार्ग वाले राज्य व स्थानीय सरकारें सत्ता से पूर्व गंगा के उद्धार के वादे करते हैं, किंतु जमीनी हकीकत इससे कोसों दूर है। गंगा के अस्तित्त्व को संकट में डालने का यह एक बड़ा कारण है।

प्रधानमंत्री नरेंद्र मोदी के नेतृत्व वाली सरकार ने इस दिशा में व्यावहा.
रिक गंभीरता दिखाई। 'नदियों से देश के समग्र विकास एवं प्रगति को गति
मिलती है।' इस बात से वे भलीभांति परिचित हैं। संस्कृति के एक पैरोकार
होने के कारण वह इस समस्या के प्रति अपनी पूर्ववर्ती सरकारों से अधिक
गंभीर थे। काशी और प्रयाग में जल में प्रदूषण का बढ़ता स्तर खतरे की
चेतावनी है। प्रयाग में गंगा, यमुना और गुप्त रूप से सरस्वती नदी का मिलन
होता है। स्वाभाविक है कि गंगा को निर्मल करना हो, तो यमुना एवं अन्य
सहायक नदियों की उपेक्षा नहीं होनी चाहिए। इसलिए यमुना के संरक्षण के
लिए भी एक एकीकृत योजना तैयार की गई और बजट राशि का प्रावधान
बनाया गया। इस एकीकृत योजना के अंतर्गत दिल्ली, हरियाणा और उत्तर
प्रदेश में 942 एमएलडी की परिशोधन क्षमता के निर्माण हेतु वाईएपी-1 एवं
वाईएपी-2 (यमुना एक्शन प्लान) के अंतर्गत 1514.70 करोड़ रुपए व्यय
किए गए। तो वर्तमान सीवरों के पुनरुद्धार व नवीनीकरण हेतु वाईएपी-3
में 1656 करोड़ रुपए मंजूर हुए। यमुना में बहने वाले अशोधित जलमल
के लिए एक इंटरसेप्टर सीवर परियोजना हेतु 1357 करोड़ रुपए स्वीकृत
हुए। साथ ही इसमें औद्योगिक प्रदूषण नियंत्रण, नदी तटवर्ती नगरों के लिए
अपशिष्ट ठोस प्रबंधन परियोजना को भी शामिल किया गया। इससे पहले
दिसंबर, 2009 में गंगा की सफाई के लिए विश्व बैंक ने 6000 लाख पौंड
(लगभग 1 अरब रुपए) उधार देने की सहमति दिखाई थी। यह धनराशि
भारत सरकार की वर्ष 2020 तक गंगा में अनुपचारित अपशिष्ट को बहाने
को समाप्त करने की पहल का हिस्सा है।

कोर्ट की फटकार

गंगा के प्रदूषण की चिंता आस्थावान लोगों को तो है ही, साथ ही
न्यायालय भी इसके प्रति अत्यंत चिंतित है। न्यायालयों की ओर से गंगा
में बढ़ते प्रदूषण को लेकर अनेक बार प्रशासन एवं सरकारों को चेतावनी
भी मिली है, किंतु इस विषय के प्रति गंभीरता न दिखाने से यह समस्या
ज्यादा विकराल होती जा रही है। प्रदूषण को रोकने के लिए न्याय प्रणाली
ने अनेक प्रावधान बनाए हैं। इनमें जल अधिनियम-1974; प्रदूषण का
निवारण और नियंत्रण तथा पर्यावरण सुरक्षा अधिनियम-1986; जल उपकर
अधिनियम-1977 आदि, किंतु इनका कड़ाई से पालन नहीं किया गया।

गंगा को राष्ट्रीय नदी घोषित करने के बाद भी सरकार ने राष्ट्रीय प्रतीक
अधिनियम के अंतर्गत गंगा की सुरक्षा के लिए कोई व्यावहारिक कदम नहीं
उठाए। उत्तर प्रदेश एवं उत्तराखंड सरकार को भी इलाहाबाद उच्च न्यायालय
ने 3 मई, 2010 को कड़ी चेतावनी देकर गंगा में पर्याप्त पानी छोड़ने एवं

गंगा के आसपास पॉलीथिन को प्रतिबंधित करने का आदेश दिया था, लेकिन यह आदेश निष्प्रभावी साबित हुए। गंगा में सीधे तौर पर गंदगी एवं रासायनिक जहर उगलने वाले उद्योगों आदि को भी सख्त चेतावनी आदेश दिए गए, लेकिन यह भी बेमानी साबित हुए।

प्रधानमंत्री मोदी ने क्योटो (जापान) की तर्ज पर बनारस एवं गंगा की सफाई अभियान की रूपरेखा प्रस्तुत की, तो सुप्रीम कोर्ट ने उनकी सरकार को कटघरे में खड़ा कर दिया। कोर्ट का मानना था कि ऐसे गंगा लगभग 200 वर्षों में जाकर निर्मल होगी। गंगा में प्रतिदिन 290 लाख लीटर प्रदूषित कचरा, 760 औद्योगिक इकाइयों का मलबा, सड़े-गले शवों, सीवर का मल-जल बहाना आदि आज भी जारी है। न्यायालय चाहते हैं कि सरकार कोई आधारभूत, कारगर, ठोस, प्रभावी एवं दूरगामी व्यावहारिक योजना बनाए।

सन् 1986 से अब तक चले गंगा स्वच्छता संबंधित विभिन्न प्लान के पीछे दूरदर्शिता का अभाव था, जबकि गंगा को निर्मल बनाने के लिए समग्र पहलुओं को दृष्टिगत रखकर सार्थक दूरदर्शी नदी नीति बनानी होगी, जो केंद्र व राज्य सरकारों पर सैद्धांतिक पहलुओं को व्यावहारिक धरातर पर उतरे। क्योंकि ऐसे बिंदुओं के अभाव में पुरानी असफलताओं का दोहराव ही होगा। इसलिए कुछ आधारभूत बातों पर विशेष ध्यान देना होगा। जैसे जलप्रवाह में वृद्धि कर उसे अविरल बनाए रखा जाए। प्रदूषित जल का उपचार हो। उसके रीसाइकिलिंग एवं संशोधन एवं पुनर्प्रयोग के लिए अत्याधुनिक संशोधन संयत्रों की स्थापना हो। एक निर्धारित अवधि पर समग्र कार्यक्रम एवं गंगा की समीक्षा कर निर्णय निभाते जाएं। प्रदूषण पर नियंत्रण लगे। इसका उल्लंघ करने पर न्यायिक दंड का प्रावधान हो। नदी फ्रंट विकास किया जाए। एक निर्धारित बजट राशि तय की जाए। शोध व अनुसंधान को बढ़ावा मिले। जल प्रदूषण एवं कीटाणुनाशक जलीय पौधों का विकास हो। भूमि कटाव रोका जाए। अनावश्यक बांध एवं परियोजनाएं न बनें। पीपी मॉडल (पब्लिक-प्राइवेट मॉडल) विकसित किए जाएं। जलप्रदूषण बढ़ाने वाले कर्मकांडों के प्रति जागरूकता जगाकर उन्हें रोका जाए।

वस्तुत: मां गंगा की रक्षा आत्मरक्षा है। उसे स्वच्छ बनाने का दृढ़ संकल्प ही गंगा के प्रति हमारी अगाध श्रद्धा होगी, तभी वह निर्मल हो पाएगी। वह दिव्य आपोमयी शक्ति है, किंतु उसकी स्वच्छता में उसके भक्तों का सक्रिय एवं सार्थक योगदान अनिवार्य है। गंगा की अविरलता, निर्मलता, पावनता ही हमें पापमुक्त करेगी और धारा के विकास व संरक्षण में महत्त्वपूर्ण भूमिका निर्वाह करेगी।

22. गंगा से जुड़े पर्व, उत्सव, व्रत एवं त्योहार

भारत पर्व, उत्सव, त्योहारों का देश है। यहां हर दिन किसी-न-किसी पर्व, व्रत एवं आयोजन से जुड़ा है। ये पर्व व्यक्ति के जीवन में स्फूर्ति, ऊर्जा और नवीनता लाते हैं। ये समस्त उल्लासमय अवसर वैदिक काल से ही जीवन का अंग रहे हैं। वैदिक काल के अनंतर उपनिषदों एवं पुराण साहित्य में भी व्रत-पर्वों आदि का उल्लेख मिलता है और साथ ही इनसे जुड़ी कई कथाएं भी मिलती हैं, जो इन पावन अवसरों को सार्थक बनाती हैं। ये भारतीय जीवन की मंगलमयी संस्कृति का अंग है, जहां हर वृक्ष, जीव, तत्त्व, प्रकृति, पाषाण एवं नदी को किसी-न-किसी अवसर पर पूजा जाता है। ऐसे अवसरों की महिमा, आध्यात्मिकता, ग्रह एवं नक्षत्र ज्योतिष लोक जीवन से गहरे तक जुड़े हैं। गांवों से शहरों तक भारतीय जीवन में इनका गहरा प्रभाव एवं माहात्म्य है। व्रतोत्सवों की परंपरा अत्यंत विशाल एवं सुदीर्घ है, जिसमें प्रादेशिक, क्षेत्रीय, आंचलिक परिस्थितियों के अनेक रंग भी बिखरे नजर आते हैं।

व्रत का शाब्दिक अर्थ उपवास, अनुष्ठान आदि से है; जिसमें पर्व एवं त्योहार शब्द भी समन्वित हो गए हैं, जो भिन्न-भिन्न अर्थ के परिचायक हैं। पर्वों का संबंध नवग्रह तथा ज्योतिष के आधार पर निर्धारित विशिष्ट तिथि एवं निश्चित समय पर किए जाने वाले अनुष्ठान से हैं। जो कभी त्योहार रूप में परिवर्तित होकर उल्लासवर्धक बन जाते हैं। पौराणिक युग से ही विविध व्रतों का प्रचार हुआ और कालांतर में उनसे पाप-पुण्य, मृत्यु-मोक्ष आदि भी जुड़ते गए। कहते हैं कि सत्य युग में ऋषियों ने व्रतों का पालन किया था, जो बाद में जनमानस की भक्ति एवं श्रद्धा, कल्याण, आचरण आदि का आधार बने।

युधिष्ठिर ने यक्ष के प्रश्नों का उत्तर देते हुए कहा था—

'यद् यदाचरित श्रेष्ठस्तद् तदैवतरो जनः।
सः यत्प्रमाणं कुरुते लोकातदनृवर्तते॥'

अर्थात् श्रेष्ठ व्यक्ति जो आचरण करता है, अन्य लोग उसी का अनुसरण करते हैं। श्रेष्ठ व्यक्ति जिस राह को प्रभावित कर देता है, अन्य लोग उसी का अनुसरण करते हैं, उसी को मानते हैं।

गंगा द्वारा लोक जीवन के कल्याण, परोपकार की जो राह युगों पहले दिखाई थी, उस पथ का अनुसरण आज भी किया जाता है। मनुष्य जाति गंगा के इस परोपकार, मानवता, कृपा के प्रति कृतज्ञ एवं दंडवत है। गंगा अपनी विभिन्न कथाओं, प्रसंगों के माध्यम से जन-जन को नैतिकता, मानवता, कल्याण और संघर्ष का पाठ पढ़ाता है। उनका मनोबल बढ़ाती है, प्रेरक बनाती है, पुण्य अर्जन के प्रति प्रोत्साहित करती है। गंगा की ऐसी ही अनेक प्रेरक महागाथाएं, व्रत, उत्सव, पर्व के रूप में अनुसरण की जाती हैं। ऐसे विभिन्न अवसरों पर गंगा की पूजा-अर्चना की जाती है और पुण्य लाभ अर्जित करने की कामना होती है। ऐसे ही कुछ पावन पर्वों का विधिवत् स्मरण करना प्रत्येक हिंदू धर्मावलंबी का कर्तव्य है—

कुंभ एवं अर्धकुंभ

कुंभ पर्व का प्रचलन अति प्राचीन समय से है। देश में हरिद्वार, प्रयाग (इलाहाबाद) के संगम पर प्रति 12 वर्ष के बाद यह महापर्व आयोजित होता है, जबकि हरिद्वार एवं प्रयाग के अलावा नासिक व उज्जैन में हर छह वर्ष के पश्चात अर्धकुंभ आयोजित होता है। इन अवसरों पर देश-भर में पवित्र नदियों पर मेले लगते हैं, श्रद्धालु स्नान कर अमृतसत पाने की अभिलाषा करते हैं, देवपूजन होता है। कुंभ का उल्लेख वेदों एवं विभिन्न धर्मग्रंथों एवं उनके वेद मंत्रों में भी मिलता है। सूर्य, बृहस्पति और चंद्रमा के योग में इन चारों पुण्य तीर्थों में कुंभ का पर्व मनाया जाता है। सूर्य ने समुद्रमंथन से निकले अमृत कलश को फूटने नहीं दिया था। बृहस्पति ने इसे राक्षसों के हाथों में जाने से रोका था और चंद्रमा ने इसे छलकने नहीं दिया था।

ऋग्वेद का मंत्र (10/89/7) कहता है—

'जघान वृत्रं स्वीधितिर्वनेव सरोज पुरी अरंदन सिंधूनः।
विभेदगिरिं नवभिन कुंभ भागा इंद्रो अकृणुता स्वयुनिः॥'

यह कहता है कुंभ के पर्व में तीर्थ यात्रा करने वाला पुरुष अपने फलस्वरूप प्राप्त शुभ कर्मों— दान, यज्ञादि से काष्ठ काटने वाले कुल्हाड़े आदि की भांति अपने पापों का नाश करता है। जैसे सिंधु आदि नद अपने तटों को नष्ट करते हुए प्रवाहित होते हैं, उसी प्रकार कुंभ पर्व मनुष्य के

पूर्वजन्म में अर्जित शुभकर्मों से उनके दैहिक पापों को नष्ट करता है। नए कृत्रिम पर्वतों की भांति बादलों से संसार में वृष्टि (वर्षा) करता है।

शुक्ल यजुर्वेद (19/87) में उल्लेख है–

'कुंभो बनिष्टुर्जनिता शचीभयमिन्नये योन्यांगर्भोऽग्रस्तः।
ब्लाशिणर्यकतः शतधारऽउप्सो दुहे न कुंभी स्वधां पितृभ्यः।'

अर्थात्– कुंभपर्व इस लोक में उसके सत्कर्मों के द्वारा अनेकविध दैहिक सुखों का दान है। दूसरे जन्मों (लोकों) में पितरों को उत्तम सुखों का दान देने वाला है।

अथर्ववेद (19/53/3) में लिखा है–

'पूर्णः कुंभोडधिकाल अहितस्तं वै पश्यामो बहुधानु संतः।
स इया विश्वा भुवनानि कालं तमाहु परमे व्योमन॥'

इसका तात्पर्य है– हे सज्जन वृंद! यह कुंभपर्व समय-समय पर आता रहता है, जिसे हम अनेक तीर्थ स्थलों में बराबर देखा करते हैं। कुंभ पर्व उस समय को कहते हैं, जब आकाशमंडल में ग्रह राशि आदि का शुभ योग संपन्न होता है।

कथा

समुद्र मंथन से निकले अमृतकलश का अमृत असुरों को न मिले, इसलिए भगवान विष्णु ने मनमोहक मोहिनी रूप धारण कर देव-असुर के बीच छिड़े संग्राम को शांत किया था और छल से केवल देवों को ही अमृतपान कराया था, लेकिन इससे पहले जब इंद्र का पुत्र अमृत कलश की रक्षा हेतु उसे लेकर भागा तो असुरों ने उसे छीनना चाहा। इसी छीना-झपटी में अमृत की कुछ बूंदें हरिद्वार, प्रयाग, नासिक, उज्जैन में गिरी थीं, जहां उसका सत् पाने के लिए कुंभ एवं अर्धकुंभ में लाखों तीर्थयात्री एकत्र होते हैं और नदियों में स्नान करते हैं। पूरे देश में अन्य नदियों में भी इस दिन भक्तगण डुबकी लगाकर पुण्य कमाते हैं।

कार्तिक-पूर्णिमा स्नान पर्व

काशी, मथुरा, हरिद्वार, रामेश्वरम् आदि तीर्थस्थलों पर कार्तिक महीने में नदियों विशेषकर यमुना नदी में नदी-स्नान करना अत्यंत फलदायी माना गया है। इसे कार्तिक मास का स्नान पर्व भी कहते हैं; क्योंकि इसमें अश्विन महीने की पूर्णिमा आरंभ करके कार्तिक मास की पूर्णिमा तक प्रतिदिन स्नान किया जाता है, इसलिए कार्तिक पूर्णिमा के नाम से लोकप्रिय है।

इस स्नान क्रिया में प्रातःकाल उठकर भगवान विष्णु का नाम स्मरण करते हैं। स्नान में गायत्री मंत्र का जाप करना पुण्यकारी होता है। कार्तिक

महीने में स्नान क्रिया में तुलसी के पौधे में प्रतिदिन तर्पण करते हैं, तो कहीं आंवले के वृक्ष की जड़ों में जल दिया जाता है। देवमंदिर में दीप जलाकर तुलसी, आंवला, कमल पुष्प आदि की पुष्पमाला अर्पित की जाती है। नदी तट पर भी दीपदान करते हैं। प्रतिदिन हरिकीर्तन के उपरांत फलाहार ग्रहण करते हैं।

माघ स्नान का पर्व-माघ संक्रांति

माघ महीने में प्रतिदिन गंगा-यमुना आदि नदियों में स्नान करना पुण्यदायक कहा गया है, तो प्रयाग में संगम स्नान करना विशेषकर शुभ होता है। लोहड़ी के पर्व की अगली सुबह खिचड़ी का दान देते हैं। स्वयं भी खिचड़ी का सेवन करते हैं। ब्राह्मणों को खिचड़ी एवं तिल का दान करना शुभफलदायी कहा गया है। पौष महीने की पूर्णिमा से माघ महीने की पूर्णिमा तक स्नान किया जाता है। मौनी अमावस्या का व्रत भी रखते हैं।

कहते हैं कि अरुणोदय काल में गंगा में स्नान करने से व्यक्ति के पापों का नाश होता है। वैशाख में अन्न एवं जल का दान उत्तम होता है। कार्तिक मास में तपस्या एवं पूजा की प्रधानता होती है, किंतु माघ महीने में जप, होम और दान का माहात्म्य है। अपनी प्रिय वस्तु का त्याग कर तथा नियमों का सदाचारपूर्वक पालन करने पर धर्म का पुण्य मिलता है और अधर्म का नाश होता है। माघ स्नान में सकाम भाव से स्नान करने से मनोवांछित फल की सिद्धि होती है और यह मोक्षदायी कहा जाता है।

स्नानादि कर निरंतर वन में तप करने वाला, दान करने वाला, अतिथि सत्कार करने वाला मोक्ष प्राप्ति का पात्र बनता है। धर्मग्रंथों में लिखा है कि अन्य प्रकार के पुण्य प्राप्त कर स्वर्ग में गए मनुष्य पुण्य समाप्त होने पर वहां से लौट आते हैं, किंतु माघ स्नान करने वाला कभी वापस नहीं लौटता। इसलिए माघ सर्वोपरि पवित्र एवं पापनाशी व्रत है, सर्वोपरि तप एवं सर्वोच्च साधन है, परमहितकारी एवं तत्काल पापनाशी है।

माघ स्नान का माहात्म्य बताते हुए महर्षि भृगु ने मणिपर्वत पर विद्याधर से कहा था—

'जो माघ के महीने में, जब उषाकाल की लालिमा बहुत अधिक हो, जो मनुष्य गांव से बाहर नदी या पोखर में नित्य स्नान करता है। वह पिता और माता के कुल की सात-सात पीढ़ियों का उद्धार कर स्वयं देवताओं के समान शरीर धारण कर स्वर्गलोक में चला जाता है...।'

कथा– एक बार महाराज दिलीप ने यज्ञ अनुष्ठान पूरा किया और ऋषियों द्वारा मंगल विधान होने के पश्चात् अवमृथ स्नान किया। उनके इस सद्कर्म का समस्त प्रजा ने अभिवादन किया। प्रजा के हितार्थ वह

समय-समय पर वशिष्ठजी की अनुमति से प्रजा का श्रेष्ठ करते थे। एक दिन महाराजा दिलीप ने वशिष्ठजी से कहा– 'भगवन्! आपके प्रसाद से मैंने आचार, दंडनीति, नाना प्रकार के राजधर्म, चार वर्णों और आश्रमों के कर्म, दान, दान की विधि, यज्ञ के विधान, अनेक व्रत-उद्यापन तथा भगवान विष्णु की आराधना आदि के विषय में सुना है। अब मुझे माघ स्नान का फल सुनने की इच्छा है।'

इस पर वशिष्ठ जी ने कहा– 'हे राजन! जो लोग होम यज्ञ तथा इच्छा पूर्व कर्मों के बिना ही उत्तम गति प्राप्त करना चाहते हैं, वे माघ में प्रात:काल बाहर के जल में स्नान करें। जो गौ, भूमि, तिल, वस्त्र, सुवर्ण और धान्य आदि वस्तुओं का दान किए बिना ही स्वर्ग लोक में जाना चाहते हैं, वे माघ में सदा प्रात:काल स्नान करें।'

यदि जो तीन-तीन रात्रि तक उपवास कर और पराक आदि व्रतों के द्वारा अपने शरीर को सुखाए बिना ही स्वर्ग पाना चाहते हैं, वे माघ में सदा प्रात:काल में स्नान करें।

माघ-स्नान के संबंध में श्रीकृष्ण ने बताया है कि प्रयाग, पुष्कर, कुरुक्षेत्र आदि तीर्थों में या फिर जहां चाहे माघ-स्नान कर सकते हैं, किंतु स्नान करने वाले का मन, कर्म आदि आस्थायुक्त होने चाहिए, क्योंकि श्रद्धाहीन, पापी, नास्तिक, संशयात्मा और हेतुवादी तीर्थफल के भागी नहीं होते हैं। विद्या, तप तथा कीर्तियुक्त प्राणी संपूर्ण तीर्थफल पाता है। सूर्योदय के समान ही स्नान आरती से सब महापातक निवृत्ति पाते हैं और उन्हें प्रजापत्य यज्ञ का फल मिलता है।

ब्रह्मचारी, गृहस्थ, वानप्रस्थ, भिक्षु, बाल तरुण, वृद्ध स्त्री, नपुंसक, माघ में तीर्थ के बीच स्नान कर उत्तम फल पाते हैं। माघ महीने में स्वयं जल भी कहता है कि जो किंचित सूर्य उदय होते ही हममें स्नान करे, उसके ब्रह्महत्या, सुरापान आदि बड़े-से-बड़े पाप भी हम हर लेते हैं, किंतु तीर्थ यात्रा में पति की भांति संयम से रहे, दुष्टों का संग न करें, तो चंद्र-सूर्य के तुल्य उत्तम भोग पाता है।

पौष फाल्गुन के बीच मकर के सूर्य में 3 दिन माघ-स्नान करें। माघ के प्रथम दिन ही संकल्पपूर्वक स्नान का नियम करें। तीर्थ पर जाकर स्नान कर मस्तक पर मिट्टी लगाकर सूर्य को अर्घ्य दें। पितरों को तर्पण कर जल से निकलकर इष्ट देव को प्रणाम करें, शंख व चक्रधारी पुरुषोत्तम श्रीमाधव का पूजन करें। यदि प्राणी सामर्थ्ययुक्त हो तो नित्य हवन कर एक बार भोजन, ब्रह्मचर्य व्रत और भूमि पर शयन करें। यदि सामर्थ्य न हो तो भी प्रात: स्नान अवश्य करना चाहिए।

तिल से उबटन, तिलों से स्नान, तिलों से पितृतर्पण, तिल होम, तिल दान और तिलों का भोजन माघ मास में करें तो कष्ट दूर रहते हैं। तीर्थ पर अग्नि प्रज्वलित करें। स्नान के लिए तेल, आमलक दें। एक मास स्नान कर अंत में ब्राह्मण दंपति को दानादि देते हुए कहें–

'माधवः प्रीयताम्'।

इस प्रकार से किया गया माघ-स्नान पापकर्मों से मुक्त होता है। अपने पिता, पितामह, प्रपितामह, माता, मातामह, प्रमातामह आदि 21 कुलों सहित विष्णुलोक को जाता है, लेकिन साधारण रीति से भी सूर्योदय से अरुणवर्ण हुए नदी जल में किया स्नान भी जातक को ऐसा ही फल देता है।

मौनी एवं सोमवती अमावस्या

सोमवार को पड़ने वाली अमावस्या के दिन हरिद्वार में हर की पौड़ी, प्रयाग में संगम तथा काशी में गंगाघाट पर स्नान पुण्यकारी एवं फलदायी होता है। उत्तर भारत की तरह दक्षिण भारत में भी कावेरी, गोदावरी एवं तुंगभद्रा आदि नदी-तटों पर स्नान का माहात्म्य है, विशेषकर स्त्रियों के लिए यह सौभाग्यकारी एवं शुभ फलदायी कहा गया है।

इस स्नान विधि में भक्तगण प्रातःकाल स्नान कर अश्वरथ वृक्ष की जड़ की 108 बार प्रदक्षिणा करते हैं। प्रदक्षिणा के दौरान भगवान विष्णु का नाम स्मरण कर कच्चे सूत्र का धागा लपेटते हैं। ब्राह्मण को भोजन कराने के पश्चात् ही व्रत रखने वाले भोजन ग्रहण करते हैं। यह व्रत संतान की दीर्घायु के लिए रखा जाता है।

कथा

इस संबंध में महाभारत की कथा प्रचलित हैं कि कुरुक्षेत्र युद्धभूमि में शरशय्या पर पड़े भीष्म के पास भीम उनसे ज्ञान लेने पहुंचे। भीष्म ने पांडवों की सत्ता को चिरंजीवी बनाने के लिए सोमवती व्रत रखने को कहा और एक कथा सुनाई।

बहुत पहले कांचीपुर में राजा रत्नसेन का शासन था। उसी राज्य में देवस्वामी नामक एक ब्राह्मण अपनी पत्नी धनवती, सात पुत्रों और गुणवती नाम की कन्या के साथ रहता था। पुत्री के लिए उन्हें सुयोग्य वर की तलाश थी।

एक दिन एक तपस्वी ब्राह्मण के घर आया। वह प्रकांड ज्योतिषी भी था। उसने सभी को सौभाग्यशाली होने का आशीर्वाद दिया, लेकिन गुणवती को धर्मवती होने का आशीर्वाद ही दिया। यह देख कौतुहलवश ब्राह्मण की पत्नी ने इसका कारण जानना चाहा। तपस्वी ने बताया कि इस कन्या के

भाग्य में विधवा होने का योग है और इसके पति की मृत्यु फेरों के दौरान ही हो जाएगी। तब ब्राह्मणी ने इस अनिष्ट को दूर करने का उपाय जानना चाहा। तपस्वी ने बताया कि सिंहल देश में सोमा नाम की एक धोबिन ही इसका उपाय जानती है।

कन्या के दुर्भाग्य से चिंतित ब्राह्मण ने अपने सातवें पुत्र शिवस्वामी और पुत्री गुणवती को सिंहल देश भेज दिया। दोनों ने नाव से नदी पार कर ली, किंतु आगे विशाल समुद्र देखकर निराश हो गए और तट पर लगे विशाल वट वृक्ष से नौका बांधकर वहीं बैठ गए। सागर की भीषण लहरों के बीच उनकी छोटी-सी नौका नहीं जा सकती थी। इसी बात पर वे विचार करने लगे।

उसी वृक्ष पर एक गिद्धराज और उसके बच्चे रहते थे। उस दिन गिद्धराज जब बच्चों को दाना चुगाने लगा तो उन्होंने खाने से मना कर दिया और कहा कि जब तक वृक्ष के नीचे बैठे दोनों अतिथियों को भोजन नहीं मिलेगा, तब तक हम भी नहीं खाएंगे। गिद्धराज ने अपने बच्चों की उदारता देखी और नीचे बैठे शिवस्वामी और गुणवती से उदासी का कारण पूछा। दोनों ने अपनी व्यथा सुनाई। गिद्धराज ने न केवल उन्हें भोजन कराया, बल्कि उन्हें समुद्र पार ले जाकर सोमा धोबिन तक पहुंचाया। वहां दोनों ने अपने व्यवहार व सेवा से सोमा को अपने साथ कांची चलने को मना लिया।

स्वयं सोमा अपने शुभकर्मों की शक्ति के बल पर उन दोनों को कांची तक ले आई। वहां उज्जयिनी के रुद्र शर्मा नामक युवक से गुणवती का विवाह तय हुआ। तपस्वी के वचनानुसार सप्तपदी के दौरान ही रुद्र शर्मा की मृत्यु भी हो गई, किंतु अपने पुण्यकर्मों के प्रभाव से सोमा ने उसे जीवित कर दिया।

वास्तव में सोमा की ऐसी अद्भुत शक्ति एवं पुण्यकर्म के पीछे एक कारण था। वह सोमवती अमावस्या के व्रत रखती थी और नियम से उनका पालन करती थी। यह चमत्कारी शक्ति इसी व्रत का प्रताप थी।

अब सोमा के पुण्य का उपयोग हो चुका था, इसलिए उसके घर वापस जाने के दौरान ही उसके पति, पुत्र, पुत्री और जमाता (पुत्री के पति) की मृत्यु हो गई। इस बात का ज्ञान सोमा को मार्ग में ही हो गया। संयोगवश उस दिन भी सोमवती अमावस्या का दिन था। उसने विधिवत व्रत रखा, पूजन किया और व्रत के फल से प्राप्त प्रताप से अपने परिवारजनों को जीवित किया। उसने घर जाकर यह बात बताई कि उसके पुण्य प्रताप के क्षय होने के कारण ही उनकी मृत्यु हुई थी, इसलिए उसने व्रत कर पुन: पुण्य फल पाया और उन सभी को जीवित किया।

इस कथा का माहात्म्य जानकर पांडवों ने भी अपने बच्चों की दीर्घायु के लिए सोमवती एवं मौनी अमावस्या का व्रत रखा।

माघ या माघी पूर्णिमा

यह पर्व माघ महीने की पूर्णिमा को मनाया जाता है। एक मास तक कई लोग कल्पवास भी करते हैं और पूर्णिमा के दिन गंगा आदि नदियों में स्नान कर भगवान विष्णु का पूजन करते हैं। कुछ लोग पितरों का श्राद्ध भी करते हैं। अनेक प्रकार के धन-धान्य, वस्त्र, पात्र आदि दान करते हैं। कहते हैं कि इस दिन तीर्थराज प्रयाग में स्नान-दान-यज्ञ आदि का बड़ा महत्त्व होता है। साधुओं, ब्राह्मणों को भोजन कराया जाता है। दान स्वरूप घी और खिचड़ी दी जाती है और व्रती स्वयं भी खिचड़ी का ही सेवन करते हैं तथा पुण्यफल व इष्टसिद्धि के पात्र बनते हैं।

पंजाब प्रदेश में माघी से पहले पूर्व रात्रि में लोहड़ी का पर्व मनाते हैं और अगले दिन गन्ने के रस में बने धान के चावल की खीर पकाई जाती है।

माघ शुक्ल अष्टमी (भीष्माष्टमी व्रत)

माघ महीने की शुक्लाष्टमी को भीष्माष्टमी कहते हैं। इस दिन कौरव-पांडवों के पितामह भीष्म के निमित्त तर्पण किया जाता है। कहते हैं कि इस दिन गंगाजल, जौ, तिल, गंध, पुष्प आदि से भीष्म का श्राद्ध करने वाला मनोवांछित फल पाता है, क्योंकि शुक्ल अष्टमी को ही उन्होंने देह त्याग दी थी।

भीष्माष्टमी के विषय में पद्म पुराण कहता है कि जिनके माता-पिता जीवित होते हैं, वे भी इस दिन तर्पण कर सकते हैं।

महाभारत के अनुसार, भीष्म महाराज शांतनु और गंगा के पुत्र थे, इसलिए गांगेय कहलाते हैं। शांतनु एक बार एक धीवर कन्या सत्यवती से विवाह को अधीर हो गए। सत्यवती के पिता की शर्त थी कि उसकी संतान ही राजसिंहासन पर बैठे, ऐसा वचन मिले तो ही वह सत्यवती का विवाह उनसे करेंगे। शांतनु ने इस प्रस्ताव को मानने से इन्कार कर दिया, लेकिन शांतनु सत्यवती के प्रेम में व्याकुल हो उठे। पिता की यह अवस्था देखकर और सारी सच्चाई जानकर पितृभक्त भीष्म ने अपने सभी राज्याधिकार त्यागकर आजीवन अविवाहित रहने का संकल्प लिया। भीष्म को इच्छामृत्यु का वरदान मिला था।

महाभारत युद्ध में वह सिंहासन के प्रति कर्त्तव्यबद्ध होने के कारण कौरव सेना के सेनापति बने। उनके प्रिय अर्जुन के शरों (तीरों) ने उनके शरीर को भेदा, तो वही उनकी शय्या बन गए। जब सूर्य दक्षिणायन से

उत्तरायण में आया, तब इसी शुक्ल अष्टमी के दिन उन्होंने अपना देहत्याग किया था। इसलिए इस दिन भीष्म का तर्पण किया जाता है।

गंगा सप्तमी (बैशाख शुक्ल सप्तमी)

गंगा सप्तमी का पर्व वैशाख मास की शुक्ल सप्तमी को मनाया जाता है। इस अवसर के विषय में रामायण में महर्षि वाल्मीकि ने भी लिखा है, जो गंगा अवतरण से संबंधित है।

सूर्यवंशी महाराजा सागर के पड़पौत्र राजा भगीरथ ने भगवान शंकर को प्रसन्न करने के लिए एक वर्ष तक कठोर तप किया। शिव ने कारण पूछा। भगीरथ ने बताया कि गंगा को धरती पर लाकर वह अपने पूर्वज महाराज सागर और उनकी पुत्री के उन 60000 पुत्रों का उद्धार करना चाहते हैं, जिन्हें कपिल मुनि ने भस्म कर दिया था, किंतु ब्रह्मा ने स्वर्ग से गंगा के प्रबल वेग को छोड़ने का आश्वासन दिया है, किंतु उसका वेग केवल आप ही संभाल सकते हैं। शिव राजी हो गए, किंतु गंगा को अहंकार था कि वह अपनी धारा के वेग में शंकर को बहाकर पाताल ले जा सकती है। यह जानकर शिव कुपित हो गए। गंगा के मस्तक पर गिरते ही शिव ने उसे अपनी जटाओं में बांध लिया और वह वर्षों तक उसी में ही बंधी रही। तब राजा भगीरथ के दोबारा तप करने पर शिव ने केवल एक लट को छोड़कर गंगा की एक धारा को मुक्त किया। गंगा भगीरथ के रथ के पीछे-पीछे पर्वतों से उतरी। मार्ग में उसने जन्ह ऋषि के आश्रम को आप्लावित किया, तो ऋषि ने गंगा का सारा जल पी लिया। तब देवताओं, ऋषियों आदि ने ऋषि को प्रसन्न किया और वह अविरल बहने लगी।

गंगा नवमी (भाद्रपद कृष्ण नवमी)

भाद्रपद महीने में कृष्ण पक्ष की नवमी को गंगा नवमी पर्व मनाया जाता है। इस पर्व का संबंध अत्रि ऋषि से माना जाता है। इसके संबंध में एक लोककथा प्रचलित है, जो व्रत के दौरान पढ़ी और सुनी जाती है तथा पूजन किया जाता है।

लोक कथा के अनुसार, एक बार वर्षा न होने के कारण सब ताल-तलैया सूख गए, हाहाकार मच गया। लोगों ने महर्षि अत्रि को अपनी व्यथा सुनाई। महर्षि अत्रि ने लोक कल्याण के लिए तपस्या की। उनकी पत्नी अनसूया ने भी निराहार रहकर तपस्या में उनका साथ दिया। समाधि टूटी तो महर्षि ने पीने के लिए जल मांगा। अनसूया ने कमंडल लेकर जल की हर जगह तलाश की, किंतु वर्षा के अभाव में सर्वत्र सूखा व्याप्त था। अनसूया निराश और हताश हो गई। तभी उसे वृक्षों के पीछे से एक युवती आती

दिखाई दी। हताश अनसूया को देख उनके वन में घूमने का कारण पूछा। अनसूया ने सारा प्रसंग कह सुनाया। उत्तर में युवती ने कहा कि क्योंकि काफी समय से वर्षा नहीं हुई है, इसलिए जल कहीं भी नहीं मिलेगा। यह सुनकर अनसूया क्रोधित हो गई और उन्होंने उत्तेजित होकर कहा कि 'पानी अवश्य मिलेगा और यहीं पर मिलेगा।'

इसके पश्चात् उन्होंने भगवान को नमस्कार किया और आकाश की ओर हाथ उठाकर कहा– 'यदि मैंने मन-वचन-कर्म से अपने पति को परमेश्वर मानकर उनकी पूजा की है, तो मेरे पतिव्रत धर्म की रक्षा करते हुए गंगा की निर्मल धारा यहां प्रकट करें।'

अनसूया के इस पतिव्रत वचनों को सुनकर उस युवती ने मुस्कराकर कहा– 'देवी! भगवान तुम पर पहले से ही प्रसन्न हैं, इसलिए मैं यहां आई हूं।'

आश्चर्यचकित अनसूया ने युवती का परिचय जानना चाहा। युवती ने बताया कि वह स्वयं गंगा है और कहा– 'देवी अनसूया! तुम अपने पांवों के नीचे जमीन को खोदकर देखो। यहीं पानी मिलेगा और उससे अपना कमंडल भर लो।'

अनसूया के ऐसा करते ही वहां जलधारा फूट पड़ी। अनसूया ने कमंडल भरा और गंगा से वहीं प्रतीक्षा करने की प्रार्थना कर जाने लगीं। तभी गंगा ने कहा– 'यदि तुम अपनी एक वर्ष की तपस्या मुझे दे दो, तभी मैं यहां ठहरकर तुम्हारी प्रतीक्षा कर सकती हूं।'

किंतु इसके लिए अनसूया को अपने पति की अनुमति लेनी अनिवार्य थी, इसलिए वह आश्रम चली गई।

सर्वत्र सूखे की स्थिति में जल से भरा कमंडल देख महर्षि अत्रि ने जिज्ञासावश पूछा कि उन्हें जल कहां से प्राप्त हुआ? तब अनसूया ने सारा वृत्तांत कह सुनाया। महर्षि अत्रि स्वयं दौड़े-दौड़े वन में गंगा के दर्शन हेतु पहुंचे और भाव-विभोर होकर निवेदन किया– 'मां गंगे! आपने इस आश्रम को पावन कर दिया है। आपका प्रवाह अब कभी न सूखने पाए, यही मेरा विनम्र निवेदन है।'

तत्पश्चात् महर्षि अत्रि की आज्ञा से अनसूया ने देवी गंगा को अपनी एक वर्ष की तपस्या का दान किया। साथ ही भगवान शिव का आह्वान कर गंगा के धरती पर रहने का निवेदन भी किया। शिव की कृपा से चहुंओर खूब वर्षा हुई। समस्त परिवेश हरियाली से आच्छादित हो गया। महर्षि अत्रि ने अपने आश्रम के निकट ही शिव का एक मंदिर बनवाया और उसका नाम रखा वज्रेश्वरनाथ। वहां से बहने वाली गंगा को अत्रिगंगा का नाम मिला और जगत में गंगा नवमी का माहात्म्य बढ़ा।

गंगा दशहरा

गंगा ज्येष्ठ मास के शुक्ल पक्ष की दशमी तिथि को अवतरित हुई थी, इसलिए इस दिन होने वाले पर्व को गंगा दशहरा कहते हैं। वास्तव में दशहरा मां गंगा ही है, जो दस पापों को हरती है। गंगा की धारा में स्नान कर पूजा करने वाले के इन समस्त दस पापों को धोकर वह उस भक्तगण को पापमुक्त करती है। वह निर्मल होता है, इसलिए यह गंगा दशहरा कहलाता है।

इन दस पापों में तीन दैहिक (देह से जुड़े), चार वाचिक (वचनों से जुड़े) तथा तीन मानसिक (चिंतन से जुड़े) हैं। स्कंद पुराण के काशीखंड के अनुसार तीन दैहिक पाप हैं– बिना दी हुई वस्तु को लेना, निषिद्ध हिंसा एवं पर-स्त्री गमन।

चार वाचिक पाप हैं– कठोर वचन बोलना, झूठ बोलना, बुराई करना, असंबद्ध प्रलाप करना।

तीन मानसिक पाप हैं– दूसरे के धन को लेने का कुविचार, मन में दूसरे का बुरा सोचना, असत्य वस्तुओं में आग्रह रखना।

इन दस पापों का प्रक्षालन गंगा में डुबकी लगाने से होता है।

किंतु व्यवहार में मन के मैल धोने पर तन का मैल स्वयंमेव ही धुल जाएगा। स्वयं को निर्मल करके ही गंगा को निर्मल बनाने की बात की जा सकती है। सर्वप्रथम मन को गंगामय करना होगा, तभी गंगा सच्चे अर्थों में निर्मल हो पाएगी।

भक्तगण गंगा नदी में स्नान कर पूजा-अर्चना कर दिन में केवल फलाहार करते हैं।

कथा

गंगा दशहरा के प्रसंग में अयोध्या के सम्राट महाराजा सागर द्वारा अश्वमेध यज्ञ करने, उनके 60000 हजार पुत्रों को कपिल मुनि द्वारा भस्म करने तथा उनके उद्धार के लिए उनके वंशज राजा भगीरथ द्वारा गंगा को धरती पर लाने की कथा सुविख्यात है। ज्येष्ठ शुक्ल दशमी को गंगाजी धरती पर अवतरित हुई थी, इसलिए गंगा दशहरा का पर्व मनाया जाता है। कथा का एक अन्य अर्थ यह भी लिया जाता है कि राजा भगीरथ ने कठोर परिश्रम से पर्वतों को काटकर गंगा के बहाव के लिए समतल भूमि पर मार्ग बनाया था, जिससे राजा सागर के 60000 हजार पुत्रों का तथा प्रजा उद्धार हुआ था। उनकी कृषि भूमि गंगाजल मिलने पर लहलहा उठी थी।

23. मोक्ष चाहिए तो प्रदूषण रोकें

'गंगा तेरा पानी अमृत' यह पौराणिक एवं पीढ़ीगत अवधारणा गंगा को आस्था का प्रतीक बनाती है। धर्मग्रंथ इसकी महानता को बताते हैं। परिवार के बड़े-बुजुर्गों से गंगा का माहात्म्य सुनना भारतीय संस्कृति एवं संस्कारों का अभिन्न अंग है। गंगाजल से भरा कलश या बर्तन घर में रखना सनातन परंपरा रही है, जो धार्मिक कार्यों में पवित्रता लाने में प्रयोग होता रहा है, तो दूसरी ओर इस नश्वर संसार से विदा लेने वाले के मुंह में दो बूंद गंगाजल मोक्ष द्वार खोलता है।

पहले धार्मिक व आस्था के आधार पर गंगाजल की पवित्रता एवं शुद्धता आंकी जाती थी, जो संभवत: पुरातन काल में ही प्राचीन वैज्ञानिकों ने सिद्ध किया था, किंतु आधुनिक वैज्ञानिक भी इसी तथ्य की पुष्टि करते हैं। शोध प्रमाणित करते हैं कि गंगा के पानी में रोगकारी कोलाई बैक्टीरिया को मारने की क्षमता होती है। पानी में मौजूद बैक्टीरियोफोज वायरस कोलाई बैक्टीरिया का भक्षण करते हैं और अपना काम कर पानी की तलहटी में छिप जाते हैं। अपने प्रवाहमार्ग में विभिन्न स्थानों की मिट्टी, शिलाओं, पेड़-पौधों, जड़ी-बूटियों, वनस्पतियों आदि से गंगाजल को यह अद्भुत शक्ति मिलती है। साथ ही वायुमंडल में मौजूद ऑक्सीजन को अवशोषित कर गंगाजल अपनी प्राणवायु को बढ़ाता है।

गंगा ने मनुष्य को प्रगति, विकास, उन्नति के अनगिनत अवसर प्रदान किए हैं, किंतु बदले में मनुष्य ने गंगा को ही क्षति पहुंचाई है। कुछ वर्ष पहले तक गंगोत्री से गंगासागर तक गंगा शुद्ध एवं पवित्र रहा करती थी, किंतु आज गंगोत्री से आगे कुछ किलोमीटर तक ही गंगा स्वच्छ एवं स्वस्थ मिलती है, उसके बाद वह प्रदूषण का शिकार होने लगती है। कहीं औद्योगिक विकास के नाम पर, तो कहीं आस्था के नाग पर, किंतु ऐसे ही कई कारण गंगा के अस्तित्त्व के लिए खतरा बन रहे हैं।

पानी की घटती पवित्रता

गंगोत्री और हिमालय से अद्भुत चमत्कारी शक्ति पाने वाला गंगाजल बंधनों का शिकार हुआ है। गंगोत्री से आने वाले जल की अधिकतर मात्रा हरिद्वार में निकाल ली जाती है और नहरों में डाल दी जाती है। यह नदी के प्रवाह में जल की मात्रा को कम कर देता है। नरोरा को पार करने पर गंगा में अन्य नदियों एवं भूगर्भ से निकले जल को छोड़ जाता है। फिर भी गंगा के चमत्कारी गुण बनारस तक बने रहते हैं, किंतु उसके पश्चात् गंगाजल का औषधीय स्तर निरंतर घटता चला जाता है, जो पीने के लिए ही नहीं, अपितु नहाने के लिए भी अनुपयुक्त है। सरकार द्वारा जारी मानक के अनुसार 100 मिलीलीटर पानी में 40 हजार हानिकारक जीवाणु हों, तो भी वह नहाने के लिए उचित कहा जा सकता है, किंतु वाराणसी में एक जांच में यह 50 हजार तक बढ़ा पाया गया, जिसका उपयोग करने पर पीलिया, हैजा, पेचीश, टायफाइड आदि जलजनित बीमारियां हो सकती हैं। भारत जैसे– देश में पानी के कारण ही लगभग 80 प्रतिशत स्वास्थ्य समस्याएं होती हैं और एक-तिहाई मौतों के लिए भी यह प्रदूषित पानी ही जिम्मेदार है। शोध बताते हैं कि कानपुर और इलाहाबाद में संगम स्थल पर गंगा के पानी में खतरनाक बैक्टीरिया की मात्रा बढ़ने लगी है।

कोलिफॉर्म, धुली ऑक्सीजन और जैव रासायनिक ऑक्सीजन के आधार पर हुए अध्ययनों में 'ए' श्रेणी का पानी पीने के लिए, 'बी' नहाने के लिए, 'सी' कृषि के लिए तथा 'डी' अत्यधिक प्रदूषण स्तर के लिए विभिन्न स्तर में विभाजित किया गया है। हरिद्वार का पानी 'डी' श्रेणी योग्य है। उद्गम स्रोत से लेकर ऋषिकेश, हरिद्वार में जल में मानव मल, मूत्र एवं जलमल का सीधा निपटान होता है। वास्तव में जल की शुद्धता सूक्ष्म जीवों, रासायनिक पदार्थों, औद्योगिक और अन्य अपशिष्ट पदार्थों से प्रदूषित होती है। ये जल में प्रवेश कर उसे निलंबित करते हैं, जल प्रदूषण बढ़ता है और जल के गुणों में कमी आने से जल तंत्र प्रभावित होता है। ऐसे प्रदूषण धरातल के नीचे पहुंचकर भूजल को प्रदूषित करते हैं।

जनसंख्या विकास, गंगा ह्रास

युगों से गंगा और अन्य नदियों ने अपने अंचल में मानव को आश्रय दिया। पालन-पोषण किया। विकास व जीविका के अवसर किए। इन्हीं सुविधाओं के कारण गंगा किनारे अनेक गांव, नगर विकसित हुए, किंतु यही विकास गंगा का विनाश बना। गंगा तट पर रहने वाले नगरों का लगभग 1.3 बिलियन लीटर अपशिष्ट गंगा में गिरता है। कुल कचरे का लगभग 80 प्रतिशत नगरीय कचरा फेंका जाता है। पिछले कुछ वर्षों में हुए औद्योगिक

विकास ने न केवल आबादी को बढ़ाया है, बल्कि गंगा के प्रदूषण में भी बढ़ोतरी की है।

गंगा किनारे बसे नगरों के नाले निर्बाध गंगा में मानव मल एवं अपशिष्ट उड़ेलते हैं। नगर का सीवेज तंत्र ही गंगा की 95 फीसदी समस्याओं का मूल कारण है, जो अपने साथ अनेक कीटाणु भी बहा ले आता है। मानव मल में पाया जाने वाला फिकल कोलिफॉर्म बैक्टीरिया की अधिकता गंगा के लिए खतरनाक स्थिति उत्पन्न कर रही है। नालों के साथ-साथ जलमल की यह समस्या गंगा को मैली करती रही है। उसके जल प्रवाह को अवरुद्ध करता रहा है।

काशी में मोक्ष की चाह रखने वालों का तांता लगा रहता है। घाटों पर पुण्य कमाने के लिए पूजा-अर्चना होती है। मोक्ष अभिलाषी उसी प्रदूषित एवं मलिन गंगाजल में स्नान करते हैं, जहां सीवर और गंदे नालों का पानी निर्बाध रूप से गिरता रहता है।

काशी ही क्या, अन्य तीर्थस्थलों के गंगा घाट भी इसी तरह गंदगी का कोप सहन करते हैं। ऋषिकेश के घाट भी सीवर और नगरों से निकलने वाले गंदे पानी का शिकार हैं। विशेषकर 'त्रिवेणी घाट', जहां गंगा में गंदगी को गिरते देख गंगाजल में डुबकी लगाने आए श्रद्धालुओं की अंतरात्मा भीतर तक आहत होती है। उनकी दुर्दशा उनके मन को झकझोरती है। पवित्र गंगा में अपवित्रता का प्रवाह आस्थाओं को डिगा-सा जाता है। अनुमान के अनुसार, आज गंगा 144 गंदे नालों से आने वाली गंदगी का बोझ ढोती है।

काशी से लेकर खिड़कियां घाट तक उत्तर वाहिनी गंगा का प्रवाह है, किंतु जितना प्रवाह बढ़ता है, प्रदूषण में भी उसी अनुपात में वृद्धि हो रही है। प्रदूषक तत्त्वों की अधिकता को रोकने में गंगा स्वच्छता अभियान भी नाकाम साबित हुए हैं।

काशी से प्रदूषित गंगा पटना तक पहुंची गंगा स्नान तल की पवित्रता खो देती है। वैज्ञानिकों की मानें तो गंगा में नहाना चर्मरोग को आमंत्रित करना है। पवित्रता खोकर गंगा आगे भागलपुर व राजमहल से होकर बांग्लादेश जाती है, जो हुगली कहलाने लगती है।

पुष्पांजलि नहीं, श्रद्धांजलि

वैदिक युग से ही पूजा-अर्चना, पुष्पांजलि, तर्पण आदि से गंगा का आदर-सम्मान किया गया है। विधि-विधान से पुष्पांजलि करना गंगा के प्रति आस्था का प्रतीक है, किंतु श्रद्धालुओं द्वारा पूजन एवं कर्म-कांड करके सर्बांधित सामग्री का कचरा गंगा में फेंकना अनादर, अपमान, उपेक्षा दर्शाता है। पॉलीथिन की बंधी थैलियां गंगा की धारा को अवरुद्ध करती हैं, तो उसमें

बंधा अजैविक कचरा गंगा के जैविक तंत्र को हानि पहुंचाता है।

गंगा का सर्वाधिक विस्तार उत्तराखंड एवं उत्तर प्रदेश में है, किंतु चिंताजनक है कि इन्हीं राज्यों में गंगा में सर्वाधिक प्रदूषण भी पैदा होता है, जिसकी शुरुआत गोमुख से ही हो जाती है। पर्यटकों की बढ़ती संख्या से बढ़ता तापमान बर्फ को पिघलाता है। तीर्थयात्रियों द्वारा पॉलीथीन की थैलियों में बंधा कचरा जलधारा एवं पर्यावरण को प्रदूषित एवं बाधित करता है।

औद्योगिक प्रदूषण

गंगोत्री से ऋषिकेश तक विषम धरातल औद्योगिक विकास के लिए उपयुक्त नदी है, किंतु ऋषिकेश से इलाहाबाद तक गंगा के तटवर्ती एवं निकटवर्ती क्षेत्र में ऐसी 146 औद्योगिक इकाइयां हैं, जिनमें पानी की विशेष तौर पर आवश्यकता पड़ती है। जैसे– कि कागज, चीनी, चमड़ा, उर्वरक उद्योग एवं तेलशोधक कारखाने आदि। ये उद्योग गंगा के पानी पर ही फले-फूले हैं, किन्तु इन्हीं का रसायनयुक्त गंदा पानी एवं कचरा सीधे गंगा में ही बहाया जाता है।

इस प्रदूषित पानी में मौजूद खतरनाक रासायनिक तत्त्व गंगाजल का उपयोग करने वालों के स्वास्थ्य एवं पर्यावरण को भारी नुकसान पहुंचाते हैं। अनुमान के मुताबिक रोज लगभग 260 मिलियन लीटर औद्योगिक अपशिष्ट गंगा को विषैला बनाता है। यद्यपि अपने प्राकृतिक गुणों के प्रभाव से गंगा अन्य नदियों की अपेक्षा कम दूरी और कम समय में ही ज्यादा कचरा साफ करने की क्षमता रखती है, लेकिन रासायनिक कचरा उसकी इस जैविक क्षमता को ही समाप्त करने में लगा है।

बिजनौर में मध्य गंगा नहर से गंगा का प्रवाह ज्यादा प्रभावित नहीं होता, लेकिन कारखानों की गंदगी यहां से उसका विनाश आरंभ कर देती है। गजरौला में ही सबसे पहले कल-कारखानों की गंदगी गंगा के आंचल को मैला करती है। कानपुर तक चलता यह कुकृत्य गंगा के प्रवाह और विस्तार दोनों को थाम देता है।

कानपुर के उद्योग गंगा को सर्वाधिक प्रदूषित करते हैं। यहीं उसके आंचल में सबसे ज्यादा कचरा एवं गंदगी फेंकी जाती है। सन् 1995 में यहां स्थापित ट्रीटमेंट प्लांट भी 400 चमड़ा कारखानों से निकली गंदगी को सुधार नहीं पाता है। सन् 2012 की पर्यावरण रिपोर्ट के अनुसार यहां मौजूद गंगा पहले के मुकाबले 70 प्रतिशत ज्यादा प्रदूषित होती है। प्रयाग में यमुना का मिलन अपने साथ गंदगी भी लाता है, तो धार्मिक शहर काशी भी गंगा को गंदगी प्रदान करता है, जो पटना तक जाता है।

बिहार में 80 के दशक में भागलपुर विश्वविद्यालय के प्रो. के. एस.

बिलग्रामी एवं प्रो. डी. एस. दत्ता मुंशी ने गंगा प्रदूषण पर शोध किया। शोध परिणामों में उन्होंने चिंताजनक परिणाम बताए। ज्ञात हुआ कि बिहार में बरौनी से लेकर भागलपुर तक 112 किलोमीटर का गंगा प्रवाह बहुत बुरी तरह प्रदूषण से पीड़ित है। गंगा की धारा पथ के आसपास स्थापित कारखानों का विषैला अपशिष्ट इसे विषक्त करता है। भागलपुर के ऊपरी भाग में उर्वरक कारखाने, तेलशोधक कारखाने, बाटा का जूता कारखाना, ताप बिजलीघर तथा मैकडोवल की शराब की भट्टियां लगी हैं। इन्हीं की जहरीली गंदगी गंगाजल की गुणवत्ता को प्रभावित करती है।

कहते हैं कि जहां बाटा कंपनी का चमड़ा साफ करने के बाद का गंदा पानी बहाया जाता है, वहां ऑक्सीजन का स्तर खतरनाक तरीके से कम होता जा रहा है। यहां के पानी में मछलियां केवल दो दिन तक ही जीवित रह पाती हैं, जबकि शराब भट्टी से गिरे पानी वाले स्थान पर मछलियां कुछ घंटों में ही मर जाती हैं।

बरौनी का गंगा वाला भाग मछलियों के लिए अभिशाप से कम नहीं। यहां मौजूद प्रदूषित पानी ने ऊपरी धारा में जाने के बीच में एक विषैली तैलीय दीवार-सी बना दी है। मछलियां पहले ऊपरी धारा में अंडे देने जाया करती थीं, किंतु अब इस दीवार के कारण उनका धारा में जाना निषिद्ध हो गया है। मुंगेर के आसपास वहां के तेलशोधक कारखाने से अत्यधिक तैलीय अवशेष बहाया जाता है। इसी तैलीय अवशेष के कारण सन् 1968 में यहां पानी में आग लग गई थी, जिसने जल के ऊपर की ऑक्सीजन की मात्रा को लगभग समाप्त कर दिया था।

शव संस्कार और विसर्जन बढ़ाते प्रदूषण

गंगाजल का सेवन पुण्यदाता है, तो उसमें स्नान करना पापमुक्त करता है। दाह संस्कार के पश्चात् अस्थि विसर्जन भी मोक्ष प्राप्ति का कर्मकांड है, किंतु जले, अधजले या मृत शरीर को गंगा में डाल देना सामाजिक, नैतिक एवं पर्यावरण की दृष्टि से गलत है। जागरुकता में कमी, जानकारी का अभाव और गंगा के महत्त्व की जाने-अनजाने उपेक्षा कर ऐसा अमानवीय कृत्य करना पुण्य नहीं पाप का भागी बनाता है। गंगा किनारे किए गए दाह कर्म तथा शव विसर्जन मोक्ष नहीं दिलाता, प्रदूषण को बढ़ाता है। धर्म के नाम पर बढ़ी यह कुप्रथा कहीं भी प्रामाणिक नहीं है, न कहीं पुराणों, धर्मग्रंथों में इसका उल्लेख मिलता है।

विकास में बाधक बांध के बंधन

गंगा के प्रवाह मार्ग में पड़ने वाले सारे शहर, कल-कारखाने आदि अपना कचरा गंगा में बहाते हैं। गंगा की सहायक नदियां भी अपने साथ काफी

कचरा लाती हैं, किंतु गंगा के प्रवाह की तीव्रता के कारण यह उत्तरकाशी तक मैली नहीं होती है, लेकिन टिहरी में गंगा की सहायक नदी पर बांध बनाकर इसका सारा पानी रोक लिया जाता है और गंगा के नाम पर एक पतली-सी धारा मुक्त की जाती है। पानी को विभाजित कर उसके संपूर्ण अस्तित्त्व का भी बंटवारा हो जाता है।

आगे ऋषिकेश में गंगा का उन्मुक्त रूप दोबारा दिखाई देता है। पहाड़ों पर बालसुलभ खेल करने के उपरांत यहां गंगा का विस्तार दिखता है, एक ऐसी चंचल और अल्हड़ किशोरी की तरह, जो उसके अगले पड़ाव की तरह मैदानों में उतरती है। यद्यपि ऋषिकेश में गंगा का प्रवाह, फैलाव और गहराई सबसे ज्यादा है, किंतु कुछ किलोमीटर बाद ही उसकी यह चंचलता खो जाती है।

शिवालिक पहाड़ियों से निकलकर 300 मील की यात्रा की चंचलता हरिद्वार के मैदानी क्षेत्र में शांत होने लगती है। उसकी जीवंतता कम हो जाती है, क्योंकि यहां भीमगोड़ा नामक स्थान पर इसका लगभग तीन-चौथाई पानी एक बैराज बनाकर गंगा नहर में डाल दिया जाता है, जिसे अकालग्रस्त रहने वाले दोआब क्षेत्र को उपजाऊ करने के लिए बनाया गया था, किंतु इसके बदले कई मील आगे का गंगा मार्ग छिछला होकर नौका यात्रा के अनुपयुक्त हो गया। यहां गंगा के नाम पर केवल एक छोटी-सी नहर छोड़ दी गई, जो हर की पौड़ी से बहती है और आगे कानपुर तक अपर कैनाल (ऊपरी नहर) कहलाती है। यहीं से गंगा उत्तर प्रदेश में प्रवेश करती है और बिजनौर में कई सहायक नदियों का पानी उसे दोबारा लबालब करता है, लेकिन बिजनौर में बना बैराज मध्य गंगा नहर के नाम पर फिर से उसका पानी छीन लेता है।

फरक्का बैराज से गंगा की धारा को बांधना और बांटना जलजीवन के लिए घातक सिद्ध हुआ। विशेषकर मछुआ जाति (निषाद) के लिए, जिनकी आजीविका मत्स्य पालन पर टिकी है। फरक्का बांध के निर्माण से पहले उनका व्यवसाय खूब फला-फूला था। निषाद समुदाय की सबसे ज्यादा आबादी गंगा बेसिन में बसती है, जो गंगा की लहरों से ही सबसे ज्यादा व्यापारिक लाभ कमाती रही है। बिहार की सभी छोटी-बड़ी नदियों में भरपूर मछलियां पाई जाती थीं, जिनकी अन्य राज्यों में भी आपूर्ति होती थी, क्योंकि बैराज बनने से पूर्व मछलियां सागर से ऊपरी बिहार से होकर हिमालय की तलहटी तक चली जाती थीं और अंडे देती (फिश लैंडिंग) थीं। मछलियों की अधिकता व गंगा के निर्बाध मार्ग के कारण बिहार मत्स्य पालन में अग्रणीय था, किंतु फरक्का बैराज के निर्माण से गंगा में हिमालय की तलहटी तक आने का उनका पारंपरिक मार्ग अवरुद्ध हो गया और नया

मोक्षदायिनी गंगा

मार्ग उन्होंने पूरी तरह स्वीकार नहीं किया।

समुद्री और निचले बेसिन की मछलियों के ऊपरी बिहार क्षेत्र में न आने से फिश लैंडिंग और उस पर आधारित जैविक चक्र को काफी नुकसान हुआ। आजीविका छिनने से बिहार के मछुआरों ने पलायन किया, किंतु सन् 1980 के दशक में 'गंगा मुक्ति आंदोलन' और 'छात्र युवा संघर्ष वाहिनी' के कार्यकर्ताओं ने आंदोलन किया और सरकार का ध्यान इस ओर खींचा। बैराज बनने से फरवरी-अप्रैल में गंगा और उसकी सहायक नदियों में पानी की कमी और प्रदूषण ने गंगा व जलजीवन का काफी अहित किया।

जल विद्युत परियोजनाएं हिमालय व बांधों के आगे के प्रदेश के वनों एवं समृद्ध जैव संपदा को नुकसान पहुंचाती हैं। बांध निर्माण और बांधों के निर्माण के दौरान सड़क निर्माण के लिए पेड़ों की अंधाधुंध कटाई होती है। ऐसे में संचित जल के अभाव में बांधों का अस्तित्त्व खतरे में पड़ जाएगा।

जन एवं प्रतिनिधियों द्वारा उपेक्षा

धर्म के नाम पर गंगा से पुण्य कमाने वाले ही गंगा को सबसे ज्यादा गंदा करते हैं। नि:संदेह ये तथाकथित मॉडर्न हिंदू अधिकार की अपेक्षा करते हैं, कर्त्तव्य के नाम पर प्राधिकरणों पर दोषारोपण करते हैं। देश के हिंदुओं का यह नैतिक दायित्व है कि वे गंगा व अन्य नदियों को स्वच्छ, निर्मल व प्रदूषण मुक्त करें और रखें, किंतु त्योहारों के अवसर पर स्वयं पुण्य कमा लेते हैं, लेकिन अवसर के उपरांत बड़ी संख्या में गंदगी, कचरे और अपशिष्ट छोड़ जाते हैं। वस्तुत: प्रत्येक नागरिक का कर्त्तव्य है कि वह अपने घर की सफाई एवं स्वच्छता की तरह गंगा की सफाई को प्राथमिकता दें। कानूनी प्रक्रिया और सरकारी प्रयासों से पहले वे स्वयं का दायित्व समझें।

जनता की तरह ही राजनीतिक दलों का उपेक्षात्मक प्रदूषण गंगा को हानि पहुंचाता है। चुनावों से पूर्व गंगा के निर्मलीकरण के वादे सत्ता प्राप्ति के बाद भुला दिए जाते हैं। केवल नाम मात्र के उद्घाटन एवं परियोजनाओं की घोषणाएं मात्र ही गंगा के प्रति आस्थावान रह जाती हैं। जनता के साथ मां गंगा का विश्वास भी छला जाता है।

जलीय पौधों के विकास से रुकेगा प्रदूषण

गंगा की शुद्धता, पवित्रता एवं गुणवत्ता का प्रमुख आधार बैक्टीरियोफाज वायरस है, जो रोगवाहक कीटाणुओं एवं जीवाणुओं को मारते हैं। गंगोत्री और ऋषिकेश में जल प्रदूषण प्राय: नगण्य होता है, इसलिए यहां के गंगाजल में ई-कोलाई बैक्टीरिया केवल तीन दिन तक ही जीवित रह पाता है। जैसे-जैसे गंगा का प्रवाह आगे बढ़ता है, उसकी मारक क्षमता में कमी आती है। तात्पर्य है कि ताजे गंगाजल में कोलाई-बैक्टीरिया को मारने की

भरपूर क्षमता होती है। यदि घर में 8 वर्ष पुराना गंगाजल रखा हो, तो उसमें यह बैक्टीरिया एक सप्ताह में मरता है और यदि गंगाजल 16 साल पुराना है, तो बैक्टीरिया 15 दिन में मरता है। लखनऊ स्थित नेशनल बोटैनिकल रिसर्च इंस्टीट्यूट (एनबीआरआई) के निदेशक डॉ. चंद्रशेखर नौटियाल के इस शोध ने साबित किया कि गंगाजल में विषैले एवं रोगकारी बैक्टीरिया को मारने की क्षमता हमेशा मौजूद रहती है। उसका गुणकारी बैक्टीरियोफाज वायरस महीन झिल्ली से छानने पर भी पानी से अलग नहीं होता है। इसी कारण से गंगाजल वर्षों तक रखने पर भी नहीं सड़ता, बल्कि यह सड़ने वाली गंदगी को ही तेजी से हजम कर लेता है, लेकिन नए शोध कानुपर एवं इलाहाबाद के संगम स्थल पर पानी में खतरनाक बैक्टीरिया होने की पुष्टि करते हैं, जो इस जल को विषैला बनाने को अग्रसर है।

यद्यपि गंगाजल की अद्भुत मारक क्षमता का अभी तक प्रामाणिक आधार नहीं मिल पाया है। यह एक जैविक प्रक्रिया के कारण ही चमत्कारी गुण हासिल करता है। ऐसे में नदियों में ऐसे जलीय पौधों को खोजने एवं विकसित करने को बल मिला, जो जल प्रदूषण को कम कर सकें।

लखनऊ स्थित राष्ट्रीय वनस्पति अनुसंधान संस्थान (एन.बी.आर.आई) की वैज्ञानिक टीम ने ही कुमुदनी (मीफिया), अटेर (सिर्पस), पीपीताज (टाइका) तथा नरकुल (फैरामाइटिस) नामक जलीय पौधों को इस कार्य में कारगर एवं उपयोगी पाया, क्योंकि ये पौधे अपनी जड़ों एवं खोखले तनों की सहायता से प्रदूषित जल एवं उसमें मौजूद जटिल प्रदूषकों को अपने में अवशोषित करते हैं। यह कार्य संभवत: पौधों में पाए जाने वाले सूक्ष्म जीव करते हैं, जो बैक्टीरियोफाज वायरस की तरह अपना काम करते हैं।

बिहार में भी वैज्ञानिकों ने बढ़ते प्रदूषण और बांध परियोजनाओं से पानी की कमी को परखा। उनका मानना था कि गंगा में स्वयं को स्वच्छ एवं स्वस्थ करने की अद्भुत शक्ति है, किंतु प्रदूषण के कारण उसकी यह क्षमता निरंतर कम होने लगी है। अनेक स्थानों पर गंगा नहाने योग्य भी नहीं रह गई है।

प्रदूषण के निवारण के लिए उनका सुझाव सराहनीय रहा है। नदी और समस्त अंचल के पर्यावरण को बचाने पर जोर देते हैं, क्योंकि दोनों ही परस्पर पूरक हैं। चूंकि जंगल के पूर्ण व्यस्क वृक्ष वर्षा के दो-तिहाई अंश को स्वयं ही अवशोषित कर लेते हैं। उनकी जड़ें पानी को मिट्टी में पहुंचाती हैं और मिट्टी का क्षरण रोकती हैं। नदी क्षेत्रों में शाल, पियाल आदि के वृक्ष लगाना लाभप्रद होगा। यह न केवल वर्षा के जल को बहने से रोकेंगे, अपितु मिट्टी को भी बहने से रोक उसे बांधे रखेंगे। पानी की मात्रा का संवर्धन सिंचाई एवं मछली पालन आदि कार्यों में लाभदायक होगा।

मोक्षदायिनी गंगा

24. उपसंहार

गंगा भारत का गौरव है। विश्व में भारत की आध्यात्मिक, धार्मिक एवं सांस्कृतिक धरोहर है। यह सदानीरा नदी अद्भुत दैवीय गुणों को आत्मसात कर हिमालय में हिमाच्छादित हिमनदों से उत्पन्न होकर भारतभूमि को सिंचित करती रही है। गंगा ने अपनी सहायक नदियों के साथ मिलकर यहां की सांस्कृतिक विविधता को एक सूत्र में पिरोया है। गंगा का आकर्षण दुनिया को अपनी ओर आकर्षित करता है। विश्व के कोने-कोने से आस्थावान लोग मोक्षदायी गंगा में डुबकी लगाने आते हैं। हिमालय के हिमनद से पिघलकर गंगा की धारा जीव-जगत में जीवन का संचार करती है।

युगों से गंगा का दैवीय गुण युक्त जल ही उसे विश्व में अद्भुत एवं चमत्कारी बनाता है। यह विश्व विरासत है, इसलिए यूनेस्को द्वारा इसे सात अग्रणी प्राकृतिक विश्व विरासत सूची में रखने का प्रस्ताव भी स्वीकृत किया गया था, किंतु गंगा की शोचनीय स्थिति के चलते उसे इस सूची में वह स्थान नहीं मिला, जो हर भारतवासी के मन में है। प्रदूषित होती गंगा आज भी हर हिंदुस्तानी की आस्था और विश्वास का विषय है। उसे आज भी उतना ही पवित्र और मोक्षदायी सम्मान दिया जाता है, जो युगों से दिया जा रहा है।

गंगा का आदर धर्म का नहीं, सांस्कृतिक मूल्यों एवं आस्था का विषय है। आज भी हर धर्म, कर्म, कर्मकांड, मंगल कार्य आदि में गंगाजल का प्रमुख एवं सर्वोच्च स्थान है। इसलिए वह दैवी एवं मातृतुल्य मानी गई है। काशी, प्रयाग, गंगासागर, हरिद्वार की पुण्यभूमि में गंगा का प्रवाह इन्हें मोक्षदायी तीर्थ बनाता है। काशी में पहुंचते ही ब्रह्महत्या जैसे— पापकर्म से मुक्ति मिलती है।

आधुनिक युग में भी गंगा के प्रति युगों पुरानी आस्था, विश्वास कायम है। उसे आज भी उतने ही विश्वास से स्मरण किया जाता है। गंगा का माहात्म्य असीमित है। कुंभ जैसे— महापर्व पर देश-विदेश से करोड़ों

आस्थावान तीर्थस्थलों पर आकर गंगा की पावन धारा में डुबकी लगाकर अपने जन्म-जन्मान्तर को संवारते हैं, पापमुक्त होते हैं, मोक्ष की कामना करते हैं, इसके देवत्व को नमन करते हैं। गंगा ने ही भारत को देवभूमि बनाया है, उसके सौंदर्य को मनोरम बनाया है। अनेक वर्षों से गंगा की जलधारा असंख्य लोगों का अस्थिदान, पिंडदान एवं तर्पण स्वीकार करती रही है। वस्तुत: गंगा एक दैवीय नदी है, जो सूक्ष्म रूप में ब्रह्मांड में उपस्थित रहती है और धरती पर आकर पाताल की ओर प्रस्थान करती है।

गंगा से जुड़े आख्यान, पुराण कथाएं, किंवदंतियां आदि गंगा को महान बनाते हैं। लोगों ने उसे 'गंगा मैया' कहा। गंगा जहां-जहां से गुजरी, अलग-अलग नाम ग्रहण करती रही, संस्कृतियों को जोड़ती रही। आस्था, विश्वास का प्रवाह निरंतर जारी रहा। गंगा मैया ने मनुष्य एवं धरा का सर्वांगीण विकास किया। जहां-जहां मां गंगा के कदम पड़े, वहां-वहां मुक्तिधारा अविरल बहती रही। गंगा ही नहीं, अन्य नदियों के अविरल प्रवाह, हिमभंडार, हिमशीलता ने पुण्य एवं मोक्ष में गंगा समान आशीर्वाद दिया। उनके प्रति, उनसे जुड़ी आस्थाओं में आस्थावानों को आकर्षित किया। नदियों ने प्रकृति के प्रत्येक तत्त्व को संरक्षण दिया। अपने प्राकृतिक गुणों के कारण ही गंगा आदि नदियां स्वयं ही विश्व पटल पर प्रतिष्ठित हो पाई।

किंतु दुनिया को मानवता, दया, करुणा, उदारता, परोपकार का पाठ पढ़ाने वाली गंगा की धारा की अविरलता अब शिथिलता में बदल चुकी है। गंगा के कारण मिली प्रगति ने ही उसकी धारा को बाधित किया है, उसी के मार्ग को अवरुद्ध कर अपनी राह मजबूत की है। उसकी धारा को नहरों, बांधों में बांधा है, उसकी करुणा के बदले पीड़ा दी है।

जन्म से मृत्यु तक तथा मृत्योपरांत पापमुक्त कर मोक्ष दिलाने वाली गंगा को मनुष्य ने निरादर किया है। उसकी दुर्दशा, जलप्रदूषण, बंधन, विषाक्त रासायनिक प्रवाह, गंदगी आदि के लिए उसके भक्त ही उत्तरदायी हैं। गंगा की दुर्दशा, दर्द, पीड़ा, क्षोभ, शनै:-शनै: होती मृत्यु के लिए मानव उत्तरदायी है। रोगकारी कीटाणुओं का भक्षण करने वाला चमत्कारिक जल स्वयं रोगी हो चला है। गंदे नालों के रूप में मैला नीर शिव को अशिव बनाने लगा है। सरकारी एवं गैर सरकारी स्तर पर गंगा निर्मलीकरण के दावे निष्प्रभावी साबित हुए हैं। अमृत औषधि जल सीवर के मलीन जल में बदलने लगा है। हैजे, मियादी बुखार, अतिसार, फफूंदी और घातक विषाणु घर करने लगे हैं। गंगा तट वासियों ने उसे परनाले में बदल दिया है।

यजुर्वेद के 'तैत्तरेय आख्यान' में चेतावनी रूप में निर्देश है कि जलाशयों के पास मल-मूत्र त्याग नहीं करना चाहिए, थूकना नहीं चाहिए। हमारे धर्मग्रंथ रचयिता भविष्य में होने वाले जल प्रदूषण आदि के विषय में

मोक्षदायिनी गंगा

परिचित थे। वे जानते थे कि भावी पीढ़ियां गंगा को मलिन करेंगी, इसलिए ब्रह्मांड पुराण आदि ग्रंथों में गंगा के चौदह कार्य वर्जित बताए गए हैं—

'गङ्गा पुण्यजलां प्राप्य चतुर्देशा विवर्जयेत्।
शौचमाचमनं केशं निर्माल्यमधमर्षणम्॥
गात्र संवाहनं क्रीडां प्रतिग्रहमधोरातिम्।
अन्य तीर्थं रति चैव उच्च तीर्थं प्रशंसन्॥
वस्त्र त्यागमथाघातां संताएं च विशेषतः।'

अर्थात्— पुण्य तीर्थ भागीरथी गंगा में 14 कार्य न करें। समीप में शौच, कुल्ला-दातुन, बाल झाड़ना, निर्माल्य डालना, मैल छुड़ाना (साबुन), शरीर मलना, हंसी-मजाक, दान लेना, रतिक्रिया, दूसरे तीर्थ के प्रति अनुराग, दूसरे तीर्थ की प्रशंसा, कपड़े धोना, जल पीटना, तैरना।

किंतु श्रद्धालुओं की आस्था वयं की जगह अहं पर केंद्रित है। गंगा उपेक्षित कर दी गई है। कारण कोई भी हो, गंगा ही तिरस्कार वहन कर रही है।

गंगा के प्रति बढ़ती उदासीनता, उपेक्षा तथा मलिनता उसे धरती से जाने को विवश कर देगी। ब्रह्मवैवर्त पुराण में इस बात का स्पष्ट संकेत है—

'कलौ 10 सहस्त्रापि हरिस्त्यजति मेदिनोम्।
तदर्ध जाह्नवीतोयं तदर्ध ग्रामदेवता॥'

अर्थात् कलि के 10 हजार साल बीत जाने पर भगवान विष्णु पृथ्वी पर नहीं रहेंगे। उससे आधे अर्थात् 5 हजार साल बीतने पर जाह्नवी (गंगा) तथा उससे भी आधे यानी ढाई हजार साल बीतने पर ग्राम देवताओं का वास पृथ्वी पर नहीं होगा।

यद्यपि गंगा अपनी तय समय सीमा से ज्यादा समय तक धरती पर प्रवाहमान है। वह आज भी उदारमना है। संभवतः वह अपनी संतानों को अतिरिक्त समय देकर उन्हें अपनी गलतियों का अहसास कराना चाहती है कि वे गंगा के प्रवाह को निर्मल बनाने का संकल्प लें।

श्रीमद्भगवतगीता में श्रीकृष्ण ने 'स्रोतसामस्मि जाह्नवी' कहकर गंगा को महिमामयी बना दिया है। विश्व में भारत और भारतीय संस्कृति की पहचान गंगा से है। गंगा आज भी भारत का पर्याय है और भारत गंगा का। गंगा विहीन भारत विश्व में अकल्पनीय है। गंगा विश्व समुदाय का आकर्षण है। गंगा न होगी तो श्रद्धालुओं की आस्थाएं विस्मृत हो जाएंगी, कर्म-कांड गंगाजल बिना न पावन होंगे न पूर्ण, जनमानस पापमुक्त न होंगे, मोक्ष कामना करने वाले जन्म-मरण के चक्र से मुक्त न हो पाएंगे। आज 'रक्षत गङ्गाम' समय की मांग है। धर्म की अपेक्षा है, मोक्ष की आवश्यकता है।

गंगा मातृतुल्य है। जो यह भावना रखते हैं वे भी और जो इसे नदी मानते

हैं, वे भी भावनात्मक रूप से इसकी पवित्रता, अविरल प्रवाह के संरक्षण हेतु संघर्ष करें। गंगा को पवित्र रखने के संसाधन महंगे हो सकते हैं, किंतु प्रयास नहीं। धर्मांधता से बचकर अंतरशुद्धि की तरह ब्राह्यशुद्धि करना भी आवश्यक है। गंगा तभी पावन, निर्मल एवं आचमन योग्य रह पाएगी, जब हम उसे ऐसा रखेंगे अन्यथा सरस्वती की तरह गंगा भी भूलोक से पलायन कर जाएगी। तब पतितों का उद्धार न होगा, पुण्य न होगा, धर्म न होगा।

गंगा केवल नदी नहीं है। यह भारतीय संस्कृति का आधार है, धर्म का आधार है, पौराणिक इतिहास का आधार है, भावी पीढ़ी की प्रेरणा है। गंगा की अविरल धाराओं में किसी भी प्रकार का व्यवधान भविष्य के लिए घातक होगा। गंगा संकट में होगी तो उससे संबद्ध प्रत्येक तत्त्व संकट में होगा, आस्था, विश्वास, प्रगति, विकास, वसुंधरा, जीव-जगत, पर्यावरण, संस्कृति सभी पर संकट का दावानल अपनी पकड़ कस लेगा। शस्य-श्यामला कृषि भूमि बंजर होने लगेगी। सर्वांगीण विकास प्रभावित होगा।

गंगा ने ही निकटवर्ती भूभागों को तपोभूमि, देवभूमि बनाया है। विश्व में भारत को ऋषिभूमि, अध्यात्मभूमि की पहचान गंगा ने ही दिलाई है। देवलोक की यह कल्याणकारी नदी परमार्थ हेतु धरती पर उतरी है। गंगा न होती तो भारत का धर्म, संस्कृति, सभ्यता में संभवत: यही कहा जाएगा— 'यहां कभी गंगा बहती थी।' विदेशों में भ्रमण करने वाले लोग कहेंगे— 'हम उस देश के वासी हैं, जिस देश में गंगा बहती थी।'

●●●

 मोक्षदायिनी गंगा

संदर्भ स्रोत

1. **अन्त्यकर्म-श्राद्धप्रकाश** (गीताप्रेस गोरखपुर)

2. **हिंदी विश्वकोष** (नागरी प्रचारिणी सभा, वाराणसी)

3. **पौराणिक कोश** (राजा प्रसाद शर्मा, ज्ञानमंडल लि. इलाहाबाद)

4. **भारतीय इतिहास कोश** (सच्चिदानंद भट्टाचार्य : राजर्षि पुरुषोत्तम दास टंडन, हिंदी भवन, लखनऊ

5. **हिंदी साहित्य कोश** (धीरेंद्र वर्मा : ज्ञानमंडल लि., वाराणसी)

6. **हिंदू धर्मकोश** (राजबली पांडेय : राजर्षि पुरुषोत्तम दास टंडन हिंदी भवन, लखनऊ

7. **भारत के ऐतिहासिक एवं पर्यटन स्थल** (रमेश चंद्र : नीलकंठ प्रकाशन, दिल्ली)

8. **कुंभ व अन्य मेले** (सं. फकीरचंद : प्रकाशन विभाग, दिल्ली)

9. **महाकुंभः आस्था का संगम** (तेजपाल सिंह धामा : हिंद पॉकेट बुक्स, नई दिल्ली)

10. **धन-धन मातु गंगे** (डॉ. भानुशंकर मेहता : विश्वविद्यालय प्रकाशन, वाराणसी)

11. **हमारी राष्ट्रीय नदी गंगा** (तेजपाल सिंह धामा : हिंद पॉकेट बुक्स, नई दिल्ली)

12. **धरती का स्वर्ग उत्तराखंड: भाग दो - स्पर्श गंगा** (रमेश पोखरियाल : विनसर पब्लिशिंग, देहरादून)

13. **मां गंगा** (गीता कांडपाल पांडे : श्री मां मीरा श्री अरविंद योग केंद्र, ऋषिकेश, उत्तराखंड)

14. **भविष्य पुराण** (ज्वाला प्रसाद चतुर्वेदी : रणधीर प्रकाशन, हरिद्वार)

15. **विभिन्न पुराण, रामायण, स्मृतियां, महाभारत** इत्यादि।

....